班组精益管理实践

郭洪飞 著

机 械 工 业 出 版 社

本书通过37个班组精益管理的实战案例，50个班组精益管理表单，10个体系化班组精益管理经验分享，全面介绍了班组精益管理中的理论要点和实操技巧，为企业构建了由表单到实战，再到体系化管理经验介绍的精益化班组管理的"点-线-面"实现路径，为企业班组长提供了一整套全面系统、实践性强、易操作的精益班组管理落地的方法与工具。

本书可供企业班组管理人员、基层班组长系统提升实施改善基层班组能力之用，也可供从事精益改善的管理人员和专业高校师生参考。

图书在版编目（CIP）数据

班组精益管理实践/郭洪飞著. —北京：机械工业出版社，2019.11

ISBN 978-7-111-64219-0

Ⅰ.①班… Ⅱ.①郭… Ⅲ.①班组管理 Ⅳ.①F406.6

中国版本图书馆 CIP 数据核字（2019）第 269713 号

机械工业出版社（北京市百万庄大街22号　邮政编码100037）
策划编辑：孔 劲 责任编辑：孔 劲 高依楠
责任校对：炊小云 封面设计：马精明
责任印制：李 昂
唐山三艺印务有限公司印刷
2020 年 1 月第 1 版第 1 次印刷
169mm×239mm·18.75 印张·385 千字
0001—2500 册
标准书号：ISBN 978-7-111-64219-0
定价：75.00 元

电话服务　　　　　　　网络服务

客服电话：010-88361066　机 工 官 网：www.cmpbook.com
　　　　　010-88379833　机 工 官 博：weibo.com/cmp1952
　　　　　010-68326294　金 书 网：www.golden-book.com
封底无防伪标均为盗版　机工教育服务网：www.cmpedu.com

序

新中国成立以来，我国企业的班组建设经历了四个阶段，其间不仅大规模地开展了班组劳动竞赛、班组民主管理、班组质量管理和班组长培训等活动，而且培育、表彰了数以万计的先进、模范班组和班组长。

班组建设初期，首先在工厂企业开展了以废除封建把头制为主要内容的民主改革，使工人不仅在国家政治生活中成为主人，而且在企业内也确立了主人翁的地位。与此同时，国家为恢复国民经济开展了大规模的经济建设，怀有强烈翻身感的广大工人满腔热情地投身于经济建设；班组建设发展阶段主要是以健全班组管理制度和提高产品质量及工作质量为活动内容，以"工业学大庆"和产品质量"信得过"为活动形式，在这期间，大庆人创造了以岗位责任制为主要内容的八项管理制度，向管理制度化迈进了一大步，特别是大庆"钻井队"，其突出特点就是遵守规章制度，坚持"三老四严""四个一样"，严格保证了工作质量和产品质量；班组建设提高阶段是我国改革开放的关键时期，国有企业从以国家计划为中心的企业运行机制，转变为以市场为中心的运行机制，国有企业班组在此背景下相应树立了经营观念、效益观念、竞争观念和质量观念，形成了新的劳动关系和分配关系，国外现代管理理念也融入了班组管理。

在发展到当今的新经济时代的班组建设时期，对班组管理提出了"新经济下的知识化、信息化和全球化并可持续发展"的更高的新要求，其建设核心就是"管理手段多样化""持续学习常态化""日常管理人性化"。但由于企业产权和社会生活多元化，班组管理面临员工价值取向的多元化，对班组管理的丰富性和需求性比以往任何阶段的要求都高，需要班组长具备更全面的综合管理素质才能更好地做到吸引、影响、协调和规范员工的价值取向，实现班组开展真正意义上的各项管理活动。针对这一现状，要以提升班组长精益素养为引领，以加强班组长管理能力为抓手，引导员工逐步把精益融入日常工作中，构筑推进精益管理的持久动力机制，对实现企业各项经营目标，加快精益建设与发展，造就一支技能精湛、作风优良、爱岗敬业、勇于创新的高素质员工队伍，都具有十分重要的作用。为此，《班组精益管理实践》一书的出版是十分及时和必要的。同时，在本书编写初期，本书作者组织国内精益管理专家、学者对本书的学术定位、编写思想、特色形式都进行了深入研讨，力求为企业和高校提供一套以现代先进的精益管理理论与企业基层班组管理实践相结合的班组长精益管理教程，更好地指导企业成功实施一套富有系统性、实践性、简易性、易操作性的精益班组管理落地的方法。本书论述完整、体系严谨、实践性强，不仅是各级班组管理者应该阅读的一本好书，还可供学校相关专业师生使用。

齐二石

于天津

竞争在市场，决胜在现场。而班组正是企业现场最活跃的单元，是企业现场最基层的组织与作业单位，是连接企业与员工的平台，是培育员工、激励人才最重要的阵地。如何有效地将精益管理思想、方法及目标真正落实在班组管理中，提高班组工作精益水平和班组长的精益管理能力，成为当前企业盈利能力的关键，更是未来企业提升质量和效益的一项重要而又紧迫的任务。作者作为国务院国资委管理提升基层管理专家，中国兵器工业集团精益管理专家和暨南大学一名专业研究精益管理的研究者，有十多年从事和研究精益管理体系建设的企业实践和高校理论研究的经验，先后指导和咨询服务三十多家大中型企业的精益班组管理落地项目 50 多项，力求为企业提供先进的精益管理理论与企业基层班组管理实践相结合的班组精益管理方法，为班组长提供一套具有改善基层班组管理能力的系统工作方法。

作者在系统总结十几年精益实践经验的基础上，经过三年多的构思，用一年多的时间对相关内容进行反复斟酌与提炼，从班组管理基础知识、班组管理必备的精益管理方法、班组精益现场管理、班组人员精益管理、班组精益化管理、精益班组园地管理规范与技巧、体系化班组精益管理经验分享七个方面对精益班组管理做了介绍，本书特色主要表现在以下四个方面：

1）内容上，从基础管理到精益管理渐进深入，全面且重点突出。从班组长基础知识、必备精益管理方法、精益现场管理和人员管理等班组日常基础管理，逐渐引入核心体系化精益管理范畴，并配有各种表单及实战案例详细介绍，符合基层班组长知识结构特点，好懂易学，一看就能掌握怎样管、如何做。

2）实用上，构造了一个由表单到实战再到体系化管理经验分享的精益化班组管理的"点-线-面"实践路径。理论与案例高度融合，既努力反映班组管理理论的主要内容和最新发展，更注重把相关理论有机地融入案例分析中。书中所列举的各类表单、实战案例均为作者在本企业以及所咨询指导的国内大中型企业所应用，既体现共性问题的普遍解决方法，也给出了一些具有创新和前瞻性的优秀企业的经验。值得各企业借鉴，或加以个性化、优化后实施，必将起到事半功倍的效果。

3）逻辑上，本书理论介绍与实例递进深入，实施难度和效果同时由小变大。前五章采用大量的图表加以解读和说明；每节后面配有实战案例，一一对应每节内容整体加以举例；最后在第 7 章详细介绍在某一体系化班组精益管理方面更为全面的经验分享，既可帮助基层班组长提升精益管理水平，又可供班组管理的监督者和指导者借鉴、优化、实施。

4）效果上，充分体现了"简单，实用，高效"的大道至简的精益思想。即呈现了"想用，好用，管用，易用"的"精益化班组管理基因"，让班组管理走向精益管理，让班组长成为精益管理达人，让基层管理简单易行，让企业管理高效落地，使基层到高层各组织体系更具竞争力，更有利于培养一批具有改善能力的基层管理团队，为打造组织持久的精益文化奠定坚实的基础。

本书全面介绍了班组精益管理中的理论要点和实操技巧，并通过大量的图表和案例进行解说，生动直观地将班组精益管理中的许多方法、工具和图表清晰地展现出来。书中所列实战案例来自一线班组长的具体实践和实用方法，借鉴好这些做法，将会在班组精益管理中事半功倍。

本书的撰写得到了"暨南大学本科教材资助项目"的大力支持。同时，作者有幸得到了团队成员曾云辉、李键坷、黄树生、姜清伟、郑凯帆、温育新、陈伊琳、陈秋帆、杨帆的无私帮助和辛勤付出，他们伴随我写作的整个过程，为我提出很多有益的意见，放弃多个节假日同我一起研讨修改。在此，我真诚地感谢他们中的每一位，感谢他们的诚恳、认真、耐心、谦虚的工作作风。

同时，本书的顺利出版，还得益于机械工业出版社编辑的大力支持，作者表示由衷的感谢！另外，作者也虚心、认真地学习和借鉴了国内外专家学者的一些理论成果和优秀企业的经典案例，受到了很多启发，在此一并表示感谢。当然，作者深知本书仍有一些不足之处，望广大专家学者、产业企业家及读者批评指正。

作　者

目 录

班组管理基础知识

1.1 班组管理概述

班组是企业组织生产经营活动的基本单位，是企业最基层的生产管理组织。企业所有的生产活动都在班组中进行。因此，班组管理的好坏直接关系着企业经营的成败，只有班组充满生机，企业才会有旺盛的活力，才能在激烈的市场竞争中长久地立于不败之地。企业的班组如同人体的一个个细胞，只有所有细胞全都健康，人的身体才有可能健康，才能具有旺盛的活力和生命力。

1.1.1 班组的定义及特点

班组是企业内部从事生产经营活动和管理工作最基层的组织，它是根据企业内部的劳动分工与协作，按照工艺要求或不同产品（劳务）协作的需要，划分的基本作业单位。班组在车间领导下，肩负企业生产的某一部分任务。班组的特点见表1-1。

表1-1　班组的特点

班组的特点	说　　明
结构小	班组是企业组织中最基层的单位，人数少，规模小
工作细	班组工作极为详细、具体，任务落实到人，考核到人，管理到人
管理全	班组管理包括工艺、生产、质量、安全、纪律等管理内容
任务实	企业所有的生产内容和管理内容最终都要落实到班组
全员性	班组工作需要全员参与，增强班组精益管理的有效性

1.1.2 班组的地位

1. 班组是企业最基层的生产单元

班组是生产作业过程的最直接的单元。企业生产效率的提高，设备潜力的挖掘，物资消耗的降低，安全运输的保证，都必须落实到班组员工的活动中。班组工作做好了，每个员工都能自觉维护企业利益，努力提高生产效率。这样，企业全面、均衡地完成生产任务就有了坚实的基础，提高经济效益就有了可靠的保证。

2. 班组是搞好企业管理工作的基础

管理是否深入到基层班组是衡量管理水平的重要指标之一。企业的精神最终要通过班组贯彻到每位员工，然后通过员工的工作成果反映出来。企业的管理要深入到班组这一层次，只有把班组管理工作抓好，企业管理才有可靠的基础。

3. 班组是促进技术进步的基本环节

企业技术的改造和进步，需要企业各个层次积极努力。但技术进步的具体工作很多最终要落实到班组，这就要求充分发挥班组员工的积极性和创造性，让员工积极提建议、搞革新、促进技术进步。

4. 班组是培养和锻炼员工的"熔炉"

班组是企业员工学习政治、文化和技术业务的主要场所，是培养、锻炼员工队伍的"熔炉"。优秀员工的成长需要班组长、师傅长期的严格要求，工作上手把手具体指导，还需要同事之间无障碍的切磋交流。实践证明，班组不仅能生产出合格的产品，还能为企业培养和输送各类优秀人才。

5. 班组是企业精神文明建设的重要阵地

企业要建设"四有"员工队伍，弘扬爱国主义、社会主义精神，必须从班组做起，在班组落实。只有班组员工树立了积极、进取、向上的工作精神，形成了文明、健康、科学的生活方式，企业精神文明建设才会有坚强的阵地。

6. 班组是企业民主管理的重要环节

班组实行民主管理和班务公开，不仅有利于调动和发挥员工的聪明才智，而且可以将企业方针目标的实施、生产经营责任制目标的实现和各项任务的执行落实到员工的具体行动上，从而做到管理顺畅，事通人和。

1.1.3 班组管理的内容

1. 安全管理

安全管理是指在生产作业过程中加强劳动保护，采取有效的安全措施，防止员工人身事故和设备事故的发生，确保生产作业能够顺利进行。

2. 品质管理

品质管理是指把"质量第一"的方针切实贯彻到班组，把质量管理工作建立在可靠的、牢固的基础上实施全面质量管理，确保产品质量。

3. 成本管理

成本管理是指为了达成利润目标，计划实施的各种成本过程管控、降成本措施等管理活动，定期开展成效评价并采取必要的改进措施。

4. 生产管理

生产管理是指建立和健全以岗位责任制为主要工作内容的各项生产管理制度，做到工作有内容、考核有标准。班组通过有效的管理组织均衡生产，以最少的消耗生产出更多的合格产品，最终完成企业及车间下达的生产任务。

5. 保全管理

保全管理是指通过全员参与、自主维护设备来消除和预防设备损失。最终实现班组设备综合效率最大化，保证生产任务顺利进行。

6. 现场管理

现场管理是指运用5S的科学管理标准和方法，定期对班组现场实物进行整理，对工作现场经常进行打扫，清除脏污，保持班组现场干净、整洁，达到优质生产、安全生产、高效生产、低耗生产、文明生产的目的。

7. 人事管理

人事管理是指班组为实现一定的目标，对工作人员进行选拔、使用、培养、考核、奖惩等一系列的管理活动。旨在通过科学的方法、正确的用人原则及合理的管理制度，调整人与人、人与事、人与班组的关系以充分利用人力资源。

1.1.4 班组管理发展的五个阶段

班组是企业组织的最小"细胞"，也是企业一切工作的出发点、立足点和落脚点。企业战略落地、文化孕育、人才成长、安全生产、效益提升、质量管理等生产及管理工作的完成，从决策层到运营层，再到管理层，最后到执行层，企业80%的生产经营内容取决于基层班组和员工。可以说，班组管理水平高低，员工能力素质高低，人才队伍是否壮大，直接关系着企业的市场竞争力和发展前途。

就目前来看，一般在基层班组管理中存在的误区如下：

1）班组管理有要求而没有氛围。

2）班组管理在硬件方面投入多，而在软件方面投入少。

3）重视制度建设，而忽略了文化营造。

4）强调物质奖惩，而忽略了精神培育。

5）重视现场管理，而忽略了人的素养管理。

6）班组长业务能力强，而管理能力弱。

7）班组长个人冲锋在前，而班组成员消极滞后。

企业要充分认识到错误理解班组管理会导致企业白白耗费了大量时间、财力、物力和员工热情，而无法带来实效性改变、长效性提升，严重危害着班组建设。同时，班组管理不能一蹴而就，它是一项系统工程，要认真遵循班组管理发展的五个阶段（见图1-1）才能将班组管理做出实效。

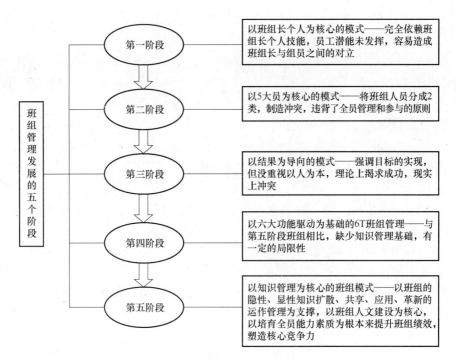

图 1-1　班组管理发展的五个阶段

1.2　班组长的角色定位

在企业中，班组长一般要代表三个角色：对员工代表经营者的角色；对公司代表生产者的角色；对直接领导既代表员工的利益争取者的角色，同时又代表上级安排的执行任务的角色。因此，班组长应该正确认识自己时刻扮演的何种角色，全面了解自己应享有的权利及应承担的义务，充分发挥自己的角色作用。

1.2.1　班组长的定义

企业的管理，从纵向结构上可划分为三个层次：决策层、管理层和执行层（见图 1-2）。决策层指总经理、董事长，负责企业战略的制订及重大决策。管理层指部长、科长、车间主任等，负责层层组织和督促员工保质保量地生产市场所急需的各种产品。执行层就是最基层的管理者，如工段长、队长、领班，更多的是班组长，他们的决策性任务约占 5%，管理性任务约占 30%，执行性任务占 60% ~ 70%，主要负责

图 1-2　企业纵向的管理层次

组织团队成员认真履行职责，努力实现组织目标，在组织执行过程中及时收集、反馈各种末端信息。

班组长是指班组中的领导者，是企业现场管理的直接指挥者和组织者，肩负着提高产品质量、提高生产效率、降低生产成本、防止工伤和重大事故发生的使命，以及劳务管理、生产管理、辅助上级等职责。一般由车间主管任命或由群众推选，经现场、车间主管批准产生。因企业及行业的区别而有所不同，其称呼也有所不同，有组长、班长、领班等称谓。具体来说，班组长的工作主要是对投入生产资源以生产出成品的管理，即对现场的作业人员、材料、设备、作业方法、生产环境等生产要素，直接指挥和监督，以达到企业的各项管理目标。

1.2.2　班组长的地位与作用

班组长的地位具有双重身份：既代表领导者一方，又代表员工一方；既是企业当家理财的一级管理者，又是直接创造财富的生产者。从组织纵向的方面看，班组长处于企业生产指挥的"兵头将尾"的地位；从组织横向的方面看，班组长处于企业生产和管理的各种要素相互联系贯通的"枢纽"地位；从班组人员的构成看，班组长处于"主心骨"的地位；从实际执行效果看，决策层的决策做得再好，如果没有班组长的有力支持和密切配合，没有一批领导得力的班组长来组织开展工作，那么决策就很难落实。班组长的作用主要体现在以下三个方面。

（1）带头人的作用

班组长是生产班组团队成员的直接上级，具有员工作业指导和作业评价作用，是班组团队的"主心骨"和"带头人"。因此，班组长如果不带头去执行企业决策，决策也很难落到实处，同时决策的目标的也很难实现。

（2）沟通桥梁的作用

班组长是生产计划和决策的执行者，处于各种关系的交汇点，是上级主管和班组作业人员之间的桥梁。因此，班组长要协调上下级之间、班组之间、班组成员之间的关系，化解矛盾，促进各方面关系的和谐。

（3）技术教练者的作用

在生产运营过程中，班组长是生产计划的直接组织和参与者，所以班组长应是业务操作的多面手，对新进员工必须进行相关安全规范、生产操作、检验标准等的系统性工作指导和教育培训；还承担着纠偏老员工操作技术等问题。因此，班组长既是生产班组的技术骨干，又是班组团队的教育培训者。

总之，班组长的地位与作用可以用16个字来概括：职位不高、作用不小、"麻雀"虽小、责任不小。

1.2.3 班组长的角色认知

班组长只有明晰了自己在企业里扮演的角色，才能准确地了解上级领导和组员对自己的期望值，才能有效、准确地完成班组的管理和生产工作。下面介绍班组长的三种典型角色认知。

1. 角色认知一：作为下属的班组长

对班组长人员的直接主管而言，班组长是其命令、决定的贯彻者和执行者，对其工作起着辅助和补充的作用。在对现场管理的过程中，班组长既是管理精神传播的窗口，又是主管与作业人员沟通的桥梁。班组长是直接主管的"左右手"而非"左右脑"，这强调班组长的工作重点是实施，即以最好的方法贯彻领导的指示和命令。作为下属的班组长具体要注意以下四点：

1）协助领导开展工作，与领导形成配合和互补关系。

2）是辅助领导工作，而非设计主导。

3）原则上只接受直接领导的工作指令，只向直接领导负责和汇报工作。

4）指出领导不足时，应该注意方式。

2. 角色认知二：作为领导的班组长

对作业员工而言，班组长是其直接的领导，并对他们进行作业指导，评价其作业能力及作业成果。班组长大部分时间面对的是作业员工，拥有良好的群众基础十分重要。班组长是作业人员的帮助者和支持者，只有全力以赴地支持下属的工作，并竭尽全力地帮助下属解决工作中的困难，才能赢得员工的爱戴和拥护。

要成为优秀的班组长，首先必须了解下属对自己班组长的期望，具体有以下六个方面：

1）关心员工。班组长要在工作、生活上对员工加以关心和了解，使他感受到班组的温暖。

2）目标明确。这是做班组长的一个最基本和最重要的前提，否则就纯粹是一个"糊涂官"。

3）准确发布命令。班组长作为一线的指挥者，发布命令的准确程度应像机场上的管制员给飞行员发布命令一样。如果产生歧义，就会造成各种各样的工作失误。

4）办事要公道。班组长在分配工作中要做到办事公道、奖罚分明；分配利益时也要体现出多劳多得、优劳优酬。只有这样才能够服众。

5）共享荣誉。作为班组长还应做到非常慷慨地把荣誉分给大家，激励员工为班组荣誉努力工作。

6）及时指导。班组长应及时指导班组员工，让他们感受到班组长的关注。

3. 角色认知三：作为同事的班组长

对其他班组长而言，班组长之间既是天天相处的同事，又是工作上协作的配合者和竞争者。作为一名优秀的班组长，如果能够将其他班组长看成是自己内部的客户，那么同事之间的关系和角色就会发生重大的转换和改善。这样，不但有助于同事间合作融洽，而且可以保持本班组的协同共进的积极态度和团队精神，为未来得到公司及员工的高度认可打下坚实的基础。作为同事的班组长主要体现在以下三个方面：

1）每个班组长在企业组织架构中都具有相同的生产组织作用。

2）每个班组长都是生产系统中最基层团队协助的共同维护者。

3）每个班组长在生产执行中是都是对方的合作者和支持者。

【案例】 班组长之间的冲突

机加工车间又有一批活儿因为质量问题被质检班退回来了。张班长越想越气："机加工班是按件拿工资的，返工越多，成本消耗越大，工人最终得到的奖金就越少。我们好不容易才拉到的单子，都要毁在他们的手里，他们每个月倒是有工资保证，我们的人可全都指望着单子做成了才能拿到钱呢。"

张班长急火火地找到姓周的质检班长："周姐，怎么回事？这批活儿一次又一次地往回打，这个月的生产任务完成不了，我们班十几个兄弟的奖金可就泡汤了，怎么老跟我们过不去？"

周班长听完了张班长的一番抱怨，她的火也直往上撞："我们怎么回事？就因为你们的产品质量总不合格，害得我们增加了那么多工作量，质检员还一直冲我抱怨呢，我找谁去？"

从此案例看，当班长很不容易，在班长间协调沟通时容易起急。但张班长即使心里再急，也不能这样说话，一味地埋怨与指责只会引起对方的反感与抵触，到头来会更加不利于问题的解决。因此，在与其他部门发生冲突时，虽然班长得出面协调，但更重要的是要注意体现相互理解和配合的重要性，班长间相互坦诚正视问题，共同商讨解决方案是最要紧的。

1.2.4　班组长的职责与权力

班组长的职责与权力是相互统一、不可分割的整体。有了明确的职责，就应赋予相应的权力；有了一定的权力，就必须承担权力范围内的职责。规定班组长的权力和工作职责，既是做好班组工作的重要条件，也是考核一个班组长工作好坏的主要依据。

1. 班组长的职责

班组长职责是指企业班组长岗位要求班组长去完成的工作内容以及应当承担的责任范围。其中工作岗位是企业组织为完成某项任务而设定确立的，它由工种、职务、职称和等级等内容组成。通常，班组长的职责是在企业体系运作流程和上级主管的领导下开展各项工作，具体包括以下五个职责（见表1-2）。

表1-2　班组长的职责

岗位职责	内　　容	方　　法
班组团队责任	班组长首要职责就是带好班组团队，采取有效方法对班组成员进行教育培训，将不同的成员组建成为企业核心生产班组团队	1. 熟练掌握企业班组团队建设管理方法，采取有效方法对班组成员进行教育培训、工作指导并组织班组成员学习遵守企业各项规章制度，积极配合上级主管领导完成下发的各项工作目标和任务 2. 根据企业下发的生产任务及目标进行目标分解，组织班组团队共同设置并团结协作完成工作目标 3. 负责本班团队的绩效管理和利益分配管理
生产效率责任	提高生产效率是指在同样的条件下，通过不断地创新并挖掘员工生产积极性、改进操作方法和管理流程，生产出更多更好的高质量的产品	1. 根据上级领导下达的生产工作任务，依据班组结构实际的情况编制班组生产作业计划，并进行生产派工，及时组织生产 2. 异常处理，因故不能够按时完成生产计划时，及时向上级汇报请求支援
产品质量责任	质量关系到市场和客户，班组长要领导员工为按时按量地生产高质量的产品而努力	1. 严格要求领取的各种生产物料，包括对外协加工生产的零配件、半成品进行检验控制，保证所有物料、零件符合产品质量标准 2. 严格控制和检验生产过程，强化生产作业标准和检验措施，避免出现批次不良的质量事故 3. 强化班组质量教育培训管理，让班组成员深入了解保证产品质量的重要性
安全管理责任	班组长是安全生产的第一责任人，班组长通过识别危险因素、树立安全目标、落实安全责任措施，把整个班组的安全任务分摊到具体的小组和员工身上，然后，像管理生产过程一样实施各种预防和控制措施，消除隐患，最终实现安全生产	1. 结合生产企业实际情况，经常组织班组员工进行安全生产教育培训，提升班组员工自我安全防护意识 2. 全面落实企业各项安全生产规章管理制度和监督安全操作规范 3. 贯彻落实设备点检制度和规范生产设备的规范操作过程，减少因违章操作造成的安全工伤事故
团队士气责任	团队士气是生产管理活动中的一个重要指标，是指生产班组员工自发积极努力工作的愿望强度和工作积极负责、创新和相互协作的态度。如何带出一个士气十足，且有凝聚力的生产班组团队是班组长的主要工作职责之一	1. 采取措施让员工的行为与团队的目标一致 2. 充分发挥员工的特长，让员工对工作产生兴趣 3. 作风民主、广开言路、乐于接纳意见、办事公道、遇事能与大家商量、善于体谅和关怀下属，营造和谐的内部环境

2. 班组长的权力

成为一名班组长，往往被人们认为是有"权"之人，这是事实。但作为班组长本人，必须弄清楚自己手中的权力结构。否则，就会出现不能正确对待权力的现象。

领导科学指出，领导的权力起码由三种权力构成，即职位权力、威望权力和专长权力（见图1-3），可概括为赋予班组长的权力和班组长自己的权力。其中职位权力是"组织给我的权力"，具有强制性。而威望权和专长权是属于你自己的权力，缺乏强制性。

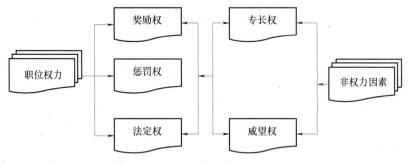

图1-3 权力的类型

（1）职位权力

对于任何一名管理者而言，手中都握有一定的权力，这些权力随着管理者的职位高低而变化，这一权力称之为职位权力。职位权力分为奖励权、惩罚权和法定权，具体内容见表1-3。

表1-3 班组长的职位权力

职位权力	内　　容
奖励权	如果员工能按照规章制度进行操作，而且取得了成绩，班组长有权对其进行物质或精神方面的奖励，目的是激励取得成绩的员工争取做得更好。另一个更重要的作用是充分发挥他的模范带头作用，以便有效地带动班组的全体成员积极主动地工作，把本职工作做得更好。班组长的这种权力就是奖励权，这种做法被称为正激励，有人将其形容为"哄着朝前走"
惩罚权	员工违规操作，造成了一些失误，或没有服从组织纪律的安排，那么就要惩罚他。严重的可以将其停职，甚至开除，轻的可以在班组会上口头批评一次，或单独对其进行批评。目的是让其按照既定的目标、规章制度来完成任务。班组长的这种权力就是惩罚权，这种做法被称为负激励，有人将其形容为"打着朝前走"
法定权	厂规和法律中赋予班组长的其他权力，统称为法定权。例如，信息处理权就属于法定权，班组长可以根据情况将上级文件向下传达，有的暂缓传达，甚至不传达；员工反映的情况如果班组长能处理，就不必上报。此外，流程改造权、设备更新权等也都属于法定权

（2）非权力因素

同样是一名班组长，为什么有的班组长能够一呼百应，而有的班组长却使员工口服心不服，甚至被当面顶撞？因为除了职位权，还有一个作用很大的因素——非权力因素，影响着班组长的权力。非权力因素与职位权力没有密切的关系，但是非权力因素却能有效地间接影响着权力因素的运用。非权力因素包括专长权和威望权（见表1-4）。

表1-4　班组长非权力因素

非权力因素	内　　容
专长权	专长权指懂得技术、会管理而带来的一种权力。它来自员工的尊敬，即员工感到班组长具有某种专门的知识、技能和专长，能帮助他，为他指明方向，排除障碍，达到组织目标和个人目标
威望权	威望权是一种领导能力和个人影响力，是指班组长靠个人的人格魅力影响员工的工作。它来自员工对班组长的信任，即员工相信班组长具有他所需要的智慧和品质，具有共同的愿望和利益，从而钦佩他，愿意模仿和跟从他。班组长的个人影响力不是一朝一夕就能轻易形成的，而是靠自己和员工们的长期共同奋斗形成的，班组长不能期望通过一件事或简单模仿谁就能提高自己的影响力，这是一种长期的感情融和过程

【实战1】某生产班组长岗位职责说明书

岗位名称	生产班组长	所在部门	生产部	直接上级	车间主任	直接下级	班组员工
工作职责：加强生产作业管理，重视生产安全，对生产小组成员进行人员管理							

职责与工作内容							
职责一	负责线上物料管理工作
	工作内容	按生产需求，安排专人领料，审核物料的质量、数量
		依据物料属性，确定物料存放的环境和方法
		对存放物料进行定期检查，查看物料良好情况和环境情况
		如出现余料、废料或欠料，指导物料人员办理退补物料作业
		严密监督物料使用情况，做好控制与清理，保证生产作业的正常进行
		分析并检讨现场物料管理的不足之处，适时改善和提高
职责二	加强生产作业管理，确保作业有序进行，按时、按质完成任务
	工作内容	针对不同的生产类型选择不同的班组作业办法
		对作业内容进行确认，清理作业现场
		按照安排好的作业顺序，向作业人员下达作业指令
		依据生产作业计划，检查出产数量、出产时间和配套性
		监督班组成员的质量管理行为，如发现质量问题，立即采取控制措施
		对当日生产异常管理内容进行清理，确认是否有执行不力的事项

（续）

岗位名称	生产班组长	所在部门	生产部	直接上级	车间主任	直接下级	班组员工
职责与工作内容							
职责三	重视生产安全管理，保证作业人员安全						
	工作内容	加强安全教育和培训					
		加强作业技术培训，提高作业娴熟度					
		加强作业指导和监督，及时纠正危险的作业行为					
职责四	对生产小组人员进行人员管理						
	工作内容	实施早晚会制度，安排工作计划，了解工作进度					
		考察人员出勤情况，安排交接班，处理临时人员增调工作					
		对生产作业人员进行培训、激励、评价和考核，提高其技能水平					
任职资格							

1. 教育水平：机械制造、管理类专业，大专或大专以上学历
2. 经验：3 年以上从事生产、工艺、设计及管理工作经验
3. 技能要求：
- 掌握相关产品生产知识，了解生产动态和生产管理知识
- 具有与作业人员沟通协调的能力
- 能够严格控制生产进度，确保产品质量和作业效率

【实战2】 丰田班组长一天的工作

时间	项　目	业务内容	频度	担当者
上班前	1. 出勤与电源确认	传递生产工作指示	1 次/班	班组长
		确认设备、照明正常开启	1 次/班	班组长
	2. 前班次日报的确认	确认前班次日报的工作内容（生产状况、设备、改善等）	1 次/班	班组长
		根据前班次日报确定早会说明的内容	1 次/班	班组长
	3. 现场管理者会议	把握出勤状况、调整人员配置	1 次/班	班组长
		（组内不能调整→向课长报告、接受指示）	发生时	班组长
		传达前班次日报的信息、对应其中的指示内容	1 次/班	班组长
	4. 准备体操	以组为单位自发地准备广播体操	1 次/班	班组长
	5. 早会	公司、课内联络事项的传达＆作业指示	1 次/班	班组长
	6. 小物部品补充 作业开始前点检	小物部品的补充及作业开始前点检状况的把握	1 次/班	班组长
		以上对象人员的把握（日报处理）	1 次/班	班组长

（续）

时间	项目	业务内容	频度	担当者
上班中	1. 自组责任车辆的明确化	作业开始第一台车辆的标示及各账票的记录	1次/班	班组长
	2. 生产实绩的把握	生产进度状况的把握	随时	班组长
		由于内部因素导致生产迟缓时	发生时	班组长
		原因调查、把握及报告		
		暂时对应、再发防止的推进		
		由于外部因素导致生产迟缓时	发生时	班组长
		向课长报告并与相关部署联络		
		根据课长的指示对应		
	3. 安全观察	规则的遵守状况的把握 & 指导	每日	班组长
		不安全动作、设备等	1工程/班	
		指名业务（异常处置，保护用具等）	1工程/班	
	4. 作业观察	确认是否遵守手顺书、要领书	1工程/班	班组长
		对应状况确认和指导	1工程/班	
	5. 品质确认	不具合内容把握、对策立案和展开	1次/班	
		外观品质确认	1次/2h	班组长
		重要不具合确认和对策立案	发生时	班组长
		管理项目的结果确认和对应指示（扭力扭矩、液量等）	1次/班	班组长
		出席品质会议和报告	1次/班	班组长
	6. 异常处置（组装、设备等）	不具合内容的把握、对策立案和展开		
		设备故障的确认、对应指示和展开	发生时	班组长
		线内手修、线外手修的对应指示和展开	发生时	班组长
	7. 突发不具合对应	安全、品质、生产等发生的不具合的对应		
		暂定对应检讨、对策立案、对应指示，展开	发生时	班组长
		组内不能对应部分的报告、结果指示，展开	发生时	班组长-课长
		车辆出线外的对应指示（欠品、误品、设备故障等）	发生时	全体
	8. 部品调达	生产必需的部品的调达和管理	广播指示	班组长
		看板回收		
		部品在库的把握和对应指示	发生时	班组长
		部品在库的把握和对应指示	发生时	班组长-主管
		辅助资财的管理和指示	随时	班组长

（续）

时间	项　目	业 务 内 容	频度	担当者
上班中	9. 设计变更对应	部品、式样变更的对应指示、实施、报告	发生时	班组长-员工
	10. 生产指示变更	指示内容的变更、追加、检讨、依赖、确认	发生时	班组长-员工
	11. 改善活动	找到生产、品质、安全的问题点，对策立案，实施	随时	全体
	12. 原价低减活动	为车辆原价低减而寻找问题点、对策立案、实施	随时	全体
	13. 用品配置	生产活动必需的用品的管理、回收、配置、发注、领取	发生时	班组长
	14. 人员管理	组员的人事、健康方面的管理、指导、评价	发生时	班组长-课长
		个人记录表的管理，写评价报告	随时	
		部下育成表的管理，写评价报告	随时	
	15. 4S	为保证不对生产、安全、品质产生影响，指示部下实施整理、整顿、清洁、清扫	随时	班组长
	16. 材料加工不良的管理	加工不良发生状况的把握和要因追究、对策指示、展开	随时	班组长-课长
	17. 提案确认	组内创意工夫、吓一跳提案等	随时	班组长
下班后	1. 与 T/L 的会议	一天的生产活动的反省和讨论关于如何使明天 生产顺利进行的对策并指示	1 次/班	班组长
	2. 4S	为保证不对生产、安全、品质产生影响，指示部下实施整理、整顿、清洁、清扫	定期	班组长-员工
	3. 生产线上的品质	对于当日的重点管理项目的品质确认、指示和实施（不具合的发生部位、将要发生的部位）	1 次/班	班组长-员工
			1 次/班	班组长
	4. 日报记录	提供对生产可能有影响的情报并联络当日传达的事项	1 次/班	班组长
	5. 日报处理（出勤欠勤、加班、年休）	输入工程实绩情报	1 次/班	班组长
	6. 退社	确认设备、照明开关是否关闭	1 次/班	班组长

1.3　班组长的任职要求

作为"兵头将尾"，班组长自身素质和能力的高低，直接影响着班组管理水平的高低，决定着企业的决策能否真正顺利实施。一个没有组织、没有纪律的班组长，不可能使班组纪律严明。一个技能不高的班组长也不可能带动班内员工提高技能水平。因此，企业班组长不仅要成为管理能手，也要成为技能带头人，从而带动班组素质和能力全面提升。实践证明，企业综合能力提升只有从基层的班组长抓起，才能保证企业整体水平的提高。因此班组长的任职要求主要包括业务能力、管理能力和自身素质三方面。

1.3.1　业务能力要求

1. 掌握专业技术能力

掌握专业技术能力是指班组长应掌握有关自己所担当工作做法和方法方面的知识能力。班组长是一线指挥官，必须要有丰富的生产、技术和安全实践经验，在劳动技能方面能够起到技术性示范作用，熟练掌握与生产相关的各项操作技能。

2. 熟悉设备管理能力

熟悉设备管理能力是指班组长应十分了解本岗位中各设备的结构及工作原理，并能进行简单的设备故障排除和维修、能给班内员工进行正确讲解，确保员工能合理、正确操作，减少设备故障的发生。同时班组长应能及时发现设备出现的问题并找出故障产生的原因，对一些简单的设备故障进行排除和维修，维持生产的正常进行。

【案例】业务能力强的金牌班长许振超

许振超几十年如一日，努力学习，对工作有着高度的责任心，勇于奉献，由一名普通工人锻炼成长为技术业务能手的班组长。特别是许振超修吊车的技术，不只限于排除一般性的机械故障，连一些精密的技术部件也能修好。如桥吊上的重量传感器是国外厂家的"王牌"产品，按规定不能打开，坏了只能更换。有一次，桥吊上的重量传感器坏了，工人们立刻换上了新的。对于换下来的重量传感器，许振超不愿意就这么丢掉，他为了给企业节约资金，更为了向技术难关挑战，打开了换下来的重量传感器，围在四周的工人们一看，只见竹子洞大小的空间里，布满了蜘蛛网般的电阻丝，像人的大脑神经一样。看到这些，工人们对许振超能否把重量传感器修好表示怀疑。许振超憋足了一口气说："外国人能造出来，咱就一定能修好。"他把重量传感器带回家仔细研究，将每根线的颜色、位置都做好记录。然后，他戴上眼罩，拿着修表用的游丝镊子，小心翼翼地一根一根检查，终于发现是一根细如蚕丝的电阻丝断了。问题找到了，但焊接更为关键。焊点比芝麻粒儿还小，焊不好，就前功尽弃。他将自己最顺手的电烙铁磨尖，自配了焊料，顶着强光，像脑外科医生做微循环手术一样，屏住气，稳住手，一点一点地试探着焊接，一次不行就两次，两次不行就三次。用了整整一周的业余时间，终于将国外厂家的"王牌"产品攻克下来。

3. 培养指导员工能力

作为班组长不仅要自己会干，成为优秀的技术尖子，更有责任对班内员工进行培训，成为优秀的教练。带动班组员工一起互相学习，形成在岗位中学习，在学习中工作的氛围。班组长应及时、准确地根据工作和企业发展的需要，把握学习的方向和学习内容，使班组员工共同进步。这是企业的需要，更是班组长的责任。

【案例】某公司班组长培训员工的主要内容和基本方法

班组长是班组培训工作的负责人和带头人。身教胜于言教，班组长要重视培训，带头学习，亲自带领本班组员工积极参与培训学习。要做好班组员工的培训，强化班组培训工作的管理，这就对班组长的能力有了更高的要求。班组培训的主要内容包括：思想政治和品德教育；文化科学知识教育；专业技术业务教育；管理知识教育。班组培训的基本方法包括：集体学习；以师带徒；岗位练兵；示范教育；一事一训；应急培训；讲座培训。

4. 提高生产质量能力

班组长要把高超的技能，成熟的业务用于工作实践，使提供的产品及服务尽善尽美。实现在技能上确保产品质量，逐渐具有"一口清""一把抓""一刀准""一眼准""问不倒""活地图"等生产优良产品的能力，更是追求高质量的体现，是十分难能可贵的典范。

1.3.2 管理能力要求

1. 目标管理能力

就日常管理工作而言，班组长可以针对具体一项工作任务设定任务主题、完成时限、具体任务量和责任人，以提高员工的参与意识和责任，增强班组管理的目标感，并不断地进行改进与提升。

2. 组织生产能力

班组长要转变生产任务执行者的观念，承担起全面组织和统筹生产任务的各个环节。根据日常管理中的生产任务，在班组内合理安排好各项工作，能主动向领导和职能部门汇报工作、征求意见及协调好各方关系，确保生产任务保质保量地完成。

3. 沟通协调能力

为了构筑良好的班组信赖关系，减少工作摩擦和提高工作效率。班组长应该具备良好的说话、倾听、商谈及说服的能力。如幽默可以使工作气氛变得轻松，使人感到亲切。利用幽默批评员工，便不会使其感到难堪，并能让其心悦诚服。随着工作经验的积累，班组长会越来越能审时度势，沟通协调能力也会慢慢提高。

4. 管理创新能力

每一个岗位，每一项工作，都有自己的特殊规律，需要班组长去认识，去发现。因此，要求每个班组长在职业活动中敢于破除旧观念，不断改革创新生产发展中旧的管理方法和旧的工艺技术，勇于做别人没做过的事，敢于走前人没走过的路，善于开创新局面和新事业。

5. 思想工作能力

班组长要具有做思想工作的能力。班组成员中由于年龄、文化、性格、能力等方面的差异，工作的表现也不尽相同，这就要求班组长既要会管生产，又要会管思想，把思想工作渗透到班组管理的各项工作中，化解员工之间的各种矛盾，调动员工积极性。

1.3.3 自身素质要求

1. 模范带头意识

干一行爱一行，无数的劳动模范、专业标兵都是基于这个精神和意识而产生的。班组长的身教胜于言教，只有事事以身作则，身先士卒，把方便让给别人，把困难留给自己，吃苦在前，冲锋在前，才能成为班组员工心中的模范，轻松带领他们完成各项工作任务。

2. 安全防范意识

班组是安全生产的第一道防线，而班组长是企业安全生产工作一线的直接指挥者。班组长应充分认识到安全不仅包括车间生产安全，更应确保员工人身安全，真正做到以人为本。班组长要对生产中的每一个环节时刻监督，发现隐患及时整改，以减少事故和异常情况的发生。

3. 竞争拼搏意识

企业内也存在着各方面的竞争，作为班组长要有较强的竞争意识和拼搏的能力。现在企业内进行的班组技能比武竞赛，实际上就是一种竞争，只有班组长具有敢于争先，勇于争先的勇气和能力，才能带出具有活力的班组，从而提高企业自身的竞争力。

4. 终身学习意识

时代在进步，企业在发展。班组长只有不断学习和提高，才能在岗位上不断进步，越干越好。班组长要抓住一切学习的机会，不断提高自己的理论知识和管理水平。同时，对自己的工作定期进行总结，抽出一定的时间，静下心来认真分析工作中的得与失，好的方面继续保持，不足的地方加以改进和完善。

【案例】 自学成才的班组长

某企业制造厂数控班班长，中专毕业参加工作，仅一年就通过自学掌握了数控加工中心操作技术，两年便独立承担了企业国家级重点项目的加工任务。通过刻苦的学习和钻研，从门外汉成为数控加工操作的行家。在完成车间交给的各种生产任务基础上，结合实际进行各种技术改进，提高了工作效率和工件的质量。同时，他还利用仅有的业余时间自学数控编程知识，不断摸索整理出快速掌握业务知识技能的学习方法，实现了机床操作快速入门。工作九年时间里，他年均完成4000工时，是其他员工一年全勤工时的两倍，连年居车间榜首。他能熟练操作全车间90%以上的数控机床，完成了国家级重点项目的结构件加工任务，连年在各种技能大赛中获奖，并荣获国家"技术能手"称号。

1.3.4　成功与失败的班组长

班组长既是班组团队中最高的领导者，又是班组生产管理的直接指挥者和组织者。可见，班组团队建设的成功与否关键在于班组长。成功的班组长和失败的班组长的表现见表1-5，同样面对困难、冲突等问题，成功的班组长总是勇于担当，会自我反省，以大局为重；失败的班组长则总是推卸责任，只顾及自身的利益。

表1-5　成功的班组长和失败的班组长的表现

	成功的班组长	失败的班组长
1. 对待错误	是我错了，马上改进	这不是我的错，是……
2. 对待成就	幸运/大家努力的结果	都是我自己的努力
3. 对待挫折	努力不够/方法不够	运气不好/他们不配合
4. 对待问题	又得到一次进步的机会	找借口/逃避
5. 对待工作	还不够好，继续努力	已经很不错了
6. 对待职责	站高一层，为他人服务	出于无奈/草草了事
7. 对待同事	降低身份/看到优点	评头论足
8. 对待领导	尊敬/辅助	表面一套
9. 对待时间	每天进步一点	明天再说吧
10. 对待先进	尊敬/学习/超越	排斥/找麻烦
11. 对待利益	团队优先	利己主义
12. 对待目标	树立高目标	留有余地

【实战3】某企业班组长任职情况测评表

内　　容	评分标准	各项得分
技术创新	操作技术过硬，创新意识强，工艺改进合理，成效明显（10分）	8
培训指导能力	及时发现生产工作中的问题，定期组织培训班组成员，使其掌握解决问题的方法，提高班组成员岗位技能（10分）	8

（续）

内　容	评　分　标　准	各项得分
调动员工积极性	模范带头作用明显，处理问题公平，关心员工工作、生活、家庭等，解决班组成员切身利益的问题及时，定期宣传公司发展的美好愿景（10分）	9
工作责任心与组织协调能力	爱岗敬业，工作标准高，完成任务好，班组管理效果明显，上下工序配合密切，安排工作公平合理，组织指挥能力、协调能力强（10分）	7
团结同事与沟通能力	班组内无拉帮结派、吵嘴斗气等不和谐现象，真诚与班组成员沟通，及时了解下属心理情绪变化，无亲此疏彼现象，团队凝聚力强（10分）	8
班组建设	班组建设特点明显，本班组在产量、质量、管理、安全和环保管理等方面走在其他班组前列（10分）	7
成本控制	带头落实公司节能降耗指示，节约原材物料，修旧利废，班组内无浪费现象，成本意识强（10分）	7
品德素质	为人谦虚，办事公道，对同事热情，工作态度端正，作风正派，无弄虚作假现象（10分）	8
安全生产	经常组织学习安全知识，无违章指挥、违章操作，积极查找安全隐患，及时制止违章违纪，班组内无安全事故（10分）	8
学习能力	学习公司制度文件、安全知识、操作规程，学习先进经验，业务知识和能力素质不断提高（10分）	8
合计得分	78	
部门领导评价	×××同志综合素质较好，业务能力较强，政治表现良好，服从安排听指挥，与同事友好相处，做到爱岗敬业，认真负责，相信会在今后的工作中取得出色的成绩	
班组长签名	×××	测评人签名 ×××

1.4　新任班组长上岗要领

　　许多员工被任命为班组长后，仍然像往常一样按部就班地完成自己的任务，而不是将工作分配到每个岗位，监督员工很好地完成工作，最终因没有认清自己上任班组长的定位和方向，不久便被免职。因此，为了企业更为了自己做好新任班组长的定位转换，应尽快理清思路，知道从何处着手开始进入工作，为自己设定时间表和目标，制订计划快速进入新角色和新工作状态。

1.4.1　做好角色转换

1. 提升看待问题的角度和全面性

成为一个班组长就是成为一个班组的领导者，就意味着要学会从更广阔、更全面、更长远的角度看待问题。如要了解自己的角色到底是什么，如何融入角色，如何才能有影响力等，而这是一个漫长的学习过程。

2. 承受得了生理和心理压力

刚上任班组长，经常会感到压抑、无法控制地紧张，这通常被称为领导者压力。这些压力来自于上级、组织的不完善以及员工的不服等情况。即使精力充沛，也不能把每件事都处理妥当，这就需要新任班组长对压力有高度的承受力和疏解能力。

3. 培养更大的胸怀和格局

在刚上任时，由于角色未能完全转变，有时新任班组长自己的管理者角色与自己的行为者角色发生冲突时，需要做出及时调整；还有时会与领导直接接触和汇报时发生意见分歧和不统一，要及时转变思路和换位思考。作为班组长，必须学会乐于看到员工成功并乐于帮助他们成功。看到员工成功应该会更有成就感，而这种感觉需要有一个学习和适应过程。

1.4.2　高效开展工作

1. 分析形势

在上任之前，要充分认识到班组管理可能遇到的困难，以及如何设定目标加以改进等问题，要有一个大致的概念；在上任后需要花费大量时间和精力尽可能多地收集班组管理涉及的业务、产品、工艺、员工等信息，认真研究其管理流程、生产制造及员工相处等日常管理事宜，同时最好在上任前抓紧时间掌握一些该行业的基本情况和热门话题，如阅读一些必要书籍，或者向公司借阅一些相关材料。

2. 变革慢行

上任后，即使本来就是本企业员工或本班组员工，也需要慎重行事。变革并不容易，需要大量的时间与精力，而工作形势却瞬息万变。因此，为了保证变革的成功，在考虑变革的必要性及稳妥性时，必须分析一下企业的竞争优势、团队实质以及自己与前任班长风格的差异。即使拥有卓越的能力，能够在团队管理中取得高质量的飞跃，仍然必须看清形势，三思而后行。

3. 早出成绩

早出成绩至关重要。每位新任班组长都是依靠成就得以立身的，换了新班组长的团队也同样依靠业绩成名。首先要选好努力方向。确定的目标明确通常是被视为"成功"的地方，即团队付出的努力要最少，失败的风险应最小。一般目标可以是任意的一个项目，如改变团队形象，大幅度改善质量或服务，增加每月的产量或利润，纠正前任班组长的错误等。然后就要投入个人全部的智慧和热情，努力完成各项工作，保证目标的实现，最能鼓舞士气的莫过于提供实质性的帮助并取得显著的成果。

4. 总结教训

如果工作方式不当，刚上任的雄心勃勃的班组长就会遇到一些失败。但最重要的是学会面对失败、承认失败，并从中学习、吸取失败的教训。记下每次失败的结果及后果，分析主要原因，找出自己在判断和行动上的弱点。最终的原因不应该是"运气不佳"或"别人办的蠢事"，那样不能使自己受益，只会继续失败。另外，不要被失败的阴影所困，要多想想成功后的阳光灿烂。

1.4.3 了解团队关系

1. 了解团队内部人员的关系

不要过多担心那些表现出情绪的人，而应注意那些较为沉默的员工。一旦发现员工情绪低落，及时和员工沟通，为他们的工作消除困难，为他们的个人生活指出方向。对那些因为超负荷工作而失去信心的人，要为他们重新调换岗位，使他们能愉快胜任，树立他们的自信心。

2. 了解团队与其他部门的关系

借着新上任的机会，与相关部门面谈，了解过去出现冲突的地方、冲突的原因和具体事件，把握彼此之间的沟通协调问题，确定其他部门的需求和期望并制订一套行动计划，改善原来的配合问题，提高相关部门的满意度。

1.4.4 学会为人处世

1. 职位升高了，更需诚恳待人

由于受错误观念的影响，有些新任班组长当上任后，常常步入欺上压下、媚上辱下的误区，对上级一套、对下级一套、对同级一套、对强者一套、对弱者一套。这样做能保了一时，却保不了长久，大家迟早会看穿其内心。所以新任班组长必须要走出这个误区，想办法与员工拉近距离，保持一种诚恳待人的态度，谦虚谨慎学习与人相处方法，营造良好的人际氛围。

2. 权力增大了，更需宽厚容人

班组长在权力增大之时怎样趋利避害呢？古人说得好："唯宽，可以容人；唯厚，可以载物"。对新任班组长来说，一方面要与班组成员同舟共济，另一方面要用好成员。要用好人，首先得容人，要能容得下才能超过自己的人，容得下气质、性格、观点、意见与自己不一致的人，甚至容得下不悦己甚至与自己疏远的人，容得下有缺点和犯过错误的人等各种员工。

3. 责任加重了，更需乐于助人

班组长在为人方面，不仅要有诚恳待人的品格、平等待人的修养，更要有关爱他人、乐于助人的美德。一个成功的班组长，应该在自己的职权范围内有意识地为那些需要帮助的人尽心尽力地提供帮助。

1.4.5　赢得下属敬重

1. 安抚员工情绪

大多数班组长由领导提拔任命，这就意味着很多原来的同事可能就要成为自己的下属。当原来的同事成为自己的上级时，很多人都会不适应这种角色转换，甚至会产生抵触情绪。从另一个角度来讲，班组一个人上任班长，就意味着另外的人暂时失去了机会，尤其是感觉自己有竞争力的人员。所以，新任班组长要想顺利开展工作，就要先化解员工的不服气和抵触情绪。

2. 增强自己本事

打铁还得自身硬。要想做好班组长带领班组做出成绩。一要身先士卒，不怕困难；二要技术过硬；三要善于组织管理，带领团队完成各项工作任务和生产指标。

3. 满足员工需求

班组长要想成功地领导员工，需要懂得班组员工的心理需求。一个人的心理需求是其动力的最大来源，每个人都希望被尊重、被信任和被重视。因此，作为班组长，应该在第一时间发现员工的心理和需求，并采取有力的措施来满足它，这样员工才会产生很强的动力主动工作。同时要保证自己的管理行为要公平、公正、有魄力、负责任，才能广泛赢得员工的敬重。

【实战4】　新任班组长常遇到的误区

1. 只顾业务的刘力班长

员工刘力是公司里的电工班的技术骨干，为人老实厚道，多次在公司电工比武中名列前茅。电工班老班长退休后，车间领导任命刘力为电工班班长。上任前，刘力好钻研，电工方面的技术问题很少能难得倒他。担上任班长后，刘力更加任劳任怨。不管是电气设备检修还是运行线路的维护，每天从早忙到晚，手脚不得闲。刘力还有个特点就是不太爱说话。平时和领导、同事们说的话就很少，车间调度会上他很少发言，班前会也只是简短几句布置一下任务。私下里和领导、班组成员几乎没有什么来往。班组成员身体不舒服，家里有什么事，情绪有什么波动，他很少，也没有时间注意到。渐渐车间领导觉得他更适合做技术能手培养，就免掉他的班长，但他一直不得其解，非常郁闷。

从这个案例中可以看出，刘力陷入了一个只顾业务专研、不顾班组团队建设的误区。实际上刘力确实不是一个称职的班组长。因为他上任之后依然像以往一样忙着自己的业务，没有认清自己的角色，班组长不只要冲在生产最前线，还要明确管理职责，组织调动班组成员共同完成工作，发挥团队力量，这才是一名合格的班组长。

2. 过于严格的张军班长

经过一层层激烈的角逐，张军终于如愿以偿，成为钳工班班长。为人严谨的张军认为班组管理的关键应该是制度管理。只要健全班组各项管理制度，严格考核，公平公正，人们自然会心服口服，班组管理也会井井有条。上任伊始，他就细化了班组各项管理规定，并将考核结果与当月奖金挂钩，一旦发现违纪现象，他就绷起脸来，严加训斥。结果，在一个星期之内，班里16名工人被张军训斥了10位，并对3位实施了经济处罚。这样一来，大家对张军的意见很大。班里以前和张军关系不错的员工们也对他"敬而远之"了，张军成了孤家寡人。张军自认为是按章办事，应该没有问题，对为什么大家这样对他非常苦恼。

从这个案例中可以看出，张军陷入了班组管理只是冷冰冰的按制度办法管理的误区。严格管理的本意没有错，但工作方法过于简单和生硬，又带有明显的"官"的作风。因为人是有思想、有感情的，不能用对待机器的方法来对待人。所以，要注意管理的方式，要以人为本拓展思路去抓班组管理，真正地让班员感觉到，你是在帮他，为他好，从而自觉服从管理。

班组管理必备的精益管理方法

2.1 20/80 法则——班组管理事半功倍的关键

2.1.1 20/80 法则概述

在产生某种共同效果的任何总体中，相对少数的因素贡献了大部分的效果，这些因素便是关键的少数。

——质量管理专家约瑟夫·莫西·朱兰

20/80 法则（The 20/80 Principle），又称为帕累托法则、帕累托定律、最省力法则或不平衡原则。早在十九世纪末，在研究英国人收入分配问题时，帕累托发现大部分的财富为少数的人所左右，还发现一些人的人口份额和属于他们的财富比例，在数量关系上存在着比较确定的失衡。进一步的研究证实，这种失衡会重复出现，而且是可以预测的。

2.1.2 20/80 法则的作用

20/80 规则的重点不是百分比是否准确，而是在揭示一个道理，即在输入与输出、努力与收获、原因与结果之间存在普遍失衡。作为班组长而言，尤其是那些有志于精益的班组长，都应该将 20/80 法则应用到自己的班组管理中，实现少的投入可以多的产出，小的努力就能取得巨大的成绩。如果能去正确地应用 20/80 法则，班组长会发现工作变得轻松起来，自己的表现也变得更加优异了，企业自然也将获得更多利润了。

2.1.3 20/80 法则的应用

在班组管理中，班组长需要对日常的事务性工作进行盘点和思考，将那些"关键的少数"寻找出来，要优先实施和重点管理，因为这些往往是决定整个班组效率、产量、盈亏和成败的主要因素。当然，其余的工作并非不用做，而是要将有限的资源和精力做合理安排，可在人力资源管理、质量管理、仓储管理等多个方面应用。

1. 20/80 法则在人力资源管理中的应用

在人力资源管理过程中，20/80 法则有着重要的理论基础作用和实际操作意义，例如：有助于班组真正树立"核心人本价值观"，引导企业建立以关键业绩指标为核心内容的绩效考评体系，进行有效的人力开发，激励关键核心，具体如图 2-1 所示。

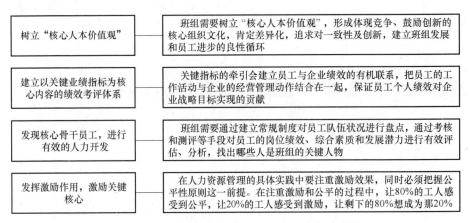

图 2-1　20/80 法则在人力资源管理中的应用

2. 20/80 法则在质量管理中的应用

在质量管理的各个方面都可以发现 20/80 法则的存在，班组长会发现其可以迭代使用；质量问题存在于产品研制的各个方面、全部流程，如果只是从单方面应用 20/80 法则，班组长往往会发现某个问题并不适用，并不是这种分类分析方法出现了问题，而是班组长应从不同的角度去分析并探求解决问题的方法；具体应用如图 2-2 所示。

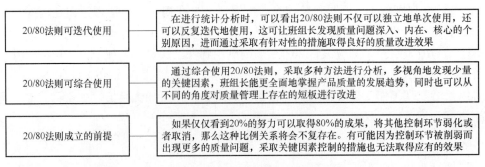

图 2-2　20/80 法则在质量管理中的应用

3. 20/80 法则在库存管理中的应用

库存管理是班组精益化管理的重要内容，合理的库存控制可以减少占用流动资金，加快资金周转，减少仓储成本，避免生产呆货、死货，可以为企业带来巨大的经济效益。

ABC 分析法又称 ABC 分类管理法，是由 20/80 法则衍生而来的。与 20/80 法则所不同的是，20/80 法则强调的是把握关键，ABC 法则强调的是要分清主次，并将管理对象划分为 A、B、C 三类，从而有区别地确定管理方式。由于很多仓库物料品类繁多、数量庞大，管理耗费时间长且不容易达到应有的效果，善用 ABC 法则可以很好地提升工作效率并减少人力浪费，可以在仓库盘点、物料计划和采购管理中应用。ABC 分析法实施的步骤如图 2-3 所示。ABC 三种物料的分类原则见表 2-1。

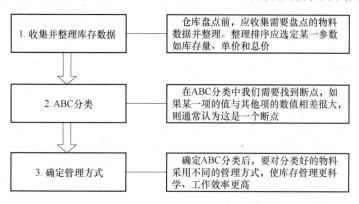

图 2-3 ABC 分析法实施的步骤

表 2-1 ABC 三种物料的分类原则

分类原则	A 类	B 类	C 类
价值	高	中	低
数量	小	一般	多
盘点周期	每月	每季度	半年度或年度
盘点方式	动态	动态	静态

【实战 5】20/80 法则在质量控制中的反复迭代应用

通过统计分析，发现某产品的整个产品周期中，大量的质量问题出现在某个阶段，使之成为造成整个产品质量问题的少数关键因素，通过使用 20/80 法则对与该阶段相关的质量问题进行分类分析，分析过程如图 2-4 所示。将产品的质量问题分成多个子项目进行统计分析，以求发现其中更为核心的关键因素。通过反复迭代地使用 20/80 法则，班组长能够发现质量问题深入、内在、核心的个别原因，进而通过采取有针对性的措施合理地解决，以达到良好的质量改进效果。

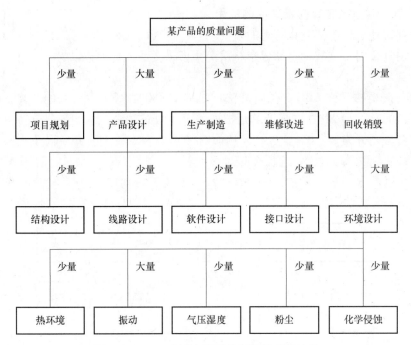

图 2-4   20/80 法则在质量控制中的反复迭代

2.2   5S 管理——班组现场管理最有效的方法

2.2.1   5S 管理概述

安全始于整理整顿，终于整理整顿。

——1955 年日本 5S 的宣传口号

5S 起源于日本，指的是在生产现场中将人员、机器、材料、方法、环境等生产要素进行有效管理，包括 SEIRI（整理）、SEITON（整顿）、SEISO（清扫）、SEIKETSU（清洁）、SHITSUKE（素养）。因为 5 个日文罗马拼音的首字母都是 S，所以统称为 5S。5S 可以有效促进工作环境整洁、提升员工的士气，并使之持续保持，故被视为低成本改善方法之一。

2.2.2   5S 管理的作用

5S 管理有八大作用：亏损为零、不良为零、浪费为零、故障为零、切换产品时间为零、事故为零、投诉为零、缺勤为零，因此推行 5S 管理的工厂被称为"八零工厂"。5S 管理的作用如图 2-5 所示。

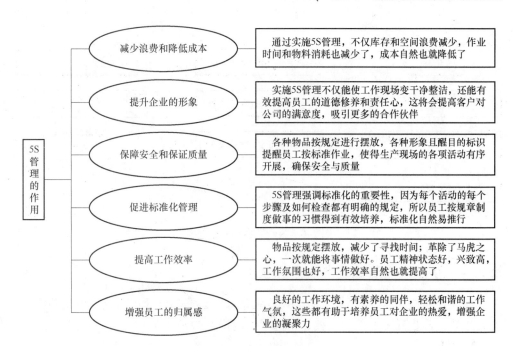

图 2-5 5S 管理的作用

2.2.3 整理——清理现场空间和物品

整理是实施 5S 管理的第一个阶段。整理就是将必需品和非必需品区别开，在工作岗位上只放必需的物品。

1. 目的

1）改善和增加作业面积。

2）使现场无杂物，行道通畅，提高工作效率。

3）消除管理上的混放、混料等差错事故。

4）减少库存，节约资金。

2. 基本做法

1）用拍摄的方法对未经整理的现场拍照，然后对照片进行分析，区分出经常使用的和不经常使用的物品。

2）利用标牌标识物品，可以很容易显示出物品在什么地方，以节省寻找物品的时间。

3. 实施过程

整理阶段的实施过程如图 2-6 所示。

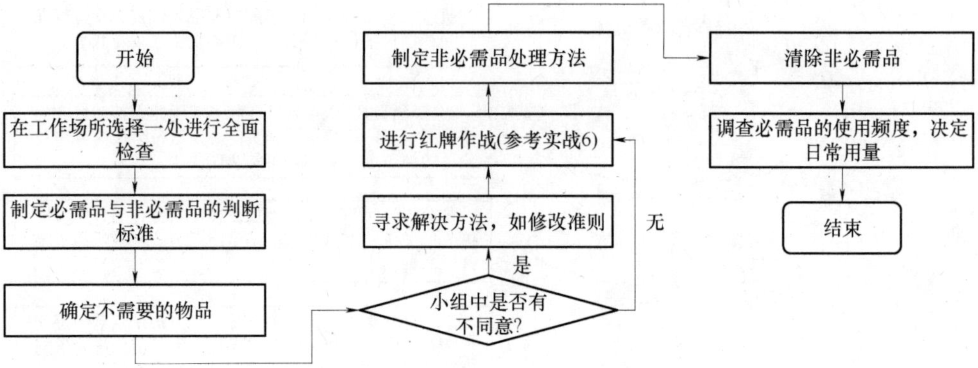

图 2-6　整理阶段的实施过程

2.2.4　整顿——明确现场次序和状态

整顿是实施5S管理的第二阶段。整顿就是将必需品放至可以立即取到的状态，使员工能立即找到所需要的东西，消除寻找时间上的浪费。

1. 目的

1）消除寻找的浪费。

2）减少无效的劳动。

3）减少无用的库存物资。

4）节约物品取放的时间，以提高工作效率。

2. 基本做法

1）整顿半成品。严格控制半成品的存放数量与放置位置；在存放和转运的过程中，要防尘、防碰坏和刮伤等。

2）整顿工装夹具。尽可能减少作业工具的种类和数量，采用通用件、标准件；尽可能将工具放置在作业现场附近，做到取用及时，归还方便等。

3）整顿切削工具。只保留频繁使用的切削工具，不常用的切削工具集中保管；切削工具应尽可能通用化、标准化，以减少工具数量；对于容易使人受伤的切削工具应采用分格保管，以避免碰伤、压坏等。

4）整顿计量用具。如果需要防尘、防锈，计量用具在不用的时候可以涂防锈油或用油布、油纸覆盖着放置；长的计量用具摆放时应垂直悬挂，以防变形。

3. 实施过程

整顿阶段的实施过程如图2-7所示。

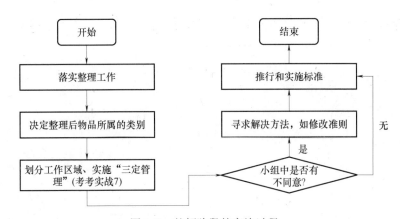

图 2-7 整顿阶段的实施过程

2.2.5 清扫——进行清洁和打扫

整理之后或整顿期间，就要实施清扫了。清扫过程是根据整理、整顿的结果，将非必需品清除掉或者标示出来放在仓库中。

1. 目的

暴露 5S 管理不足和缺点，以建立高效率、高品质的工作场所。

2. 基本做法

一般来说，清扫工作主要集中的方面如图 2-8 所示。

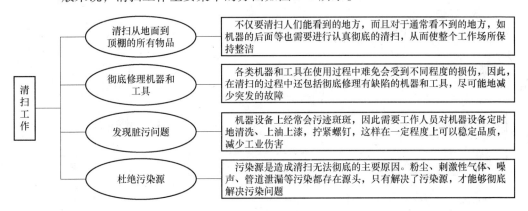

图 2-8 清扫工作主要集中的方面

清扫活动的重点是：必须按照企业具体情况决定清扫对象、清扫人员、清扫方法，准备清扫器具，实施清扫程序。

产品品质的优或差与组织的清洁有着相当密切的关系。在一般的印象中，"清扫"就是用扫把扫扫地、用抹布擦拭机器。其实，真正的"清扫"应是除了包括上述的最基本工作之外，工作场所的地面、墙壁、顶棚及荧光灯的内侧均要清洗干净，具体见表 2-2。除了能消除异物，还能确保员工的健康、安全卫生，以达到全员预防保养的目的，借以提高工作效益、降低成本，使设备永远维持在最佳的运转状态下，进而生产出具有良好品质的产品。

表2-2　清扫的方法

种类	发生部位	发生源	带入过程
尘土	通道 工作区 工装架	厂房外土，屋顶落下的土	1. 风吹入，搬运车带入，工件带入 2. 人脚踩踏带入 3. 清扫的二次污染，管线拖动扩散
粉	通道 工作区 工装架	抛丸车间	1. 自然散落 2. 清扫的二次污染，管线拖动扩散 3. 人脚踩踏扩散、清扫工具扩散
油	起吊架	设备漏油	1. 设备滴漏 2. 工件漏油
水	工具箱下 卫生间	清扫工具和水管	1. 水管漏水流出，关闭不紧产生滴漏 2. 清扫工具柜内拖把滴漏
飞屑	工作区域	气、定位焊、打磨	1. 自然散落，清扫的二次污染 2. 管线拖动扩散、人脚踩踏扩散、清扫工具扩散

3. 实施过程

清扫阶段的实施过程如图2-9所示。

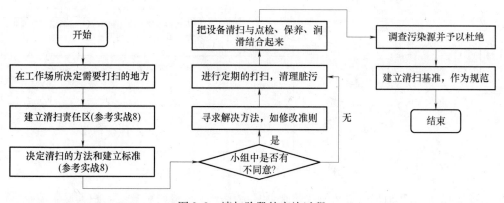

图2-9　清扫阶段的实施过程

2.2.6　清洁——形成规范与制度

清洁是在整理、整顿、清扫之后形成的结果，其目的是维护和保持现场最佳状态。

1. 目的

形成规范与制度，保持现场良好的方法与结果。

2. 基本做法

1）明确清洁的目标。整理、整顿、清扫的最终结果是形成清洁的作业环境，动员全体员工参加是非常重要的，让所有的人都要清楚应该做什么，并将各项工作和应保持的状态制订成标准。

2）确定清洁的状态标准。包含有三个要素，即"干净""高效""安全"，作为5S检查的依据。

3）充分利用色彩的变化。将厂房、车间、设备、工作服等都采用明亮的色彩，一旦产生污渍，就很容易发现。同时，员工工作的环境也变得活跃起来，工作时心情舒畅。

4）定期检查并制度化。要保持作业现场的干净整洁和作业的高效率，班组需要根据自身的实际情况制订相应的清洁检查表并定期检查。

3. 实施过程

清洁阶段的实施过程如图2-10所示。

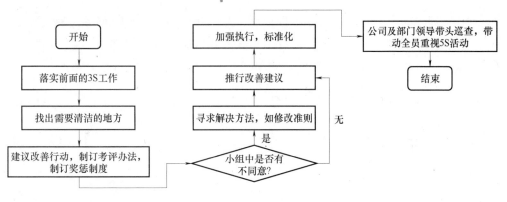

图2-10 清洁阶段的实施过程

2.2.7 素养——建立习惯与意识

素养是5S管理的最高要求。就是要求加强人员的素养，提高人员的素质，使人们养成自觉遵守5S管理的习惯和作风，成为员工发自内心的自觉行为。

1. 目的

形成全员参与和自觉行动的习惯。

2. 基本做法

1）要经常进行整理、整顿、清扫以保持清洁的状态。

2）自觉养成良好的习惯，遵守企业的规则和礼仪规定。

3. 实施过程

素养阶段的实施过程如图 2-11 所示。

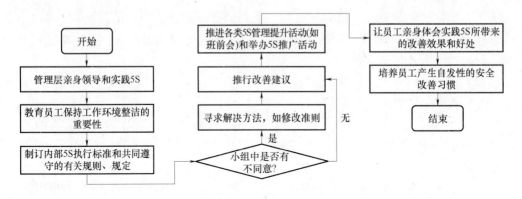

图 2-11　素养阶段的实施过程

2.2.8　5S 各要素之间的关系

5S 管理中的这 5 个 S 并不是各自独立、互不相关的。它们之间是一种相辅相成、缺一不可的关系。5S 各要素之间的关系如图 2-12 所示。

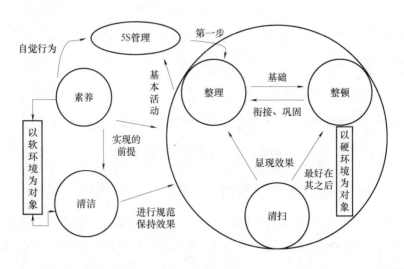

图 2-12　5S 各要素之间的关系

2.2.9　5S 管理的实施步骤

5S 管理的实施步骤如图 2-13 所示。

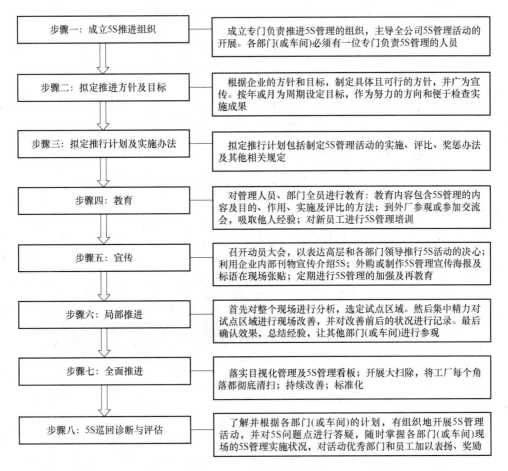

图 2-13　5S 管理的实施步骤

【实战6】5S 整理方法——"要的"与"不要的"分类整理法/"红牌作战法"

1. "要的"与"不要的"分类整理法

整理，往往让人误认为把散乱各地的东西重新排列就可以了，其实重新排列和重新堆积整齐只能算是整列，整理的核心思想是：清理"不要"的东西，避免时间、成本、人力资源等方面的浪费。但是经常有这样的心理和观念："留下以后或许有用"，"这个尾数留下等下批订单再用"，"多买一些，急用就不用愁了"等，这些不明确或假设的心态，往往造成"空间"和"成本"的浪费。管理"要"的东西是依据"时间性"来决定的，科学区分"要的"与"不要的"分类整理方式可参考表 2-3。

表 2-3 "要的"与"不要的"分类整理法

分	类	使用频率	处理方法	建设场所
不要的	不用	全年一次也未用	废弃、特别处理	待处理品
	少用	平均 2 个月到 1 年用 1 次	分类处理	集中场所（工具室、仓库）
	普通	1~2 个月使用一次或以上	置于车间内	定位摆放
要的	常用	1 周使用次数、1 日使用次数、每小时使用次数	使其在工作区内随手可得	线边、工具柜、工作台

2. "红牌作战法"

红牌作战是指用红色标牌，将企业内对空间、时间、人力、物力、财力造成浪费的地方或尚需改善的问题标贴显示出来加以改善，是做好整理最有效的工具，如图 2-14 所示。

区分	1. 成品 5. 在制品 2. 物料 6. 工具 3. 必备品 7. 设备 4. 私人物品 8. 其他
品名	
部组	部 组
数量	个 金额 元
理由	1. 不必要 2. 不良 3. 暂不用 4. 不明
处理部门	
处理方法	1. 扔掉 2. 送还 3. 移送保管场所 4. 另保管
日期	黏贴： 年 月 日 处理： 年 月 日
No.	

图 2-14 红牌作战法

红牌作战实施注意事项：

1）最好保持每月开展一次，每次开展要迅速，一般控制在 1~2h。

2）每次最好有针对性地选择 1~2 个场所集中开展。

3）贴上的红牌不可随意移动。用过的红牌要备存，不可重复使用。

4）以追求效果为第一原则，即在同一场所确保改善完才能再启动第二次开展。

5）对模棱两可有疑问的先贴上红牌。

6）开展以改善为目的，只针对需要改善的对象。

7）以持续改善为荣。

【实战7】5S 整顿方法——地板油漆法/"三定"管理

1. 地板油漆法

地板油漆法是指生产现场根据实际所需被划分出不同的用途的区域位置，用不同颜色的油漆对各种区域位置进行粉刷，达到目视化区分的目的，如图 2-15 所示。

图 2-15 地板油漆法

粉刷油漆颜色选择原则：在确定各区域地板颜色时，应充分考虑到不同颜色对人的生理、心理因素的影响，以及给人以不同的重量、空间、冷暖等感应效应。一般在高温生产场所应大量利用冷色，例如浅蓝色、绿蓝色、白色等使人感觉清爽；在低温生产场所应大量应用暖色，例如红色、橙色、黄色等使人感觉温暖。

2. "三定"管理

"三定"管理是整顿的典型管理方法，就是将物品按"定物""定位""定量"三原则规范现场管理，使班组在工作效率、工作品质、材料控制成本上取得最大的效益。

（1）定物

定物是选择需要的物品保留下来，而将大部分不需要的物品转入贮存室或进行废弃处理，以保证工作场所中的物品都是工作过程中所必需的，如图 2-16 所示。

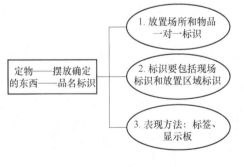

图 2-16 定物示例

（2）定位

定位是根据物品在该工作场所的使用频率和使用便利性，决定物品所放置的场所。一般来说，使用频率越低的物品，应该放置在距离工作场地越远的地方，同时要保证每件必须的物品都有确定的位置，如图2-17所示。

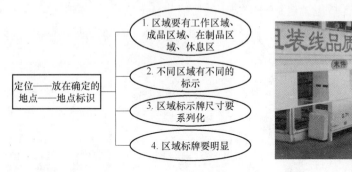

图2-17　定位示例

（3）定量

定量是确定保留在工作场所或其附近的物品的数量。物品数量的确定应该以不影响工作为前提，数量越少越好，如图2-18所示。

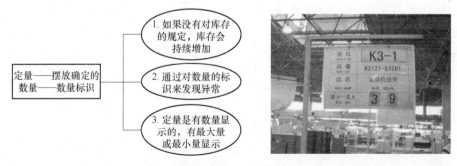

图2-18　定量示例

【实战8】5S清扫方法——颜色分区法

5S区域划分见表2-4和图2-19。

表2-4　5S区域和责任人

5S区域		责任人		
小计		PC&L	LOC	LCM
1.	AR材料存放区	AR材料	上料班组	—
2.	看板小车及进口大件周转区	T1	开箱翻包装班组	—
3.	工段、紧急拉动区、停车区及电泳件存放区	T2	上料班组	—
4.	断点零件及HOLD区	DR	上料班组	—

（续）

5S 区域		责 任 人		
5.	座椅库位及排序区、通道	IP/EN	开箱翻包装班组	—
6.	油箱翻包装区、四周通道	进口大件	开箱翻包装班组	—
7.	防擦条及尾门把手排序区、四周通道	CH	排序班组	—
8.	内饰2、门线间通道	DR	—	—
9.	内饰1、内饰2间通道	T2	—	—
10.	内饰1、发动机线间通道	IP/EN	—	—
11.	底盘1、维修工段间通道	进口大件	—	—
大件		PC&L	LOC	LCM
1.	8#9#库位四周通道	A 线	翻 DOLLY1	—
2.	排序区四周通道	排序件	翻 DOLLY2	—
3.	翻包装区、大件停车区域及四周通道	B 线	排序班组	—
4.	7#库位四周通道地饰标签	D 线	翻 DOLLY2	—
5.	合并工段及收发室	D 线	接收班组	—
6.	空箱整理区及大件扫描点	B 线	—	LCM 总装
7.	6#库位四周通道地饰标签	E 线	上料班组	—
8.	5#库位四周通道地饰标签	C 线	上料班组	—
9.	本体、江阴排序区及通道	C 线	排序班组	—
10.	叉车上线库位及相关通道	叉车上线	上料班组	—
11.	底盘线两条通道	E 线	—	—

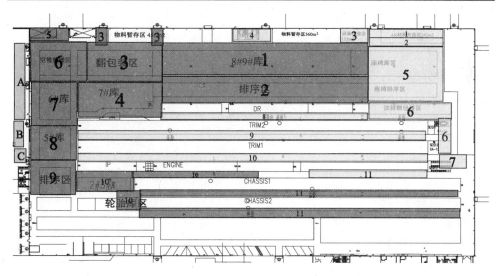

图 2-19 5S 区域划分图

注：1. 总装 DOCK 区谁操作谁维护，分别由 LOC、LCM、鼎元、三产负责。

2. 03 库区及相关通道内的地饰、停止线等标志线由 LOC 维护。

3. 各操作区谁操作谁负责，区域负责人综合负责区域 5S 的监督与实施。

4. 班组长对班组成员负责区域的 5S 进行综合检查并负责落实与实施。

2.3　QC 七大手法——班组品质管理必备的手法

2.3.1　QC 七大手法概述

企业内 95% 的品质管理问题，可通过全体人员活用 QC 七大手法解决。

——QCC 之父、日本式质量管理的集大成者石川馨

QC 七大手法又叫 QC 七大工具，包括直方图、排列图、特性要因图、检查表、散布图、层别法和控制图。QC 七大手法主要应用于品质过程的控制和结果的分析，为日本质量管理大师石川馨先生所提倡，对基层班组的品质改善（QCC）具有十分重要的意义。

QC 七大手法的应用情况可以归纳如下：

1）根据事实需要用数据探讨——检查表、散布图。

2）整理原因与结果之间的关系，探讨潜在的问题——特性要因图。

3）从平均值和变异性来考虑所有事物的变化关系——直方图、控制图。

4）所有数据应考虑其水平和层次，以便考虑相应的分层——层别法。

5）找出影响质量问题的主要原因——排列图。

2.3.2　直方图

1. 直方图概述

直方图又叫频数图、品质分布图，它是将测定值或数据的总距离分为几个在水平轴上相同的区间，并将每个区间中的测定值所出现的次数以柱子的形式累积成图形，可以一目了然地监控并预测产品品质状况，根据频数分布或频率分布可研究问题的发生概率及其问题本质。当其纵轴为频数时，为频数直方图；当其纵轴为频率时，为频率直方图。

2. 直方图的作用

由于直方图可以展现出数据的整体面貌、数据的中心、数据的偏差、数据的分布情况和数据的规格差异，如图 2-20 所示。所以直方图常用于分析质量原因、计算工序能力和估计工序不合格率等。

3. 直方图的制作步骤

1）把数据收集在一起，确定测定值的数量 n。

2）找出测定值中的最大值（X_{max}）、最小值（X_{min}）。

3）求出极差。

4）根据测定值数量，查表 2-5 确定组数。

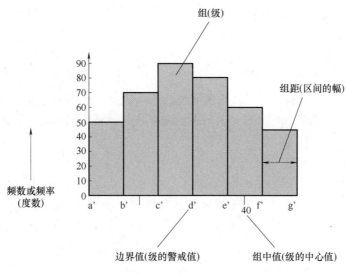

图 2-20 直方图

表 2-5 K 表

数量（n）	组数（K）	数量（n）	组数（K）
50 以内	5 ~ 7	100 ~ 250	7 ~ 12
50 ~ 100	6 ~ 10	250 以上	10 ~ 12

5）计算组距。

6）确定边界值。

7）制作频率分布表。

8）以组界为横轴，频数为纵轴画出频数直方图，写上数据的时间、记录者、项目的目的。

4. 直方图的分类

直方图常见的类型如图 2-21 所示。

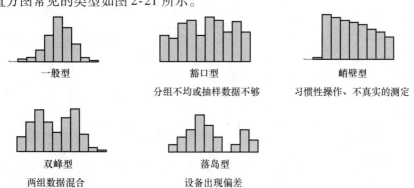

图 2-21 直方图常见的类型

2.3.3 排列图

1. 排列图概述

排列图又叫帕累托图，它是基于所采集的数据，按不良原因、不良状况、不良发生位置等不同的标准，突显大比例原因、条件或位置的图形。这一分析法采用的原理是 20/80 法则的"关键的少数，次要的多数"，将该原理用于质量管理中可以寻找主要的质量问题或者影响质量的主要原因。

2. 排列图的作用

排列图分析常用于统计质量、时间、成本和安全数据，不仅可以查明影响问题的关键因素并确定改善方向，还可以发现现场重要问题并采取对策。由于计算简单，而且能从视觉上识别问题的大小，排列图有相当强的说服力，也能够帮助班组长确定需要在短期内解决的项目。

3. 排列图的制作步骤

1）确定使用的分类项目，如按结果分类：不良项目、场所、工程、时间；按原因分类：人、机、料、法、环。

2）确定收集时间范围。

3）整理分类项目数据。例如：根据数据大小顺序排列项目，可以将影响小的项目合并到其他项，然后计算各项的百分比和累计百分比，见表 2-6。

表 2-6　分类项目数据整理

车　　间	安全隐患计数	累加安全隐患率
冲压	22	59.46%
铸造	5	72.97%
包装一	2	78.38%
机加工	2	83.78%
包装二	2	89.19%
打磨	2	94.59%
铰链	2	100.00%
总计	37	100.00%

4）建立坐标轴，如纵轴记录数据，横轴记录分类项目。

5）绘成柱状图。

6）累积量以折线画出，以顶点为 100%，将右坐标轴从 0 到 100% 均分。

7）记录数据的时间、记录者、项目的目的，如图 2-22 所示。

4. 应用排列图的注意事项

1）次数少的项目太多时，可合并成其他项。

2）前 2~3 项累计影响度应在 70% 以上。

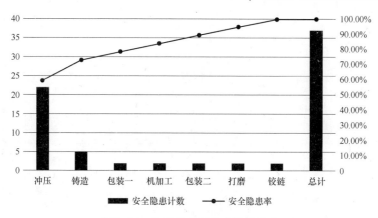

图 2-22　公司各车间安全隐患排查

2.3.4　特性要因图

1. 特性要因图概述

特性要因图又叫鱼骨图或石川图，是指在一个问题的结果（特性）受到一些原因（要因）的影响时，可以将这些原因（要因）排列在一起，使之成为有相互关系而且有条理的图形。由于其形状像鱼的骨头，所以又叫作鱼骨图。因为是由日本权威学者石川馨博士所发明，所以也被称为石川图。

2. 特性要因图的作用

可以用于分析或改善现况以提高质量；可以找出索赔或不良的多发原因并采取相应措施。

3. 特性要因图的制作步骤

1）明确质量问题或质量要求，如不良率、尺寸偏差等。

2）召集与该质量问题有关的人员组成小组，举行头脑风暴会议并进行记录。

3）向右画一条带箭头的主干线，把质量问题放在图的右边，将

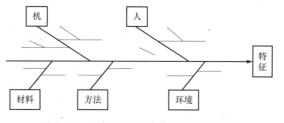

图 2-23　根据 4M1E 分类的特性要因图

所有主要原因进行分类（通常是根据 4M1E 的分类），如图 2-23 所示；对主要原因进行渐进式分析，列出影响大骨的原因作为中骨，列出影响中骨的原因作为小骨，直到找到解决方案为止。

4）记录有关事项，制订相关对策。

5）最后在图上标注必要的信息，图名、小组名、时间、制作人等。

4. 特性要因图的分类

1）追求原因型，如图 2-24 所示。

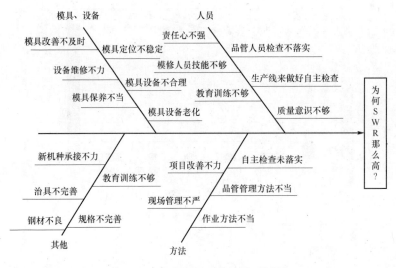

图 2-24 追求原因型的特性要因图

2）追求对策型，如图 2-25 所示。

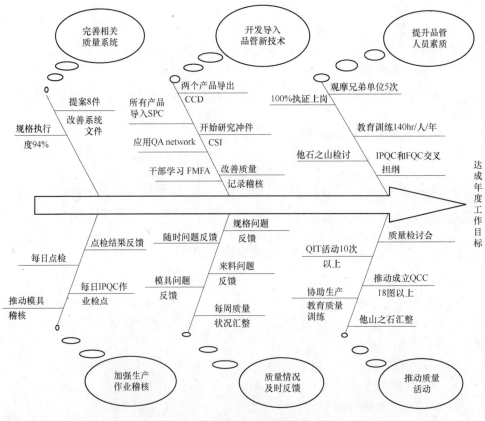

图 2-25 追求对策型的特性要因图

2.3.5 检查表

1. 检查表概述

检查表又称调查表或核对表，是检查问题最简单、最有效的方法。它是为了便于收集数据，使用简单的记录进行填写和进一步分析，或作为用于核查和检查的表格或图表。

2. 检查表的作用

检查表可广泛应用于检测分析和统计数据中，以快速发现问题点。班组管理中可以使用检查表来调查问题、检查工作进度和检查质量检验项目。

3. 检查表的制作步骤

1）明确目的。

2）决定查检项目。

3）决定检查方式（抽检、全检）。

4）决定查验基准、数量、时间、对象等。

5）设计表格实施查验。

4. 检查表的分类

1）记录用检查表，是根据所收集数据的主要功能来调查不良项目、不良的主要原因、项目分配和劣势站点等要素的表格，见表2-7。

表2-7 焊点泄漏记录表

线 体	粗管阀泄漏	细管阀泄漏	消声器泄漏	干燥器泄漏
A	一	一	一	
B	丁	丁	一	一
C	一	丁		
D	丁	一		丁

2）点检用检查表，是将非做不可、非检查不可的工作或项目按顺序列出、点检和记录，可防止因缺乏而造成的遗漏或疏忽，见表2-8。

表2-8 需带物品调查表

序 号	需准备的物品	确认	备注
1	牙膏、牙刷、梳子	√	
2	毛巾、香皂、剃须刀	√	
3	换洗衣服	√	
4	相机、充电器	√	
5	身份证、车票	√	
6	拖鞋	√	

（续）

序　号	需准备的物品	确认	备注
7	水壶、食物	√	
8	药品、风油精	√	
9	现金	√	

5. 应用检查表的注意事项

1）要划分检查项目的层次。

2）要做到容易理解，可以一目了然。

3）要使记录的项目没有遗漏。

4）要做出合计、平均、比例等计算栏，以便在检查后可以计算。

5）继续讨论改善维持的东西。

2.3.6　散布图

1. 散布图概述

散布图又叫相关图，是为了检验两个变量之间的相关性，并在方格纸上收集两个数据集（如温度、高度和湿度等），以表示图的两个特征之间的相对情况。

2. 散布图的作用

散布图可用于判断两因素是否强正相关、是否弱正相关、是否强负相关、是否弱负相关、是否不相关和是否非线性相关，如图2-26所示。

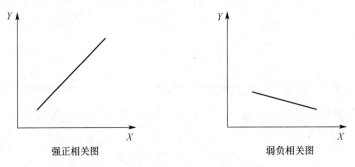

图2-26　散布图的强正相关图和弱负相关图

3. 散布图的制作步骤

1）收集30对以上数据，制作成数据表格。

2）画出图形坐标轴。

3）给数据打点。

4）记录数据的时间、记录者和项目的目的。

4. 应用散布图注意事项

1）注意有无异常点。

2）看是否有层别必要。

3）看是否为假相关。

4）勿依据技术、经验、直觉做判断。

5）数据太少时易发生误判。

2.3.7 层别法

1. 层别法概述

层别法又叫分类法或分层法，是针对部门、人员、工作方法、设备、地点等所收集的数据，并依据数据的共同特点加以分类、统计的一种分析方法。

2. 层别法的作用

层别法可以组织混乱的数据使其系统化和条理化，这样就能准确地反映数据所代表的客观事实。

3. 层别法的制作步骤

1）明确地决定分类的对象。

2）掌握质量数据的分布。

3）观察散布的原因。

4）根据散布的原因（分类的基准）区分为几个小的集合。

5）观察分类的小的集合的质量分布。

6）比较整体品质的分布和已经分层的小集合的分布。

4. 层别法的分类

1）对时间分类：按年、月、日班次分层。

2）对人员分类：按年龄、性别分层。

3）对设备分类：按型号、使用年限分层。

4）对材料分类：按成分、规格、批次、产地分层。

5）对作业方法分类：按工作条件、工艺方法分层。

6）对测量分类：按测试手段、仪器、人员分层。

5. 应用层别法的注意事项

1）根据各种要因分层。

2）应有质量和要因对应的数据。

3）掌握整理质量的分布状态。

4）除了质量的问题，生产能力、生产量、工数、作业时间、出勤率等都可应用层别法来分析。

2.3.8 控制图

1. 控制图概述

控制图又叫管制图，是通过描述过程变异和时间分布以确定项目是否处于控制状态，并分析查看问题的常见原因和具体原因。

2. 控制图的作用

可以体现工序过程中有无异常的变化，找出是普通原因还是特殊原因引起过程中的变异，以确定工序是否处于控制状态；还可以判断品质是否均匀，从小批量的控制得出对大批量产品的控制重点，作为对制造产品或购买产品验收或拒收的依据；也可解决非生产方面的问题。

3. 控制图的制作步骤

1）选取需控制的质量特性。

2）选择适合的控制图种类。

3）确定样本容量和抽样间隔。

4）收集并记录数据。

5）计算样本统计量。

6）计算控制界限。

7）确定坐标，画控制线，描点，观察点的排列，发现异常的予以标记，如图 2-27 所示。

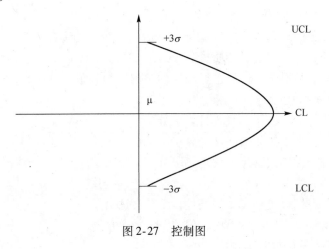

图 2-27　控制图

4. 控制图的分类

1）计量型控制图。计量型控制图用于对连续数据的过程变异情况进行分析，例如平均值—级差控制图。

2）计数型控制图。计数型控制图用于对离散数据的过程变异情况的分析，常用的有 P、np、C 控制图。

【实战 9】QC 手法直方图——某公司分析抽检的电线直径分布情况

某公司生产的电线长期出现较多的规格不达标问题，现对生产的电线直径进行抽验分析，查找原因及时纠正，表 2-9 是抽验直径的 100 个数据。

表 2-9 某公司生产电线的抽验直径数据表

0.661	0.650	0.647	0.646	0.649	0.645	0.641	0.650	0.648	0.649
0.665	0.647	0.646	0.655	0.649	0.658	0.654	0.660	0.653	0.659
0.660	0.665	0.649	0.651	0.637	0.65	0.643	0.649	0.640	0.646
0.650	0.644	0.640	0.652	0.657	0.648	0.654	0.650	0.654	0.655
0.656	0.657	0.663	0.662	0.647	0.647	0.642	0.643	0.649	0.648
0.638	0.634	0.649	0.642	0.637	0.655	0.652	0.654	0.649	0.657
0.654	0.658	0.652	0.661	0.654	0.645	0.641	0.644	0.647	0.641
0.650	0.652	0.634	0.641	0.653	0.647	0.652	0.649	0.652	0.653
0.651	0.660	0.655	0.658	0.649	0.647	0.641	0.644	0.640	0.643
0.646	0.635	0.638	0.645	0.650	0.648	0.649	0.650	0.649	0.655

制作直方图进行分析：

（1）确定基本内容（$N = 100$）

1）组数：$K = 10$（参考经验数值）或计算确定。

2）最大值 $L = 0.665$，最小值 $S = 0.634$，全距 $R = 0.665 - 0.634 = 0.031$。

3）计算组距 $H = R/K = 0.031/10 = 0.0031$。

4）取 H 为 0.003（组距的位数应与测定值的位数相同或为测定值最小单位的整数倍）。

（2）计算组界

1）第一组的下组界 = 最小值 - 最小测定值位数/2 = $0.634 - 0.001/2 = 0.6335$。

2）第一组的上组界 = 第一组的下组界 + 组距。

3）依次计算各组界值。

（3）计算组中心值

1）第一组中心值 = （第一组上组界 + 第一组下组界）/2 = $(0.6335 + 0.6365)/2 = 0.635$。

2）依次计算各组中心值。

（4）作次数分配表

次数分配表见表 2-10。

表 2-10 次数分配表

组号	组界	中心值	标记	次数	累积次数
1	0.6335 ~ 0.6365	0.635	丅	2	2
2	0.6365 ~ 0.6395	0.638	正	4	6
3	0.6395 ~ 0.6425	0.641	正 正	10	16
4	0.6425 ~ 0.6455	0.644	正 正 一	11	27

（续）

组号	组界	中心值	标记	次数	累积次数
5	0.6455 ~ 0.6485	0.647	正正正	15	42
6	0.6485 ~ 0.6515	0.650	正正正正下	23	65
7	0.6515 ~ 0.6545	0.653	正正正	14	79
8	0.6545 ~ 0.6575	0.656	正正	9	88
9	0.6575 ~ 0.6605	0.659	正 丁	7	95
10	0.6605 ~ 0.6635	0.662	正	4	99
11	0.6635 ~ 0.6665	0.665	一	1	100

（5）绘制直方图

直方图如图 2-28 所示。

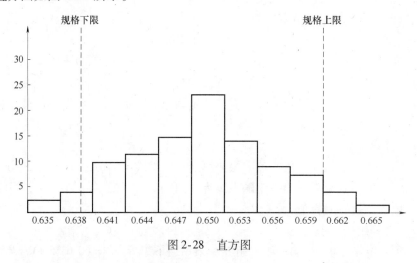

图 2-28　直方图

【实战 10】QC 手法特性要因图——某公司分析产品错焊的原因

某公司对某产品的生产过程中的质量问题进行 4M1E 原因分析，并以特性要因图的形式表示：

1）确认质量问题为错焊成品较多，达不到要求。

2）召集与该质量问题有关的人员组成小组，举行头脑风暴会议并进行记录。

3）向右画一条带箭头的主干线，把质量问题放在图的右边，将主要原因根据 4M1E 分类，对所有主要原因进行渐进式分析，列出影响大骨的原因作为中骨，列出影响中骨的原因作为小骨直到找到解决方案为止。

4）记录有关事项，如图 2-29 所示，并制订相关对策。

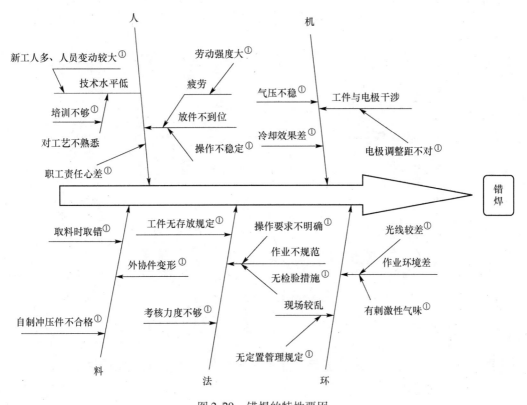

图 2-29 错焊的特性要因
① 重要因素

【实战 11】 QC 手法排列图——某公司分析单丝缺陷的原因

某公司光纤倒像器单丝合格率一直维持在 70% 左右，而行业内领先水平厂家的单丝合格率在 85% 左右。单丝合格率低直接影响着该公司光纤倒像器产品的制造成本。

班组成员对 2013 年 4 月份生产的不合格的单丝进行了抽样调查，共抽取不合格单丝 102 根，其中因结石造成的废丝有 83 根，占不合格总数的 81.37%，是主要问题。造成废丝的各种缺陷占比情况见表 2-11。

表 2-11 废丝缺陷统计表

序 号	单丝缺陷	废品件数	累计废品件数	所占比例	累计废品比例
1	结石	83	83	81.37%	81.37%
2	杂质	11	94	10.79%	92.16%
3	气泡	4	98	3.92%	96.08%
4	颜色	2	100	1.96%	98.04%
5	丝径	1	101	0.98%	99.02%
6	其他	1	102	0.98%	100.00%

通过图 2-30 的单丝缺陷分类统计可以看出倒像器单丝结石问题是影响倒像器单丝良品率的主要原因。

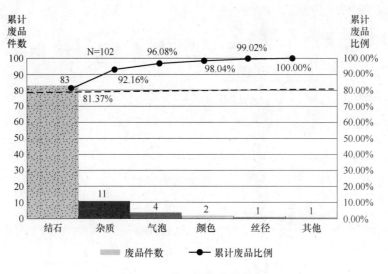

图 2-30　单丝缺陷分类统计

【实战 12】QC 手法层别法与控制图——某公司分析橡胶垫生产缺陷的原因

某公司生产的橡胶垫要求外径尺寸为 $\phi 26.1\text{mm} \pm 0.2\text{mm}$。但最近发现外径尺寸超差严重，具体外径尺寸分布如图 2-31 所示。

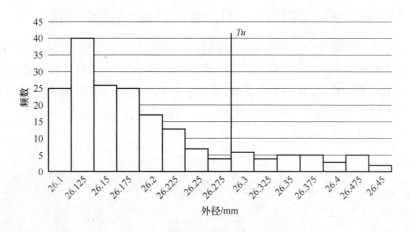

图 2-31　橡胶垫的外径尺寸分布

分别对三个工人生产的产品进行数据分析，并绘制控制图，如图 2-32 所示。

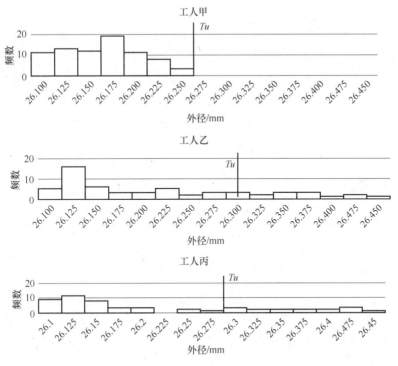

图 2-32 数据分析的控制图

从图可知，工人乙生产产品的数据分散度最小，而工人甲和工人丙的数据分散度较大。至于这种分散度的大小与工人的操作熟练程度是否有关，还需进一步分析。通过对 3 个工人的作业方法进行比较，发现造成数据分散度不同的主要原因是产品涂出模药剂的方法不同：工人甲涂在模型两侧，工人乙涂在模型下面，工人丙涂在模型上面。经进一步分析查明，工人乙操作的产品出模时变形最小。最后将工人乙对操作方法纳入工艺，减少了产品外径尺寸的超差。

【实战 13】QC 手法控制图——分析新安装的产品装填机作业数据异常

某公司新安装的产品装填机出现较多的作业异常，现用 QC 手法控制图分析具体作业数据异常。

该机器每次可将 5000g 的产品装入固定容器，技术要求每次装入量为 5000g ± 50g。分析步骤及内容见表 2-12。

表 2-12 控制图分析步骤及内容

步　骤	内　容
1. 选取需控制的质量特性	多装量为研究并控制的重要质量特性
2. 选择适合的控制图种类	多装量为计量值特性值，选 Xbar—R 控制图

（续）

步　　骤	内　　容		
3. 确定样本容量和抽样间隔	1 小时抽取一个样本，$N = 5$		
4. 收集记录数据	设计记录表，记录 25 组数据		
5. 计算样本统计量	Xbar，R		
6. 计算控制界限	Xbar 图	中心值 CL = 29.86 上管理界限 = 29.86 + 0.577 × 27.44 = 45.69 下管理界限 = 29.86 − 0.577 × 27.44 = 14.03	
	R 图	中心值 CL = 27.44 上管理界限 = 2.115 × 27.44 = 58.04 下管理界限 = 0 × 27.44 = 0	
7. 画控制图	确定坐标，画入控制线 Xbar，R 描点 观察点的排列，发现异常予以标记		

根据上表数据绘制控制图，如图 2-33 所示。

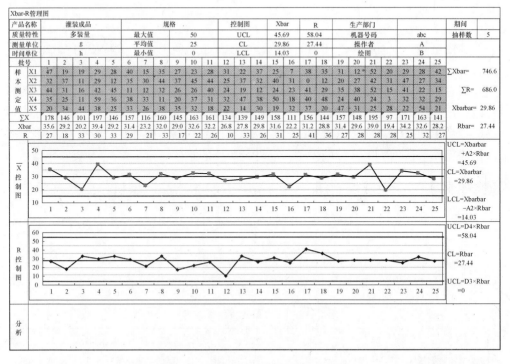

图 2-33　新安装的一台装填机控制图

2.4　PDCA 循环——班组管理活动有效进行的基础

2.4.1　PDCA 循环概述

不断地及永不间断地改进生产及服务系统。

——戴明学说

PDCA 循环，即 P（Plan）计划、D（Do）执行、C（Check）检查和 A（Action）处理四个阶段的循环，是由美国质量管理专家休哈特博士首先提出的，由戴明采纳、宣传，获得普及，所以又称戴明环，如图 2-34 所示。

2.4.2　PDCA 循环的作用

PDCA 循环应用了科学的统计概念和处理方法，是对"持续改进、螺旋式上升"工作方式的科学总结，是推动发现问题和解决问题的有效工具。特别是在生产管理和质量管理中已得到广泛应用，是管理工作不可缺少的工具，也是企业解决问题或进行改善工作的基本方法。

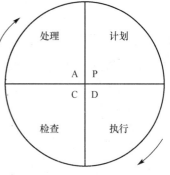

图 2-34　PDCA 循环的四个阶段

2.4.3　PDCA 循环的特点

PDCA 循环有三个明显的特点：周而复始，逻辑组合和螺旋式上升。

（1）周而复始

PDCA 循环的四个过程不是运行一次就能完结的，而是在周期性循环中进行。一个循环结束，解决了一部分问题，可能还有问题没有解决或者出现新的问题，然后进行下一个 PDCA 循环，如此往复。

（2）逻辑组合

一个公司或组织的整体运行体系与企业内部各子体系的关系，是大环带动小环的有机逻辑组合体，如图 2-35 所示。大环与小环主要是通过质量计划指标连接起来的，上一级的管理循环是下一级管理循环的根据，下一级的管理循环又是上一级管理循环的组成部分和具体保证。

（3）螺旋式上升

PDCA 循环不是停留在一个水平上的循环，不断解决问题的过程就是逐步上升的过程，如图 2-36 所示。

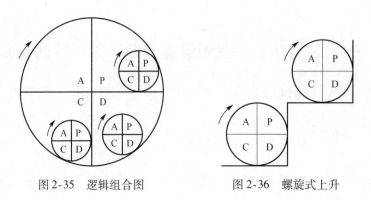

图 2-35　逻辑组合图　　　　　图 2-36　螺旋式上升

2.4.4　PDCA 的实施步骤

PDCA 的四个阶段可展开为八个步骤，如图 2-37 所示。

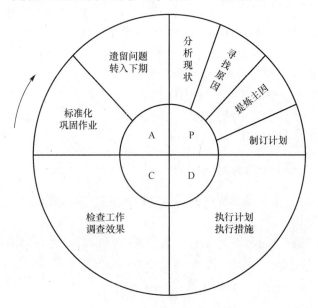

图 2-37　PDCA 的八大步骤

（1）Plan——计划

在持续改进的过程中，首先要做的是计划。计划包括制订质量目标、规划活动、管理项目和制订措施。计划阶段必须回顾企业目前的工作效率，跟踪当前的流程绩效，确定过程中的问题点，根据所收集的数据进行分析和制订临时解决方案以及提交企业决策层批准。

计划阶段的工作内容包括分析现状、寻找原因、提炼主因和制订计划，详细内容如图 2-38 所示。

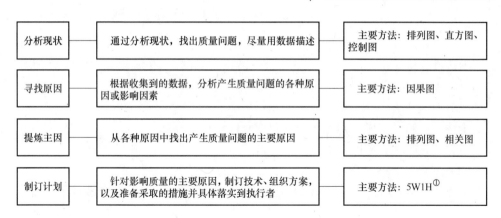

图 2-38　计划阶段的工作内容

① 5W1H——When，Why，Where，Who，What，How（什么时候，为什么，什么地点，谁是责任人，什么事情，什么方法）。

（2）DO——执行

执行阶段就是对制订的计划和准备采取的措施进行具体组织实施，在将初步解决方案提交并得到企业决策层的批准之后，由企业提供必要的资金和资源来支持计划的实施。在实施阶段需要注意的是，不能将初步的解决方案全面展开，只能在局部的生产线上进行试验。这样即使设计方案存在重大问题，损失也可以最小化。

（3）Check——检查

检查阶段就是将执行结果与预期目标进行比较，以便核查计划的执行情况，确定预期目标是否已经实现。生产线按照标准规范运作后，对检查结果进行分析，确定标准化本身是否平衡。如果存在不平衡，则重新计划，然后重新执行。这样，临时生产战略的实施就会检查系统的有效性并保持有效的部分。在检查阶段使用的工具主要有排列图、直方图和控制图。

（4）Action——处理

处理阶段就是总结出检查过程的结果，对成功的经验加以肯定，并予以标准化或制订作业指导书，以便以后的工作可以遵循；同时也应总结失败的教训，避免重复。对未解决的问题，应提到下一个 PDCA 循环中去解决。

【实战14】基于 PDCA 的某公司工作液体现场质量管理体系

要解决现场工作液体存在的问题，首先要打破传统的"各自为政"的质量管理模式，建立一个多职能部门参与的质量管理小组，对生产线工作液体实施规范化管理，尽可能地预防工作液体质量事故发生。工作液体质量管理小组成员由整车质量保证部、中心实验室、现场实验室、物流部、生产部、设备管理部组成，现场实验室质量主管工程师作为小组负责人，负责整个管理体系的始终。

按照 PDCA 方法，结合工作液体的使用流程，制订新的量产后工作液体现场质量管理流程，构建工作液体现场质量管理体系，如图 2-39 所示。此体系与 PDCA 的四个阶段对应，分为四个阶段八个步骤：

（1）计划

步骤一：制订工作液体现场质量管理流程。

步骤二：明确各部门职责。

（2）执行

步骤三：从产品收货即进行质量管理，物流部每日通报工作液体到货记录情况。

步骤四：生产部门记录并在工位悬挂油品使用记录。

步骤五：现场实验室抽检现场油品，检查其性能指标。

（3）检查

步骤六：现场实验室定期检查各部门执行情况。

（4）处置（处理）

步骤七：发现问题后现场紧急处置。

步骤八：进行绩效考核，并对责任单位提出考核意见。

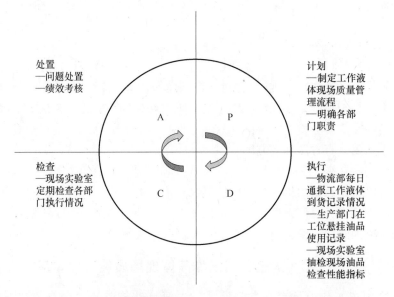

图 2-39 基于 PDCA 的工作液体现场质量管理体系

从图 2-39 可以看出，基于 PDCA 的工作液体现场质量管理体系形成了一个质量管理的闭环，从收货到产品使用有 3 道质量把关。

2.5 问题解决方法（TBP/A3/G8D）——班组管理最大的任务就是解决问题

2.5.1 问题的认识

没有问题的人，才是问题最大的。

——丰田生产方式创始人大野耐一

在日常工作中，没有一个班组没有问题发生。将日常所遇到的问题进行分类，认识到问题的产生和由来，可以帮助班组长判断问题的轻重缓急，从而合理地安排问题的解决次序。为此，将班组内常见的问题从四个方面重新认识并进行了分类。

1. 从问题发生的根源来认识

对于班组内发生的问题，首先要分辨问题发生的根源。问题发生的根源一般有这四个方面：人员的问题、工作本身的问题、组织的问题和目标的问题，具体内容如图 2-40 所示。班组长要根据不同的问题根源，采取相应的措施。

2. 从问题发生的时间来认识

可以将问题分为当前的问题和将来的问题两类。对当前的问题，要区分重点予以解决；对将来可能出现的问题，要采取必要的措施，防止其发生。

3. 从问题发生的环境来认识

在生产过程中发生的问题，可能是班组内部的问题，也可能是班组外部的问题。对内部的问题，班组长要根据公司的规章制度处理；而对外部的问题，班组长要寻求相关部门和人员的配

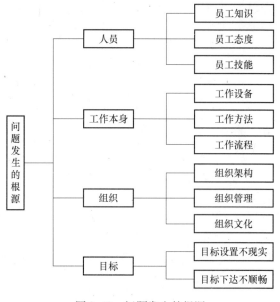

图 2-40　问题发生的根源

合，根据问题后果的预期影响程度，制定必要的对策。

4. 从问题发生的性质来认识

作为班组长还要注意挖掘表象问题背后的本质问题。比如工作车间的地面上有漏油，这是表象问题。如果不追求该问题背后的本质问题，只是找人将漏油处理

掉，则漏油现象可能会继续发生。只有找到问题的本质，如漏油是因为设备的故障，需要及时对设备进行检修，才能从根本上解决问题。

2.5.2　丰田问题解决方法（TBP）

1. 概述

丰田问题解决方法（TBP）是建立在"丰田之路"价值观指导下的"丰田工作方式"的核心方法。就是需要工作人员明确工作目的、从顾客的角度考虑问题，经常保持高度的问题意识，不断审视自己的工作，通过寻找偏差、发现问题、寻找其根源，最终解决问题。

2. 作用

丰田问题解决方法可提升企业的生产经营能力、管理能力，实现企业不断发展。

3. 掌握丰田问题解决方法需具备的十个基本意识

如图 2-41 所示。

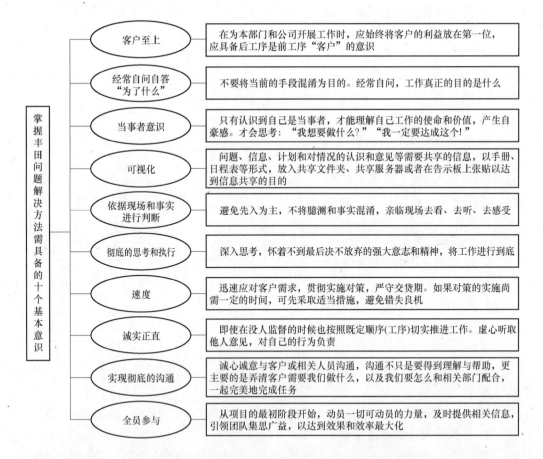

图 2-41　掌握丰田问题解决方法需具备的十个基本意识

4. 丰田问题解决方法的八个步骤

在具备了丰田问题解决的 10 个基本意识后，到具体实施时，要掌握问题解决的八个步骤，每步的具体行动如图 2-42 所示。

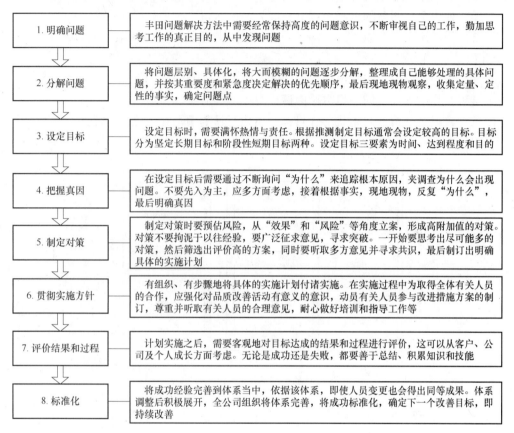

1. 明确问题	丰田问题解决方法中需要经常保持高度的问题意识，不断审视自己的工作，勤加思考工作的真正目的，从中发现问题
2. 分解问题	将问题层别、具体化，将大而模糊的问题逐步分解，整理成自己能够处理的具体问题，并按其重要度和紧急度决定解决的优先顺序，最后现地现物观察，收集定量、定性的事实，确定问题点
3. 设定目标	设定目标时，需要满怀热情与责任。根据推测制定目标通常会设定较高的目标。目标分为坚定长期目标和阶段性短期目标两种。设定目标三要素为时间、达到程度和目的
4. 把握真因	在设定目标后需要通过不断询问"为什么"来追踪根本原因，夹调查为什么会出现问题。不要先入为主，应多方面考虑，接着根据事实，现地现物，反复"为什么"，最后明确真因
5. 制定对策	制定对策时要预估风险，从"效果"和"风险"等角度立案，形成高附加值的对策。对策不要拘泥于以往经验，要广泛征求意见，寻求突破。一开始要思考出尽可能多的对策，然后筛选出评价高的方案，同时要听取多方意见并寻求共识，最后制订出明确具体的实施计划
6. 贯彻实施方针	有组织、有步骤地将具体的实施计划付诸实施。在实施过程中为取得全体有关人员的合作，应强化对品质改善活动有意义的意识，动员有关人员参与改进措施方案的制订，尊重并听取有关人员的合理意见，耐心做好培训和指导工作等
7. 评价结果和过程	计划实施之后，需要客观地对目标达成的结果和过程进行评价，这可以从客户、公司及个人成长方面考虑。无论是成功还是失败，都要善于总结、积累知识和技能
8. 标准化	将成功经验完善到体系当中，依据该体系，即使人员变更也会得出同等成果。体系调整后积极展开，全公司组织将体系完善，将成功标准化，确定下一个改善目标，即持续改善

图 2-42 丰田问题解决方法的八个步骤

2.5.3 A3 报告

1. A3 报告概述

丰田公司创造了一个简单的方法，使用铅笔、橡皮和一张 A3 纸的单面，将问题解决的八个步骤归纳在这张纸上表达出来，并及时更新或报告结果，这种方法通常被称为 A3 报告。

2. A3 报告的作用

A3 报告更多的是一种思维方式，而不是简单的工具。A3 报告可以用在很多方面，用途最广的是展示发现问题、解决问题的方法。A3 报告还可以用来进行企业战略规划和业务计划、价值流程分析和快速改善，同时也可以用来分享成功的改善方案等。使用 A3 报告是所有参与者深入思考发现问题、分析、改善和持续改善的一个过程。也就是说，它讲求的是一个完整开端、随时追踪、完美收场并随时改善的过程。

3. A3 报告的制作步骤

1）列出引发问题的可能原因。

2）依次挑选一个原因进行深入调查，以判断这是不是导致根本问题产生的一个原因。

3）分析评估，直到找出根本原因的实际发生点与问题的源头。

4）在找出并确定问题根本原因后，寻找解决方案。

5）将问题分析、起始状态、目标以及执行计划填写在一张 A3 纸上。

图 2-43 所示为基本的 A3 报告书版面设计。

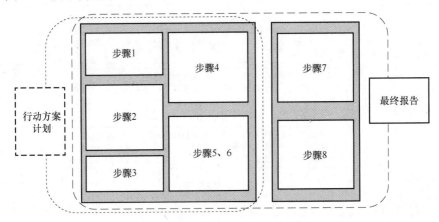

图 2-43 基本的 A3 报告书版面设计

2.5.4 G8D 方法

1. G8D 方法概述

G8D 方法是制造过程中防止问题重复发生的最广泛使用的问题解决工具之一，通常用于汽车行业的质量改进管理。

2. G8D 方法的作用

G8D 现已广泛应用于汽车行业的服务或产品问题的解决，包括供应商质量问题、制造过程偏差、缺陷、维护、客户投诉和退货等问题。目前 G8D 主要的研究领域是工业过程的质量改善，有利于提高生产效率和及时处理客户投诉。

3. G8D 方法的实施步骤

1）D0 问题的反映：首先要先分析问题的特征和目标，确定问题是否适合使用该方法解决。

2）D1 成立小组：选择具有恰当的技能、知识、资历、权威等的人员组成小组。

3）D2 描述问题：对问题进行精确的描述，可以结合五问法（5Whys）、"是与不是"工作表（见表 2-13）和真因问题评估等手法，以事实为依据来陈述问题。

表 2-13 "是与不是"工作表

问题解决工作表：货车是否有抖动问题				

1. 问题陈述

货车在空载工况下，车速在 65~70km/h，驾驶室有纵向和垂向的振动

2. 问题描述		是	不是	信息来源
问题	1	驾驶室沿着车辆的纵向、垂向振动	方向盘无抖动	乘员感觉、测量结果
	2	车架后部沿着垂向跳动	换挡杆无抖动	测量结果
	3	中后桥沿着垂向跳动	—	测量结果
发生地方	1	驾驶室	—	试验数据
	2	车架	—	试验数据
	3	中后桥	—	试验数据
发生时间	1	新车		—
	2	车速 65~70km/h 时抖动	其他车速不抖动	—
严重程度	1	严重时坐不住，极不舒适	其他车速不存在	现场拍摄录像

4）D3 临时措施：问题存在的情况下，若需要采取紧急反应措施，则选择临时措施，临时性地解决问题。

5）D4 分析及确认原因：描述并确认问题的根本起因与遗漏点。

6）D5 制订纠正措施：选择并验证针对问题的根本起因与遗漏点的永久性纠正措施。

7）D6 实施并验证纠正措施：执行并验证永久性纠正措施。

8）D7 防止问题重现：此处可以采用五问法（5Whys）反复问为什么，用同样的方法来确定要防止问题重新出现而应该采取的永久性措施。

9）D8：总结与表彰：总结解决问题的经验，加以固化，并进行表扬。

【实战 15】TBP 案例——解决 A 公司销售部小李加班过多的问题

A 公司销售部小李存在加班过多的问题，现用丰田问题解决方法（TBP）的思路进行分析并尝试解决。

1. 明确问题

小李近期加班较多，而且他的人生"目的"和他度过人生的"理想状态"与现状存在差距，问题由此而来，如图 2-44 所示。

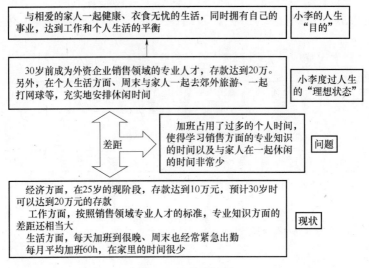

图2-44　明确问题

2. 分解问题

将加班过多这个大而模糊的问题分解，如图2-45～图2-47所示，得出具体的问题点，即事前没有有计划地、合理地安排好向上司决裁报告的时间。

3. 设定目标

根据问题点设定目标，将过去为取得决裁所进行的加班在3个月以内从每月平均10h减少到2h。如图2-48所示。

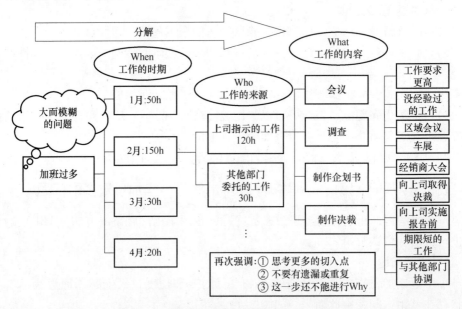

图2-45　分解问题（1）

问题	这两个月的月平均加班时间、月平均加班次数、月总加班时间与月总工作时间的比值	重要度	紧急度	扩大倾向	综合评价
比以前的工作要求更高	3h、2次、20%	○	△	○	○
以前没有经验过的工作	2.5h、2次、25%	△	△	○	△
经销店大会支援	3h、2次、10%	○	△	△	△
车展支援	2h、2次、10%	×	△	△	△
向上司取得决裁前	5h、2次、25%	◎	○	○	◎
向上司进行实施报告前	3h、2次、15%	△	△	△	△
期限短的工作	3h、2次、20%	△	○	○	○
需要与其他部门协调的工作	2h、1次、5%	×	△	△	△

确定优先顺序的结果

要向上司取得决裁前几天、加班特别多

图 2-46 分解问题（2）

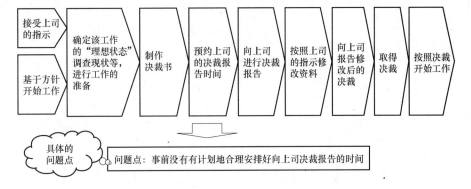

接受上司的指示

基于方针开始工作

确定该工作的"理想状态"调查现状等，进行工作的准备 → 制作决裁书 → 预约上司的决裁报告时间 → 向上司进行决裁报告 → 按照上司的指示修改资料 → 向上司报告修改后的决裁 → 取得决裁 → 按照决裁开始工作

具体的问题点

问题点：事前没有有计划地合理安排好向上司决裁报告的时间

图 2-47 分解问题（3）

问题点　事前没有有计划地合理地安排好向上司决裁报告的时间(总是到了快接近交货期的时候，才匆匆忙忙制作完决裁书，做完之后才向上司预约决裁报告的时间。而决裁书又总是被要求多次修改，为了赶上交货期而不得不加班到很晚)

目标　(按照业务计划，有条不紊地推进工作，合理安排决裁报告的时间。并且制作的决裁书水平很高，不需要上司做较大的修改，从而减少为取得决裁所需要的时间)
将过去为取得决裁所进行的加班在3个月以内从每月平均10h减少到2h

图 2-48 设定目标

4. 把握真因

基于事实，反复追问"为什么"，通过事实确认，排除不是真因的原因，如图 2-49 所示。

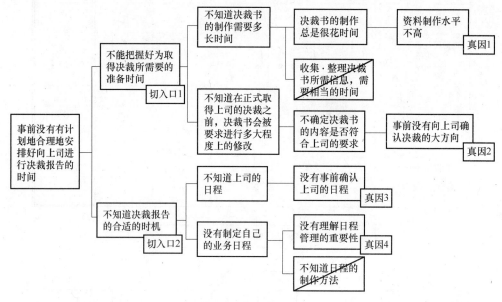

图 2-49　把握真因

5. 制订对策

针对真因制订对策，见表 2-14。

表 2-14　制订对策

真　因	对　策	效果	成本	交货期	风险	综合评价
真因 1：资料制作的能力不高	1. 再次参加导入教育，重新学习资料的制作技巧	△	×	×	○	×
	2. 取得好的资料范本，进行模仿	◎	○	○	○	◎
真因 2：事前没有向上司确认决裁的方向	1. 在制作正式的决裁书之前，先制作草案，向上司确认了决裁书的方向性后，再正式制作决裁书	◎	△	○	○	◎
	2. 制作决裁书时，一发现不明确的地方，就随时向上司进行确认	△	△	△	×	×
真因 3：没有理解日程管理的重要性	事先取得上司的 3 个月日程、根据上司日程，事前有计划地在自己的日程中放入决裁报告时间	○	○	○	△	○
真因 4：没有事前确认上司的日程	制作自己工作的 3 个月日程、贴在桌子前、随时确认进展状况，及时修正	◎	△	○	○	◎

【实战16】 G8D 方法案例——系统解决货车抖动问题的改善研究

国内某大型货车制造企业在德国的技术与图纸国产化的生产过程中，可能存在安装的技术或某些制造方法改进的问题。同样型号的货车，部分车辆存在抖动问题，但其余车辆却不存在此问题，说明车辆的设计是不存在问题的。因此可认为是某些部件的制造与安装的原因导致了车辆的抖动，而这类问题很适合使用 G8D 方法来解决。

确定通过 G8D 方法系统地分析抖动问题（D0）后成立研究小组（D1），对问题进行精确描述（D2），先采取临时措施来解决问题（D3），确定根本原因（D4）后再制订（D5）并实施（D6）永久性改进措施彻底地根治这个问题（D7），最后总结和表彰（D8）。完备的 G8D 方法模型在系统解决货车抖动问题中的改进模型如图 2-50 所示。分别从部件、器件和整车三个层次验证永久性修正措施并付诸实施，最后改善了货车抖动的质量问题，使得抖动指标几乎接近于德国同类货车水平。

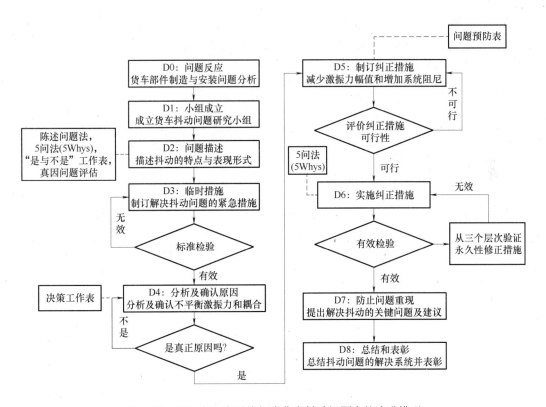

图 2-50　G8D 方法在系统解决货车抖动问题中的改进模型

2.6　班组目标管理——实现班组目标的技巧

2.6.1　目标管理概述

最初的计划如果只订出低目标，达到的成果必定在目标之下。

——美国工人运动的杰出领导者威廉·弗斯特

目标管理在 20 世纪 50 年代中期出现于美国，是以泰罗的科学管理和行为科学理论为基础形成的一套管理制度。凭借这种制度，可以使组织的成员亲自参与制订工作目标，实现自我监督和实现工作目标。而对于员工的工作成果，由于有明确的目标作为考核标准，使得对员工的评价和奖励做到更客观、更合理，这可以激励员工为完成组织目标而努力。

2.6.2　目标管理的作用

目标管理的应用非常广泛，一般作为一种计划和控制的手段，也可以当成一种激励员工或评价绩效的工具。通过划分组织目标与个人目标的方法，将许多关键的管理活动结合起来，实现全面、有效的管理。

2.6.3　目标管理的实施步骤

1. 建立目标体系

实行目标管理总是从企业的最高主管部门开始的，然后由上而下地逐级确定目标。上下级的目标之间通常是一种"目的-手段"的关系；某一级的目标，需要用一定的手段来实现，这些手段就成为下一级的目标，按级顺推下去，直到作业层的作业目标，从而构成一种锁链式的目标体系。

2. 制订具体目标

制订目标是目标管理最重要的阶段，一般分为以下四个步骤：

1）高层管理预定目标。这是一个暂时的、可以改变的目标预案，既可以由上级提出，再与下级讨论，也可以由下级提出，再由上级批准。不论哪种方式，目标都必须共同商量决定。其次，预定目标必须根据企业的使命和长远战略，估计客观环境带来的机会和挑战，对本企业的优劣有清醒的认识，对组织应该能够完成的目标给予设定。

2）明确承担目标的责任主体。目标管理要求每一个分目标都有确定的责任主体。因此预定目标之后，需要明确目标责任者或部门。

3）分解目标和具体量化。明确上级组织的规划和目标后，需要逐级分解每一级目标。同时分目标要具体量化，便于考核；既要有挑战性，又要有实现的可能。同时每个员工和部门的分目标要与其他的分目标协调一致，支持组织目标的实现。

4）目标实现的资源配置。分目标制订后，上级要授予下级相应的资源配置的权力，实现权责利的统一。

3. 组织实施

目标既定，主管人员就应放手把权力交给下级成员，自己去抓重点的综合性管理。达成目标主要靠执行者的自我控制。如果在明确了目标之后，作为上级主管人员还像从前那样事必躬亲，便违背了目标管理的主旨，不能获得目标管理的效果。上级的管理应主要表现在指导、协助、提出问题，提供情报以及创造良好的工作环境方面。

4. 检查实施结果及评价

对各级目标的完成情况，要事先规定出期限，定期进行检查。检查的方法可灵活地采用自检、互检和责成专门的部门进行检查，检查的依据就是事先确定的目标。对最终结果，应当根据目标进行评价，并根据评价结果进行奖罚。

2.6.4　目标管理常用的工具

1. 指标分解法

指标分解法是将相对复杂的指标分解成若干个子指标，然后再研究这些子指标，从而达到易于分析、便于实行的目的。指标设定的要素也包括时间、达到程度和目的。

2. OGSM 计划

OGSM 计划是指 Objective（目的）、Goal（目标）、Strategy（策略）和 Measurement（测量）。OGSM 是一种计划与执行管理工具，是达成理想的目的与目标的一种实践策略的手段，通常用来制订公司的策略和计划。

1）Objective（目的）。目的，也是使命，是指需要达成什么，或者指工作的方向。

2）Goal（目标）。目标是指怎样衡量达成目的过程中的进展。

3）Strategy（策略）。策略是指如何达到目标。

4）Measurement（测量）。测量是指如何衡量策略是否成功。

【实战 17】 某公司底盘车间指标分解

某公司底盘车间将指标分解，见表2-15。

表2-15　某公司底盘车间指标分解

主责部门	序号	类别	主指标	职能单位指标名称	车间指标	底盘车间	统计周期	管理方式（考核/观测）	全年目标	底盘一班	…	底盘返修
技术	1	Q	标准化作业符合度	标准化作业符合度	标准化作业符合度	80%	月	考核	80%	82%	…	—
质量	1	Q	废品损失率	废品损失率	废品损失率	2541元	月	考核	2541元	282	…	847
	2			单位产品缺陷数	单位产品缺陷数	5.1条/台	周	考核	5.1条/台	1.1	…	—
	1		设备综合效率	设备故障率	设备故障率	1%	月	考核	1%	1.3%	…	1.0%
	2			平均故障间隔时间（MTBF）	平均故障间隔时间（MTBF）	300h/次	月	考核	300h/次	230h/次	…	300小时/次
设备	3	D	制造费用	万元产值机物料消耗	万元产值机物料消耗	5.257万元/年	年	考核	5.257万元/年	0.75万元/年	…	0.75万元/年
	4			万元产值低值易耗	万元产值低值易耗	9.59万元/年	年	考核	9.59万元/年	2.0万元/年	…	1.4万元/年
	5			设备修理费用	设备修理费用	7.181万元/年	年	考核	7.181万元/年	0.95万元/年	…	1.24万元/年

分类	序号	指标	项目	指标名称	目标值	周期	方式	目标值	目标值		目标值
安保	1	S	安全事故	轻伤安全事故	0	月	考核	0	0	…	0
	2			厂内重大交通事故	0	月	考核	0	0		0
	3			重伤以上事故	0	月	考核	0	0		0
	4			一般事故隐患整改率	100%	月	考核	100%	100%		100%
	5	E	环境污染事故	环境污染事故	0	周	考核	0	0		0
	6		现场5S	现场5S	83分	周	考核	83分	85分		85分
生产	1	D	全员劳动生产率（财务统计）	人当生产量	0.035	周	考核	0.035	0.035		0.035
	2			小时产量（JPH）	5台/h	周	考核	5台/h	5台/h		5台/h
	3			异常时间	30min/天	周	考核	30min/天	4min/天		—
	4	C	存货资金占用	在制品资金占用	1125万	月	考核	1125万	152.5万		56.25万
人力	1	M	人才育成	出勤率	98%	周	考核	98%	98%		98%
	2			多能工率	一级工100%，试点班组二级工90%	月	考核	一级工100%，试点班组二级工90%	一级工100%，试点班组二级工90%		一级工100%，试点班组二级工90%

【实战18】某公司部门 OGSM 计划表

某公司部门制订的 OGSM 计划表见表 2-16。

表 2-16　某公司部门 OGSM 计划表

序号	目的（O）	目标（G）	工作任务（S）	衡量指标（孟）	资源配置	开始时间与结束时间（周）	相关责任人
1	严格执行预算	预算外支出为零	分解部门年度预算	部门年度季度预算执行偏差率低于20%	—	6-6	
			每月核实各科室费用发生情况并按照部门预算分解表控制费用支出		金融财务部配置相应资金	2-53	
2	深入推进全价值链体系化精益管理战略	年度精益管理实施方案及工作计划完成率不低于80%；精益KPI指标平均改善度不低于6%	检查2016年精益管理工作计划全年完成情况	全年精益管理工作计划完成率不低于80%	各单位配合；异地检查差旅费	51-52	孟
			收集各业务系统对异常指标制订的整改措施及计划	精益KPI指标平均改善度不低于6%	各单位配合	15-53	
			监督整改计划实施情况		各单位配合	15-53	
			对精益KPI指标进行年度汇总		—	51-53	
3	实现精益管理与日常管理的有机融合	进一步完善检查指导、考核评价、人才育成、生产线精益设计等管理机制	督促人力资源与绩效管理部制订《某公司精益人才育成体系实施方案》	《某公司精益人才育成体系实施方案》	人力资源与绩效管理部带头	32-36	王、孟
			督促人力资源与绩效管理部按照某集团要求开展精益人才队伍建设工作		人力资源与绩效管理部带头	23-51	

（续）

序号	目的（O）	目标（G）	工作任务（S）	衡量指标（孟）	资源配置	开始时间与结束时间（周）	相关责任人
4	严格执行集团公司质量体系相关要求	质量外审时不出现系统和严重不符合项	编制完成部门质量工作计划	部门质量工作计划，工作计划执行率达到100%	质量管理部下发集团公司2016年质量工作计划	15-18	王、孟
			组织部门质量内审	系统和严重不符合项为零	—	2-53	
			配合集团公司质量审核		—	2-53	
5	降低在制品资金占用	在制品资金占用控制在9370万元以内，积压在制品处置变现184万元	将占用指标分解下达各生产单位	生产单位在制品资金占用较期初平均降低12%	需人力资源与绩效管理部、财务金融部配合	8-8	张、江
			加强对积压存货的处置力度，对生产单位积压在制品分类制订处置措施	积压在制品处置变现184万元	副总经理带队走访生产单位	10-53	
6	夯实生产计划管理及监督工作	三类产品平均交付周期23天；交付计划完成率100%；排产计划实现率95%	与相关单位落实技术资料下发及物资供货情况，严格执行集中排产的原则，制订详细的日生产计划	日生产计划	各单位配合	2-53	张
			持续运行生产日报，对每日生产运行情况进行统计、分析、考评	生产日报	各单位配合	2-53	江
			按月对总装单位所生产车辆的生产交付、生产时间、生产问题进行统计分析	月度生产运行分析	各单位配合	10-53	张、江

（续）

序号	目的（O）	目标（G）	工作任务（S）	衡量指标（孟）	资源配置	开始时间与结束时间（周）	相关责任人
7	安全生产	零事故	全年组织中层领导干部、安全管理人员、班组长等各类安全培训班15期，对各类人员进行针对性的培训	组织各类安全培训班15期	需要各类安全生产培训的费用	6-50	王
8	环境保护	环境污染事件为零	对各单位的环境保护设备设施运行情况、垃圾分类情况等进行不定期检查	隐患整改率100%	需隐患整改费用	2-52	王
			委托环保局环境监测站对公司的废水、废气和噪声进行监测	达标排放	需环境监测费用	24-50	
9	能源成本控制	节能降耗降成本100万元	分解年度降成本目标到各责任单位	年度节能降成本措施计划	—	10-12	孟
			汇总各单位节能降成本项目措施	各单位新增不少于1项通过技术改造实现节能的项目	各生产单位配合	10-12	

2.7 时间管理——班组管理成效之路

认识你的时间，只要你肯，就是一条卓有成效之路。

——现代管理学之父彼得·德鲁克

2.7.1　时间管理概述

时间管理是指通过事先规划和运用一定的技巧、方法与工具实现对时间的灵活而有效的运用，从而更有效地实现个人或组织的既定目标，优秀企业均将时间管理能力作为一项对人员管理的基本要求。对班组长而言，时间管理可以运用在个人生活或班组管理等工作之中提高效率，取得成功。

2.7.2　时间管理的作用

1）管理时间水平的高低，能决定事业和生活的成败。人生最宝贵的两项资产，一项是知识，一项是时间。无论做什么事情，即使不用思考，也要花费时间。因此，如何根据价值观和目标管理时间，促使自己朝既定的方向前进，而不在忙乱中迷失方向，是一项重要的技巧。

2）管理生产现场每日时间，能有效地提高工作效率。在生产现场，班组长经常遇到的情况是计划赶不上变化，有很多时候是自己原本已安排好了计划，但是会临时出现一些变化需要处理和应付。一些关键事务如果得不到及时处理，现场就会出现更多问题，甚至直接影响生产任务的完成。为此，班组长必须做好每日的时间管理，结合计划制订每天的工作时间表，同时要做好临时突发事件的动态调整，才能有效地提高工作效率。

2.7.3　时间管理的实施步骤

1. 明确时间管理的价值观

价值观是思考和行动的基本原则，它是进行时间安排的最基本的因素。不同的价值标准，会形成不同时间管理的认识。大多数情况下，每个人都会根据自己的价值观采取行动，即使自己平时没有意识到这一点。

2. 确定时间管理的目标

目标是时间管理的需求和愿望，应直接源于价值观，否则所做的事将无法满足管理的需要。

3. 对目标按优先级排序

日常事务目标很多，往往不能由单个行动达到，每一个目标都可能需要花费相当长时间，并需要采取若干个步骤。因此，在时间管理上，一定要将目标分出轻重缓急，按优先级进行排序，否则结果必然事倍功半。

4. 明确具体事宜任务

目标是由各种各样的任务支撑实现的，它们都是为实现目标服务的。因此，需要合理分配时间给每项具体任务。

5. 对任务按优先级排序

在时间分配完任务后，需要面对纷繁复杂的任务，迅速准确地分类和排序。按不同的标准，任务可以分为四种：紧急任务、重要任务、维持任务和发展任务，在此基础上就能快速而准确地分辨排序。一般情况下，紧急任务和重要任务属于主要任务，维持任务和发展任务属于次要任务。其中，紧急任务是指如果不能按期完成，它对自己或别人的价值会减少甚至消失；重要任务是指如果成功地完成，自己或别人将取得很大的利益。带来的收效越高，这项任务的重要程度越高。通常紧急任务和重要任务有四种不同的组合，组合后任务更要进行优先级排序，如图 2-51 所示。

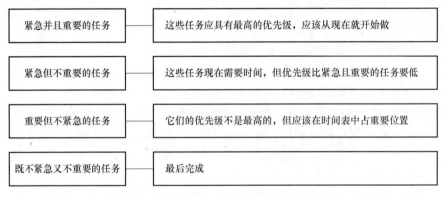

图 2-51　紧急任务和重要任务四种不同的组合

2.7.4　应用时间管理的注意事项

1. 积极计划时间

积极意味着主动，而不是等别人先行动并消极地应对。被动的人习惯于对周围的事情做出反应，这就浪费很多时间。每月可制订一份计划，在上面标出重要的日期和繁忙的时间，据此来积极管理时间。

2. 统筹分配时间

通盘考虑想达到的目标，并借此反推出要做的事情，估计每一步所需的时间，然后制订详细计划。

3. 按时间优先级顺序做事

对任务进行分类，舍弃不需要的任务，然后把剩下的任务按时间优先级顺序排序，以便优先处理紧急和重要的任务。

【实战 19】时间管理的典型方法——番茄工作法

1. 番茄工作法概述

简单易行的番茄工作法是时下最流行的时间管理方法，它由弗朗西斯科·西里洛于 1992 年发明。就是在规定的一个个短短的 25min 或其他时间间隔作为一个番茄时间单元，班组长将在此时间内集中投入力量，高效快速地完成既定任务。番茄工作法还暗合了 PDCA 循环，是一种以改进为目标、持续不断改善的方法。

2. 番茄工作法的作用

1）定好 25min 番茄钟，有效提升专注于手头工作的能力，减少中断，提高时间的充分利用率。

2）培养立即开始的仪式感和工作习惯，减少拖延。

3）减轻时间焦虑，让班组长不会再因为时间限制而充满焦虑。

4）增强决策意识，强化决断力，提供决策效率。

5）唤醒激励和持久激励。

3. 番茄工作法的实施步骤

1）定义 25min 或其他时间间隔作为一个番茄单元。

2）启动定时器，在此时间内集中做一件事，直至时间到，无论完成与否都停下来不再工作。

3）如果未完成，继续反复上面的过程，直到工作任务完成。

4. 应用番茄工作法的注意事项

1）单一时间内只能高效完成一项工作，同时处理多项工作必然导致低效率。

2）必须提前定义好工作及做好其承诺，在规定时间内完成一项工作，不得拖延。

3）即时反馈，评价和思考一个番茄时间内的工作完成情况。

4）做好番茄工作三张表。分别为活动清单、今日待办清单和记录清单，分别对应的是最近希望完成的工作、当天安排完成的工作和这些工作将占用的番茄时间，同时记录当日有效番茄时间以及每一番茄时间内的工作效率和打断情况，便于提高和思考。其中，活动清单可按周、月或年更新，今日待办清单是当天开始前需要思考的工作列表，记录清单是当天的总结，这三张表和番茄时间单元共同构成了番茄工作法。

第◆3◆章

班组精益现场管理

3.1　班组精益现场管理基础

　　现场是指企业设计、生产、销售产品和服务顾客的地方，是企业活动最活跃的地方。在本章中现场主要指生产现场。而现场管理就是指用科学标准的方法对生产现场各生产要素进行合理有效的计划、组织、协调、控制和检测，使其处于良好的平衡状态，以期达到优质、高效、低耗、均衡、安全、文明生产的目的。这里的科学的管理方法主要引入精益管理理念，即将以最低限度的资源实现目标的精髓融入生产现场管理之中，形成一种精益现场管理方式，从而使企业在生产过程中达到各生产要素的利益最大化。

3.1.1　现场管理的五要素

　　"人、机、料、法、环"是企业现场管理的五个重要元素，同时也是班组长在现场管理时必须注意的五个方面，如图3-1所示。

　　1. 人

　　人，是指现场中所有的人员，包括领导者、管理者、操作者、辅助劳动者等一切存在于现场的人。人是所有要素的核心：机器设备由人操控，物料由人管理，规章法则由人遵守，现场环境由

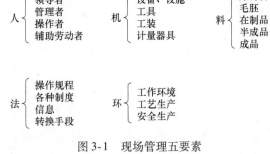

图3-1　现场管理五要素

人维护。同时人也是现场管理中最大的难点，围绕"人"这个要素，不同企业有着不同的管理方法。

　　2. 机

　　机，是指生产过程中所使用的机器设备、辅助生产用具等。机在班组管理中同

样占有重要的地位，一个班组要管理好，除了人员管理要完善、人的素质要有所提高外，班组的设备也要运行良好。班组中，机器设备是否正常运行，辅助用具是否齐全完好，直接影响着班组的生产进度和产品质量。生产现场提高生产效率的一个有效途径就是设备管理和维护。好的设备可以提高工作效率，提高产品质量，必将带来生产效率的提升。

3. 料

料，是指生产过程中的所有物料，包括原材料、在制品、半成品、成品等。料是班组生产的基础，物料不符合要求，班组生产就不可能符合标准。物料在班组生产工序中也是相关联的：现在的工业产品的生产被分工细化，常常会有几十种部件或零件由几个部门同时运作，当某一部件未完成时，整个产品就不能组装，从而影响整个装配工作的进度和效率。

4. 法

法，是指企业生产过程中所需遵守的规章制度和操作方法，包括作业标准书、生产计划书、工艺指导书、产品作业标准、检验规范标准以及各种操作规程等。良好的方法管理、严格遵守现场的规章制度，是实现现场生产工作规范化和有序化、保证产品质量和生产进度的重要条件。

5. 环

环，是指环境。环境的范围很广，它就像空气一样，无处不在，但也常常被许多人忽略。然而，环境也是影响产品质量的一个关键因素，坏的环境不仅会导致产品容易出现问题，同时也会降低员工们工作的激情和效率。如果现场环境对员工有安全威胁，又怎么能让员工安心工作呢？所以，环境是现场管理水平的体现，环境管理也是生产现场管理中不可忽略的一环。班组长要担起对现场环境的管理责任，一方面要根据企业环境要求严格管理现场，另一方面要及时改善不符合生产环境要求的地方，以保障员工的安全。

3.1.2 现场管理的八大原则

在进行生产活动的过程中，同样有一些基本原则需要班组长严格遵守和掌握。以下总结出现场管理的八大原则：

1. 后工序是客户

"后工序是客户"是一生产理念，将后工序认作为客户，本工序作业的好坏由后工序来评定，即3N原则：不接受不合格，不制造不合格，不传递不合格。

2. 必达生产计划

生产计划是企业对生产任务所制作的统筹安排，是企业生产经营中非常重要的活动之一。对于任何企业，在其进行生产之前，都应根据销售计划来制订生产计划，一个好的生产计划能够帮助企业稳定发展。同样，在生产计划制订后，在生产现场中就必须按规定达成生产计划。

3. 杜绝浪费

所谓的浪费是指在现场中进行不能增加附加价值的工作和生产出没有价值的物。通俗来讲就是不做也可以的工作，没有也可以的物。对于企业生产而言，凡是超出增加产品价值所必需的最少量的物料、设备、人力、场地和时间的部分都是浪费。班组长正确认识生产现场中出现的浪费并将其彻底消除，是提高班组生产效率、降低成本、达到精益生产的有效手段。所以，作为一名优秀的班组长，具备认识浪费、发现浪费和消除浪费的能力是非常重要的。在生产现场中最为常见的浪费主要有以下七种，见表3-1。

表3-1　七大浪费的定义与改善方法

七大浪费	定　义	改善方法
生产过剩的浪费	包括生产过早和生产过多两方面，是指超前计划生产和在规定时间内生产了数量过多的产品而产生的大量浪费	做到严格依照生产计划进行生产 进行拉动生产和均衡生产
存货的浪费	是指存放原料、零件、半成品、成品等现场中的货物而产生的浪费	按照生产计划采购物料，小批量采购 及时处理过程物料和及时生产
不合格品的浪费	是指由于企业内出现不良品，需要进行处置的时间、人力、物力上的浪费，以及由此造成的相关损失	保证供应商的物料质量 对于生产过程中出现的不合格品，做到不接受不传递 及时运用"5Whys"法，找出原因并将之解决，做到零不合格品
动作的浪费	是指在生产作业过程中，人和设备进行无附加价值的动作而产生的浪费	制订标准作业书，使用"标准作业"
加工的浪费	也叫过分加工的浪费，是指多余的加工和过分精确的加工造成的资源浪费	对比原有工艺与顾客要求，对产品设计和生产过程进行改进
等待的浪费	是指作业员停滞不动在等待而产生的浪费	改进工作分配，减少作业员等待 进行操作工多技能培训，培养多能工 缩短换型时间
搬运的浪费	是指进行物料搬运而产生的浪费	改进生产布局，设定运输路线，减少运输的时间 将离岛作业尽可能地并入主生产线内

4. 标准化作业

在制订标准、遵守标准和改善标准的基础上，重复不断地执行"改善-遵守-再改善"的活动才能够称作标准化。在企业中各种各样的规矩，例如规程、规定、规则、标准、要领等，这些规范化的以文字形式记录的东西统称为企业的标准，或称标准作业书、作业基准书。然而，只制订标准，有标准作业书、作业基准书并不是标准化。班组只制订了标准就认为已经完成了标准化的观点是错误的，另外要清楚地认识到标准化是一切改善的基础，要认真学会制订标准并加以改善标准才能使现场管理水平不断提升。

5. 有附加价值的工作

现场管理的目的是谋求更大的附加价值，所以进行的生产活动必须要能够产生价值，而不能增加附加价值的现场管理工作全是浪费，要坚决消除和杜绝。换言之，现场管理要对员工、客户、生产安全、职业健康、产品质量、社会责任等的合法权益负责，必须在现场实施各种改善措施增加其工作的价值。因此，要求班组长在现场管理中要有大局观，辨别生产瓶颈，采取最优对策，尽可能保证各项工作的安排有附加价值产生。

6. 作业周期的控制

作业周期是指作业者一个人进行标准作业时，毫不困难、最快的一个循环的实际作业时间。其基本特征是随着每一被加工的对象重复地出现。在现场管理中，作业周期时间的控制已经成为考量班组管理水平的重要依据之一。班组长作为生产一线的管理者，应根据作业周期时间计算好产品的生产计划，确定每个月的生产进度，保证准时交货。

7. 产品质量的改善

产品质量不断改善是现场管理的主要努力方向，也是每位客户对生产现场满足客户质量要求的最低标准。只有不断在现场管理中密切关注产品质量，才能一点一滴地进行产品质量的改善，最终保证产品质量不断提高，从而获得客户的满意和市场的信赖，这一点对于企业的稳步发展是极其重要的。因此，作为优秀的班组长，在现场中应保持清醒的头脑，一点一滴地做改善，保证产品的质量不断提高。

8. 积极应对变化

客户要求日新月异，生产活动环境也比以前更加瞬息万变。因此，作为班组长要持续不断地学习新技术、转换新观念，才能适应不断变化的客户要求和环境变化。在此总结以下四个建议，可较好地指导快速有效应对各种环境的变化，如图3-2所示。

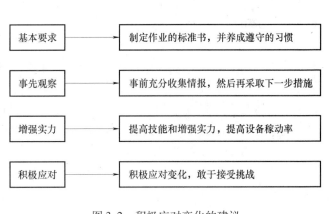

图3-2　积极应对变化的建议

3.1.3　现场管理的"金科玉律"

随着现代办公自动化的实现，越来越多的企业管理人员更喜欢在远离生产现场的办公室进行会议和指导，仅通过报告、会议以及网络等方式间接地了解现场。但是，通过这些方法了解到的现场信息并非第一手信息，很多时候并不能及时准确地反映现场的情况，更不能据此做出准确恰当的决策。因此，班组长作为生产现场的管理者，应当密切关注和了解现场，对生产现场要第一时间做到准确、快速、高效的管理。在此，提出班组长在现场管理一般遵循的通用、有效的五条"金科玉律"供参考实施，如图3-3所示。

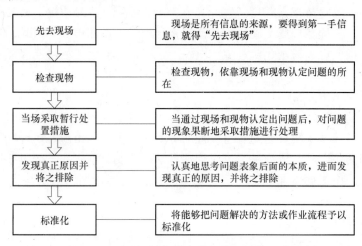

图3-3　现场管理的金科玉律

1. 先去现场

现场是所有信息的来源，要得到第一手信息，就得"先去现场"。作为一个优秀的班组长，首先就要树立现场意识，将"去现场"作为自己日常管理的例行事务。班组长不仅仅要在发生问题时才想起去现场，而是要常去现场，因为到现场后详细观察才能得到所需的东西。

2. 检查现物

现物一词取自日文，意为有形的实体东西。在现场中，"现物"可以用来称一部故障的机器、一个不合格品、一件被毁损的工具、一批退回来的产品或者甚至是一位抱怨的客户。一旦发生问题或者异常的状况时，班组长应该到现场去检查现物，反复地探究"为什么"，而用不着那些高科技的检测手段，仅采用一般常识认知和低成本的方式就能够确认出问题的原因。一般来说，解决问题首先要从发现问题开始，一旦认定了问题所在，就已经成功了一半。因此作为一个优秀的班组长，就要经常关注现场，依靠现场和现物来发现和认定问题。

3. 当场采取暂行处置措施

当通过现场和现物认定出问题后，一定要保持冷静，对问题的现象果断地采取措施进行处理。这些措施常常只是暂时的处置措施，无法从根本上解决问题，因为没有找到问题的真正原因。但很多时候果断地采取措施能够快速地让生产恢复正常，不至于让生产长时间暂停，影响生产的进度，也为找到问题的根本提供了分析和查找的时间。

4. 发现真正原因并将之排除

暂时的处置措施将问题暂时解决后，就应该认真地思考问题表象后面的本质，进而发现真正的原因，并将之排除。在生产现场中，常常依据 5W1H（When、Why、Where、Who、What、How）从事物的 6 个方面进行提问和分析，但要发掘真正的原因，还需要反复追问"为什么"，直到找到问题的原因为止，此过程亦称为"5Whys"法。

举例来说，假设你看到一位工人，正将铁屑洒在机器之间的通道地面上。

你问："你为什么将铁屑洒在地面上？"他答："因为地面有点滑，不安全。"

你问："为什么会滑，不安全？"他答："因为那儿有油渍。"

你问："为什么会有油渍？"他答："因为机器在滴油。"

你问："为什么会滴油？"他答："因为油是从联结器泄漏出来的。"

你问："为什么会泄漏？"他答："因为联结器内的橡胶油封已经磨损了。"

如上例所示，经常地问"为什么"，就可以确认出问题的根本原因，从而采取对策。如用金属油封来取代橡胶油封，以从根本上解决漏油的问题。当然，在实际情况中要根据事情的复杂程度来多次质疑"为什么"，实际可能多于 5 次。"5Whys"法中的"5"表示的是要多次重复地质疑，直到真正的原因被挖掘出来，如图 3-4 所示。

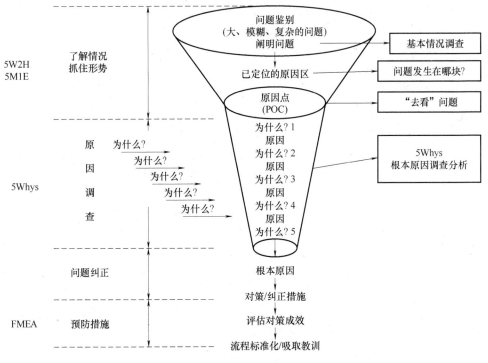

图 3-4　5Whys 分析模型（5Whys 漏斗）

5. 标准化

现场管理标准化是指将能够把问题解决的方法或作业流程予以标准化。标准是指处理一件事情的最佳方法，如果让员工按照标准进行生产工作，就可以在一定程度上保证产品的质量，确保客户满意。作为班组长要善于总结和形成管理的各项标准化。在生产现场，每天都会发生各式各样的异常，如不合格品、机器故障、生产目标未达成及员工迟到等。对每一个问题，班组长都应该主动去思考形成标准问题，对要解决的方法或作业流程予以标准化，确保改善的有效性。否则，班组长就可能会忙于日常反复的"救火式"工作，浪费各种可能改善的机会。

【实战20】 应用现场管理五要素提升生产效率

在企业的生产现场中，生产效率一直都占有至关重要的地位，但生产效率并不是由单个因素决定的，需要考虑到现场管理中的各个要素，即人、机、料、法、环五要素才能有效提升现场生产效率。下面给出了从现场中的五要素方面提高生产效率的方法，可以借鉴实施，见表3-2。

表 3-2　提升生产效率的方法

五要素	提升生产效率的方法
人	1. 根据员工熟练度安排工作。对于新员工刚到时，应将其安排在次要的岗位，或分配易操作的工作。当其熟练度增加，并经过相关的培训且达到要求后才能安排重要的岗位 2. 严格控制员工加班，保证员工有足够的休息时间。长时间占用员工的时间进行加班，会让员工产生消极的心态，从而降低生产效率。因此要严格控制加班，尤其控制晚上及星期天的加班时间，保证员工有足够的休息时间 3. 适时对员工进行激励。在每周或每月进行优秀员工评比，对表现优秀、生产效率高或有其他贡献的员工进行表扬，并给予精神上和物质上的奖励。对工作不认真的员工，同样要有适当的处罚。适当的激励有利于提高员工的工作积极性，从而提高生产效率
机	1. 检查生产设备，保证其工作正常。在进行每日工作之前，要对设备进行检查，保证其工作正常。对精密的关键生产设备，例如贴片机、注塑机等，生产操作人员要时刻关注其是否正常运行。当出现生产异常时，要立刻进行处理 2. 及时更新设备，优化生产工具。优质的、新型的生产设备和生产工具，不论在生产效率上，还是在生产品质方面，均会有所提高。因此，更新优化生产设备和生产工具是提高生产效率的一个有力的途径
料	1. 生产物料供应到位。物料员必须按照生产计划确保生产所需的物料供应到位，可以减少因等待物料而造成的无效等待浪费，提高生产效率 2. 提高来料品质。来料品质的提高，可以降低产品的不合格率，提高直通率，从而提高生产效率。因此要对物料采购有一定的要求，同时在备料时要检查物料的品质，确保品质达标

（续）

五要素	提升生产效率的方法
法	1. 制作和完善标准作业书。标准作业书作为员工进行生产作业的指导文件，可以帮助员工进行标准作业，从而减少动作的浪费，同时减少因操作不规范导致的产品品质问题，提高生产效率 2. 提高员工作业技能。员工工作技能的提高，可以提高工作效率，减少工作失误，提高产品直通率。因此可以适当进行员工的技能培训，并培养多能工 3. 制作和完善生产计划，合理安排员工。合理的生产计划可以有效减少生产的浪费，减少在制品的积压，提高产量。合理安排员工，保证每位员工均能在大部分时间进行有效工作，提高工作效率 4. 对现场进行目视管理。对生产现场实施目视管理，及时传递生产信息。同时班组长每日要进行生产情况确认，以确保达到生产目标
环	1. 做好现场5S工作。安静、井然有序的现场环境是保证员工能进行高效率工作的基础，而嘈杂、混乱的现场环境会影响员工的心态，从而使工作效率降低。因此做好现场5S工作，保证现场的安静、井然有序，是提高生产效率的一个重要的途径 2. 按要求规范生产环境。不同的产品对其生产环境有着不同的要求，不达标的生产环境会极大地降低产品的品质，产品的合格率也会降低。按照要求规范产品的生产环境，可以提高产品的直通率，提高生产效率

3.2 班组精益现场管理的三大工具

在现场管理活动中最常见的三种精益管理工具（目视化管理、标准作业、看板管理），给现场管理工作带来了很多的帮助，如提高生产效率、降低生产成本、提高产品质量等。作为一名优秀的班组长，必须了解和掌握该三大工具，并能够很好地运用到现场管理中。

3.2.1 目视化管理

目视化管理不仅是加强班组基础管理的重要内容，也是提高班组管理的效率和效果的重要体现。目视化管理是伴随着看板管理的发展而发展起来的，并且还在不断完善中。

（1）目视化管理的概述

目视化管理也叫可视化管理，是一种利用视觉来进行管理的科学方法，它通过利用形象直观、色彩适宜的各种视觉感知信息来组织现场生产活动，以达到提高劳动生产效率的目的。

通过目视化管理的各种工具，例如图表、看板、颜色和位置区域等，可以将现场中可能发生的各种问题、异常、浪费等，以及材料、产品、设备等的相关状况一目了然地展示出来。这样不仅能迅速发现现场的各种问题和异常所在，而且能够迅速地采取相应的对策，防止错误的发生。可以说，目视化管理实施得如何，很大程度上反映了一个班组现场管理的水平。

（2）目视化管理的特点

目视化管理以视觉信号为基本手段，以公开化为基本原则，尽可能地将现场的情况和管理者的意图以看得见的方式表达出来，因此有着视觉化、公开化及常态化的特点。

1）视觉化：通过眼睛就可以直接看到、了解、掌握现场的信息，使现场的问题点和浪费现象直接暴露出来，可以帮助预防和消除现场的各种隐患和浪费。

2）公开化：就是要将现场中的信息展示在看得见的地方，所展示的信息是现场中所有人都看得见的，是公开化的。

3）常态化：就是有效防止现场中人为的失误或遗漏的出现，并始终维持正常状态。

（3）目视化管理的作用

在现场管理中，通过目视化管理可以将生产作业现场的复杂问题转化为简单的共同语言、行为准则，以推动和实现自主管理、自我控制。主要作用体现在以下四个方面：

1）及时显露现场中的问题和异常。目视化管理通过各种形象直观的视觉信息来反映现场生产活动，在现场管理中常常利用"正常状态"来标示，一旦离开此状态即意味着出现了问题或异常。例如在仓库中标记最低库存线，低于此线则意味着需要补充库存；或在气压仪表中，对正常范围内用绿色标记，一旦指针偏移绿色区域，操作人员就应该立即检查设备状况。这样就能及时地找出问题和异常所在，并对其做出相应的对策。如图3-5所示，通过压力表的安全颜色范围来显示压力是否正常；生产设备出现故障时，为避免失误操作，挂上待维修的标识，又可以提醒机械检修人员该机械设备需要维修。

图3-5　带有安全颜色范围的压力表和正在维修的机床

2）快速传递信息提高工作效率。目视化管理同样可以用来发布各种信息，用来组织指挥现场的生产活动。操作人员要有序地进行生产作业，就需要接收到相应的生产信息，然后采取相应的行动，这样就要求信息的传递和处理要迅速而准确。

如果仅采用管理人员或其他相关人员传递和表达生产信息的方式，既耗时耗力，又可能会出现错误，导致生产效率降低。目视化管理就可以很好地利用各种可以传递视觉信息的设备，例如显示屏、标识牌、图表等，形象直观、迅速准确地表达各种生产信息，无须管理人员在现场进行指挥就可有效地组织生产，从而提高生产效率。图 3-6 所示为通过 ANDON 看板显示各工位的生产情况。

图 3-6 显示各工位生产情况的 ANDON 看板

3）促进现场人员相互监督。目视化管理由于其透明度高的特点，可以让现场作业的各种要求做到公开化。在目视化管理的作用下，现场人员所有作业都一目了然，不仅可以帮助现场人员相互配合、相互监督，也能够使违反纪律的现象暴露出来。例如，在不同车间、不同工种分配不同的工作服和工作帽，这样就能很容易使那些擅离职守的人处于众目睽睽之下，促其自我约束，从而在现场中促成相互监督的氛围，让员工们逐渐养成良好的习惯。

4）产生良好的生理和心理效应。在现场中，人们常常会更关注现场的环境和生产条件等因素，而忽略了现场人员的生理和心理状况。目视化管理的优势就在于，它很好地运用了管理学、生理学、心理学等多方面的研究成果，可以适应人们的生理和心理特点，帮助产生良好的生理和心理效应，有助于发挥员工的主观能动性。

通过目视化管理，企业中的各个部门的各个员工就可以通过自己的眼睛观察来正确把握现场的状况，判断工作的正确与否和可能出现的异常，从而减少了管理和被管理的特性，取而代之的是自主管理。这样不仅可以省去现场生产时无谓的询问、命令等，从而提高生产效率，又可以产生良好的生理和心理效应，让管理体系能够高效自主地运行。

（4）目视化管理的层次

按照目视化管理的作用效果划分，可以将目视化管理水平分为三个典型的层级，它们由低到高代表了目视化管理的不同水平，如图 3-7 所示。

1）初级水平：初级水平是最基础简单的目视化管理，它所起到的作用仅仅是通过标识方便地传递固定的信息，比如卫生间门框上的男女图标，

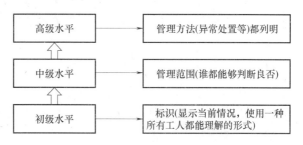

图 3-7 目视化管理的三个典型层次

以及经常能见到的用于提醒人横穿马路的规定路径的人行斑马线。

2）中级水平：中级水平的目视化传递的信息已经比初级水准复杂很多，可以通过"现状"和"目标"的对比来暴露问题和揭露异常。信息的传递形式已经由单方面的传递演进到双方面的互动，同时通过有效的暴露问题促进人的行动。图 3-8 所示为通过将生产信息显示在现场显示屏上，可以很快暴露出问题并促使相关负责人去找寻原因及实施改善。

3）高级水平：高级水平的目视化是最完备的目视化管理，除了可以暴露问题和异常外，同时也有效地展示了异常的消除措施和问题的解决方案。图 3-9 所示为通过 ANDON 看板显示各工位的生产情况。

图 3-8　生产信息显示看板　　　　　图 3-9　ANDON 看板系统

（5）目视化管理实施的工具

1）颜色管理：指利用不同颜色对人的视觉和心理产生的差异，将复杂的管理问题简化成不同的色彩，以直观的形式呈现出问题的本质和问题改善的情况，使每一个人对问题有相同的认识和了解。通过利用人们对色彩的分辨能力和特有的联想力，用不同颜色对管理对象加以识别和区分，以达到有效管理的目的。图 3-10 所示为利用颜色管理划分进车间通道功能。

图 3-10　利用颜色管理划分进车间通道功能

2）形迹管理：指将工具、夹具等物品在其盛装或摆放的位置，按其投影形状绘图或采用嵌入凹模等方法进行定位标识，使其易于寻找、取用、归位的一种管理方法。通过形迹管理，使每个物品都有自己固定的形迹图案，且摆放规范、整齐；同时如果使用之后未归位或丢失，那么相应的物品形迹就会显现出来，一目了然，减少物品的清点时间，同时提醒员工把丢失的工具等物品找回来。图 3-11 所示为利用形迹管理的工具和资料。

图 3-11　利用形迹管理的工具和资料

3）灯号管理：指在设备、流水线以及一些关键的工作场所装上多种颜色的信号指示灯，并佩带不同声音指示，用来表示正常生产、故障、需求、异常或工作中的其他状况，使员工和班组长远距离就可了解工作情况，信息传递快捷，缩短处理时间。图 3-12 所示为利用灯号管理的 ANDON 系统。

图 3-12　利用灯号管理的 ANDON 系统

4）对齐管理：指在物体处于正常标准状态时画出对齐或正中标记，用来对照和发现位移、松动、过紧等现象。例如有些螺栓在紧固后标上对齐标记，一旦松动，标记就会错位，这时应立即紧固。但用力过度对齐标记同样会错位，只有在对齐时，螺栓才处于松紧正好的标准状态。图 3-13 所示为利用对齐管理螺栓的定位标识。

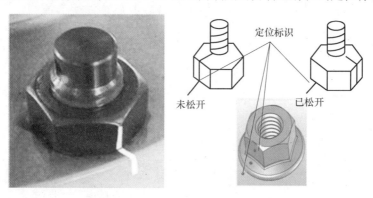

图 3-13　利用对齐管理螺栓的定位标识

5）照片管理：指将不方便长期暴露于外面的物品，通过照片将盒子里或箱子里装的物品以及这些物品的摆放位置揭示出来，通过视觉实现对物品的透明化管理。照片管理的主要对象一般包括成套的专用工具、专用检测器具、专用仪器仪表、计量器具等。图3-14所示为利用照片管理的灭火器定位应用。

图 3-14　利用照片管理的灭火器定位应用

（6）目视化管理的注意事项

实施目视化管理不能形式主义，需要从现场实际出发抓住重点，有计划地逐步实施。目标管理的实施，需要着重注意简单易行的原则，总结起来就是要做到统一、简约、鲜明、实用和严格这五点事项。具体内容如图3-15所示。

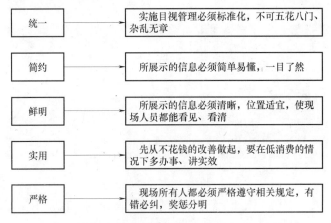

图 3-15　目视化管理的注意事项

（7）目视化管理在现场中的应用

1）物料目视化管理：是指对现场中的各种物料，如生产原料、半成品、成品、零件、工具等，进行目视化管理。根据不同物料的使用频率进行区分，可分为四种基本形式：随身携带，放在伸手可及之处，放在较近的柜子或抽屉内，放于储物室或货架中。此时，"什么物品、在哪里、有多少"及"必要的时候、必要的物品、无论何时都能快速地取出放入"成为物料目视化管理的目标。物料目视化管理的要点和方法见表3-3，应用示例如图3-16所示。

表3-3　物料目视化管理的要点和方法

要　点	方　法
明确物料的名称及用途	分类标示，用颜色区分
决定物料的放置场所，容易判断	采用有颜色的区域线和标志加以区分

（续）

要 点	方 法
物料的放置方法能保证顺利地进行"先入先出"	将先入的物料放置在最前面最方便拿取的位置
决定合理的数量，尽量保证必要的最小数量，且要防止断货	标示出最大的库存线、安全在库线、下单线，明确下单数量

图 3-16 工具目视化管理

2）作业目视化管理：是指对生产线各道工序进行目视化管理。其目标就是在生产作业过程中，能够很容易地体现各作业及各工序的生产状况，以及是否有异常发生等，实现各工序按计划进行、按规定实施。作业目视化管理的要点和方法见表 3-4，应用示例如图 3-17 所示。

表 3-4　作业目视化管理的要点和方法

要 点	方 法
明确作业计划及事前需准备的内容，利于核查实际进度与计划是否一致	保养用日历、生产管理板、各类看板
作业能按要求正确地实施，并能够清楚地判定是否在正确地实施	原材料、标准件等欠料警报灯
在早期发现异常所在，并采取相应的措施进行处置	异常警报灯

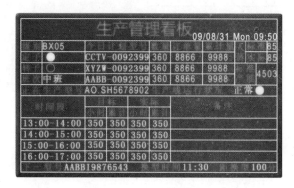

图 3-17　生产管理看板

3）设备目视化管理：是指对现场中的各类设备进行目视化管理，除了建立系统的点检保养制度外，还应对现场进行规划、标示等目视化管理。其目标就是能够正确地、高效率地实施清扫、点检、加油、紧固等日常保养设备工作。设备目视化管理的要点和方法见表3-5，应用示例如图3-18所示。

表3-5　设备目视化管理的要点和方法

要　　点	方　　法
清晰明了地表示应该进行维护保养的部位	使用不同颜色的标贴，如在管道、阀门上使用不同颜色区别管理
能迅速发现发热异常	在电动机、泵上使用温度感应标贴或温度感应油漆
是否正常供给，运转正常	在旁边设置连通玻璃管、小飘带、小风车
实现各类盖板的极小化和透明化	在设备驱动部分和传动部分设置透明玻璃，使得容易"看见"
标示出计量仪器类的正常/异常范围及管理界限	用颜色表示出范围（如绿色表示正常范围，红色表示异常范围）
设备是否按要求的性能、速度在运转	揭示出应有的周期、速度

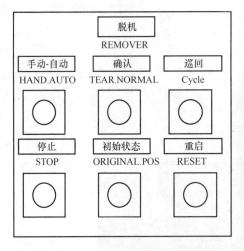

图3-18　电器设备控制箱目视化管理

4）品质目视化管理：是指为保证产品品质而进行的目视化管理。其目标就是防止因"人的失误"而产生产品品质下降的问题。品质目视化管理的要点和方法见表3-6，应用示例如图3-19所示。

表3-6　品质目视化管理的要点和方法

要　点	方　法
防止因"人的失误"导致的品质问题	合格品与不合格品分开放置，用颜色加以区分，类似品也采用颜色区分
设备异常的"显露化"	重要部位贴"品质要点"标贴，明确点检线路，防止点检遗漏
能正确地实施点检	计量仪器按点检表逐项实施定期点检

图3-19　质量门管理看板

5）安全目视化管理：是指对现场的危险的事、物和场景进行目视化管理。其目标就是对现场的事、物和场景予以"显露化"，刺激人的"视觉"，时刻提醒员工的安全意识，从而防止事故的发生。安全目视化管理的要点和方法见表3-7，应用示例如图3-20所示。

表3-7　安全目视化管理的要点和方法

要　点	方　法
注意有高差、突起之处	使用油漆或荧光色，刺激视觉
注意车间、仓库内的交叉之处	设置凸面镜或"临时停止脚印"图案
危险物的保管、使用严格按照法律规定实施	将法律的有关规定醒目地揭示出来
设备的紧急停止按钮设置	设置在容易触及的地方，且有醒目标志

图3-20　安全警示线

3.2.2　标准作业

标准作业，是以节拍时间为基准，以人的动作为中心制订的、安全高效地生产高质量产品的方法。标准作业是指导企业生产作业改善的一大工具，标准是其改善的原点。

（1）标准作业的概述

标准作业是进行作业程序改善的有效管理方法，是在作业系统调查分析的基础上，以科学技术、规章制度和实践经验为依据，以安全、质量效益为目标，将现行作业方法的每一操作程序和每一动作进行分解，开展整个作业过程的改善，从而形成一种优化作业程序，逐步达到安全、准确、高效、省力的作业效果。一般由节拍时间、作业顺序、标准手持三要素组成。

（2）标准作业的三要素

1）节拍时间（简称 T.T）：应该用多长时间生产一件产品的目标时间值。是由客户需求数量决定的，与生产线的实际加工时间、工作人数、设备情况无关，计算方式是 T.T = 有效工作时间/客户需求数量。日常计算时，容易与作业周期（简称 C.T）的概念混淆。作业周期在标准作业中，被定义为作业者一个人进行标准作业时，毫不困难的、最快的一个循环的最短纯作业时间之和。

2）作业顺序：作业者以最高的效率生产出高质量产品的顺序，一般指生产线中多技能作业者在同时操作多台不同的设备时所需遵守的作业顺序。其目的是指导作业者的动作顺序，即作业者拿取作业材料、上设备加工、加工结束后取下并传送给另一台机床设备的顺序。不同于工序顺序和物流循序，作业顺序是实现高效率作业的重要保证。

3）标准手持：依照作业顺序进行作业时，能够保证反复以相同的顺序和动作进行作业的工位内最低限度的在制品库存。是保证生产作业中机器设备同步作业，维持生产线连续生产的最少在制品数量。

（3）标准作业的特点

1）标准作业以人的动作为中心。

2）标准作业的对象应是重复性、可被定义的作业。

3）标准作业的最终呈现形式必须书面化、文件化。

（4）标准作业的作用

1）指导改善的工具。通过实施标准作业能够发现生产线中的浪费、不均衡、过载等异常现象，从而指导现场作业进行改善。

2）实现安全、优质、高效、低成本生产。标准作业规范了作业者进行生产作业的操作和行为，可以有效地避免操作失误引起的安全事故、品质不良和生产暂停等损失。同时减少作业人员，实现以最少数量的作业人员进行生产。

3）控制工序在制品数量。标准作业规定了工序内标准在制品库存数量，使得每个作业人员在执行标准作业时，都能把在制品数量控制在最低限度。

4）减轻作业者负担。标准作业明确规定了生产作业的规则方法，减少多余动作和等待，使得作业变得更加轻松。

5）实现均衡生产和准时生产。标准作业以节拍时间为基准，要与准时生产各工序同步化，从而实现均衡生产和准时生产。

（5）标准作业的实施步骤

标准作业的实施步骤一般包括把握现场、要素作业分解、时间观测、制订作业标准、实施标准作业、标准作业持续改善六大步骤，如图3-21所示。

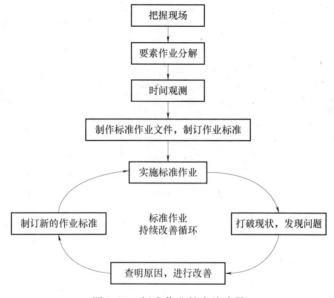

图3-21 标准作业的实施步骤

1）把握现场：把握生产线现状，明确观测对象。掌握生产线整体布局、生产规律、人员分布、作业内容等各方面内容。

2）要素作业分解：要素作业分解就是将作业内容按照作业顺序划分为若干步骤，目的是便于进行时间观测。要素作业分解要根据作业内容和特点，划分得尽可能细，同时又要便于时间观测，保证所测数据的准确性。

3）时间观测：利用时间观测表对要素作业所需的时间进行记录，同时发现并记录异常。

4）制订作业标准：制作标准作业文件，制订各工序（工位）的作业标准。

5）实施标准作业：在实施标准作业之前，首先要进行作业分工，明确每名操作人员的作业内容。其次要对作业人员进行相应的培训，以确保作业人员具备执行标准作业的能力。在实施过程中，作业管理人员要密切关注现场，监督并指导操作人员作业，随时发现问题，及时进行改善。

6）标准作业持续改善：打破现有的标准，发现问题，重新进行时间观测，不断进行改善，形成新的标准作业。

（6）标准作业"一表三票"制作要领

时间观测表、工序能力票、标准作业组合票、标准作业票以及标准作业要领书共同组成了各工序的作业标准。

1）时间观测表：实际上就是现场作业的写实，即把实际情况如实、完整、准确地记录下来，一般观测次数以 2 ~ 3 次为宜，见表3-8。在进行时间观测时，要注意以下要领：

表3-8　时间观测表

对象工序号	包装工序号	1	2	3	4	5	6	7	8	9	10	11	12	最大与最小时间差	作业时间	着眼点
		观测日期						4.11			分解号		1/4			
		观测时间								观测者			李			
1	取地板至本工位	20	14	12	10	9	11	10	10	13	10	12	12	4	10	
2	取标准件零部件	50	52	53	1′03	47	39	47	43	33	45	51	48	14	39	气扳机存放位置不便于取拿
	将气扳机行至操作区	3′20	2′34	3′23	2′17	2′08	2′18	2′29	2′25	2′20	2′20	3′05	2′46	1′06	137	
3	装地板侧铰链并紧固	1′10	1′25	1′10	1′18	1′11	56	1′30	1′02	1′13	1′15	1′20	1′22	23	62	
4	装后侧铰链并紧固	2′27	2′43	2′31	3′10	2′54	2′33	2′27	2′37	2′32	2′08	2′40	2′43	27	147	
5	装地板侧铰链并紧固															
6	返回放气扳机	14	13	11	15	15	12	17	23	12	14	13	14	3	12	
一个循环的时间		8′30	7′56	8′20	8′15	7′27	6′45	7′40	7′22	6′45	6′53	7′51	7′25	2′17	407	

①要告知操作人员按平常速度操作，让其不要刻意加快或放慢。先观察一段时

间，确认操作人员熟悉作业后再进行时间测定。②作业等待时间不要记入作业时间内，不要让操作者到前工位工作，有等待现象是因为上工序有问题，需进行改善，使下工序不用等待。将此类问题填入时间观测表中的着眼点一栏，以便今后改善。③对于配合性工作，即必须多人同时完成的工作来说，在工作过程中某个人的等待时间应作为有效时间。④必要的准备时间、步行时间和返回时间也要加入标准时间。⑤处理异常的时间不记入标准时间，填入时间观测表中的着眼点一栏，把一些注意事项记住，以后写入作业标准书。⑥对自动传送时间的观测，要测定从按下开关到各个目的作业完成、直到返回原位置的时间。

2）工序能力票：以被加工零件为对象，记录各工序的生产能力。其目的是把握各工序对每个零部件的生产加工能力，发现机械设备能力的瓶颈，是制作标准作业组合票的基准值，见表3-9。在制作工序能力票时，要注意以下要领：

表3-9 工序能力票

序号	工序名称	基本时间			刀具		工序能力	手动-机动时间线图 手动… 机动……
		手动时间	机动时间	完成时间	交换个数	交换时间		
1	工序一	100	150	250	60	180	107	
2	工序二	60	220	280	60	360	95	
3	工序三	75	180	255	200	600	105	
4	工序四	70	210	280	120	480	96	
5	工序五	70	150	220	120	360	122	
6								
7								
8								

①手动时间是指作业者手工操作的时间；机动时间是指设备自动运转时间；完成时间是手动时间与机动时间之和。②交换个数是记录一把新刀具从开始加工到需要更换刀具之前，加工零件的数量。③交换时间是记录更换一次刀具所用的时间。④工序能力是指设备的最大加工能力。⑤工序能力计算方式：工序能力 = 每天（班）有效作业时间/（完成时间 + 交换刀具时间）；完成时间 = 手工工作时间 + 设备加工时间；交换刀具时间 = 交换时间/交换个数。

3）标准作业组合票：以节拍时间为基准，反映人工作业和设备作业的结合关系的工具。其目的是确定在节拍时间内的作业内容和作业顺序，判断作业顺序和作业时间的合理性，发现需要进行作业改善的问题点，见表3-10。在制作标准作业组合票时，要注意以下要领：

①节拍是根据当天的有效工作时间和当天计划量计算得出的，并用红笔在图示栏中标出。②作业时间、作业顺序和作业内容要与时间观测表一致。③纯手工作业的时间记入"手动"中，用"━━━"表示；步行时间记入"步行"中，用"────"表示，设备自动运转的时间记入"机动"中，用"┅┅┅┅"表示。④作业时间的表格根据要素作业时间和节拍时间的长短合理设计，1小格可表示1s、5s或10s等。

表3-10　标准作业组合票

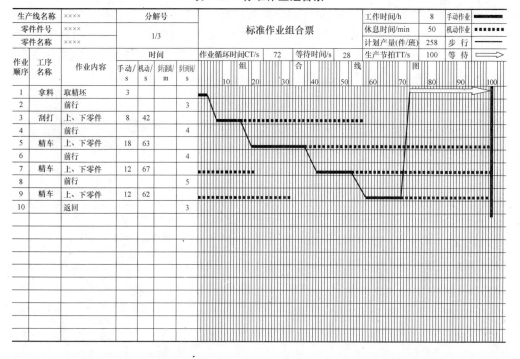

4）标准作业票：标示每名操作者的作业范围、作业路线。其目的是让班组长能够发现各工序上需要改善的地方，是一种能用眼睛看得着的管理工具，见表3-11。在制作标准作业票时，要注意以下要领：

①作业内容中的始是指要素作业中的第一个步骤，终是指要素作业中的最后一个步骤。②安全注意填写操作过程中需要遵循的安全注意事项，用"⊏⊐"表示；标准手持用"●"表示；品质检查用"◇"表示。③节拍时间、循环时间要与时间观测表和标准作业组合票中的内容保持一致。④要将操作者的作业路线及工位布局用平面俯视图的方式进行体现，首先要将流水线方向用箭头的方式标出，然后将作业步骤从第一个动作开始用线条进行标注，直至最后一个动作结束返回，返回要用虚线箭头表示。⑤标准作业票是工位布局图与作业路线图的结合，展示每一名操作者的现场状态，需要张贴于现场。

表3-11 标准作业票

生产线代号	机加工生产线				签名	日期
零件代号	××××	标准作业票		编制	×××	
零件名称	发动机曲轴			审查	×××	
作业内容	始	取原材料	终	放置成品	批准	×××

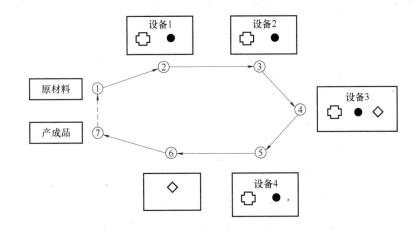

节拍时间	300s	循环时间	255s	标准手持数	4
安全注意	✛	标准手持	●	品质检查 ◇	分解番号

5）标准作业要领书：也称标准作业指导书，是在标准作业票的基础上细化操作要点，用来标明标准作业顺序中各项操作内容、操作顺序、操作要求、作业要点、作业指示图、使用工具、质量要求等。标准作业要领书是指导操作人员进行作业的主要技术文件，见表3-12。在制作标准作业要领书时，要注意以下要领：

①标准作业要领书的制作依据工艺略有不同，一般用图形、表格、文字等相结合的形式表示。②作业要领书可包含图解区域，将作业要点以图片形式进行标注，便于作业人员阅读和理解。

（7）标准作业的注意事项

1）标准作业文件必须由班组长来制作。

①班组长对于现场的生产现状、作业情况最为了解，对设备操作、作业顺序都有独特的见解和窍门，质量保证、安全保证等方面也可以很好地考虑在内。②班组长自己制作填写标准作业，也是一种学习的过程，对员工的工作有更清楚全面的了解，同时也有利于在员工中树立良好的形象。

2）在初期要合理确定设备的标准时间。

①1个人操作1台设备，使用的所有时间总和就是这台设备的标准时间。②多人共同操作1台设备，将所有人员的时间总和累加起来就是这台设备的标准时间。

表 3-12 作业要领书

作业要领书	轮毂、齿圈、轴承隔圈配送		批准	审核	编制	作业人员	作业内容
							编制时间：××年××月××日

工序号	作业步骤	作业内容		作业要点	要点理由	
1	车辆移动至仓库工位	根据生产线指示，到存货区取货	◇	在灯亮后5min 内到达存货区，开始工作	标准作业遵守、作业性提高	质量 安全 环境
2	托挂物料配送到4线	1. 按指定路线	◇	1. 确认车辆的运行路线	作业性提高	
		2. 控制车速	✚	2. 确认车速不高于5km/h	防止灾害	
3	物料配送至工位，空满置换	1. 满器具暂放置	⬡	1. 保证现场不堵塞	现场环境提升	
		2. 叉出空器具	◇	2. 保证现场不堵塞	现场环境提升	
		3. 叉取满器具放置到工位，摆放整齐	◇	3. 叉车叉进工位	作业性提高	
4	带回空器具	1. 按照指定的路线	◇	1. 确认车辆的运行路线	作业性提高	注意事项
		2. 控制车速	✚	2. 确认车速不高于5km/h	防止灾害	作业异常
5	指示按钮关闭	关闭线边要货按钮	◇	确认按钮被关闭	作业性提高	⬇
6	空器具返回空箱区	到达指定位置存放	◇	按照定置要求摆放	作业性提高	出现异常时，遵循3原则：停止、呼叫、等待。
7	车辆返回指定位置	重复1~7作业				
8	重复此动作一次，配送到3线，完成一个循环					
9	作业结束					

3）标准作业的改善需要班组长持续不断开展。

标准作业并不是一次就能做到最好的，要通过持续改善才能逐渐达到最佳状态。经过多次改善循环才能使标准作业的效果达到比较理想的状态。一般持续改善方法主要着眼于人员作业改善和设备改善两个方面，具体内容见表3-13。

表3-13 标准作业改善的方法

改善的内容	改善的着眼点	具体方法
人员作业改善	缩短人员循环时间	1. 夹具改善，缩短工件装夹时间 2. 物品定置摆放，避免寻找 3. 运用防错装置 4. 减小设备间距，缩短步行距离
	作业动作改善	1. 左右手同时动作，避免空闲 2. 避免走动中手的空闲，例如走动中顺便完成零件的周转 3. 避免持续用力地作业 4. 提高作业平台，避免弯腰动作
设备改善	缩短设备循环时间	1. 缩短等待时间，减少动作重叠 2. 缩短空行程 3. 提高空行程的运动速度 4. 选择合适的切削用量
	提高设备可动率	1. 实施快速换产，缩短换产时间 2. 做好自主保全，减少设备异常

3.2.3 看板管理

看板一词来自日语"KANBAN"，原意指传达任务的卡片。看板的起源可追溯到丰田生产方式的形成初期（20世纪40年代末），丰田生产方式的创始人之一大野耐一先生，在日本的丰田汽车制造厂引入的内部市场机制。就是由后工序向前工序发出生产订单，把这种内部订单写在卡片上称之为"看板"，在当时推行准时化生产中充当了工作指令牌，取得了非常好的效果，后续被广泛应用和推广。

（1）看板管理的概述

看板管理是指为了达到准时生产而控制现场生产流程的工具，是一种传达任务信息的卡片。一般用在同一道工序或者前后工序之间进行物流或信息流的传递，是一种拉动式的管理方式。可以使信息的流程缩短，并配合定量、固定装货容器等方式，使生产过程中的物料流动顺畅。

（2）看板管理的特点

1）看板是"领取的信息""搬运指示的信息""生产指示信息"的载体。

2）看板必须与现物一起运动，现物必须与看板一致。

（3）看板管理的作用

1）传递生产和运送工作的指令。生产指令只下达总装配线，其他各道前工序的生产都根据看板来组织。看板中承载着生产和运送的数量、时间、目的地、放置场所、搬运工具等信息，从装配工序逐次向前工序追溯。前工序则只生产被这些看板所领走的量，"后工序领取"及"适时适量生产"就是通过这些看板来实现的。

2）防止过量生产和过量运送。看板必须遵守的规则之一就是"没有看板不能生产，也不能运送"。根据这一规则，各工序如果没有看板，就既不能生产也不能运送，因此运用看板能够做到自动防止过量生产、过量运送。

3）作为"目视化管理"推进的工具。看板的另一条运用规则是"看板必须附在实物上存放，前工序按照看板取下的顺序进行生产"。根据这一规则，作业现场的管理人员对生产的优先顺序能够一目了然，同时只要通过看板所表示的信息，就可知道后工序的作业进展情况、本工序的生产能力利用情况、库存情况以及人员的配置情况等。

4）作为生产现场改善的工具。看板的改善功能主要通过减少看板的数量来实现，看板数量的减少意味着工序间在制品库存量的减少。通过不断减少在制品库存，设备故障、不良产品数目等影响后工序的生产的一些改善点就得以暴露出来，从而为改善提供了机会。

（4）看板的分类及功能

看板可分为五类，如图3-22所示。

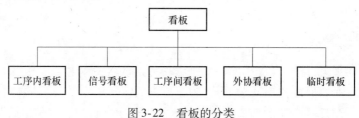

图3-22　看板的分类

1）工序内看板：指某工序进行加工时所使用的看板。这种看板用于装配线和即使生产多种产品也不需要实质性的作业更换时间（作业更换时间接近于零）的工序，如机加工工序等。

2）信号看板：指在不得不进行成批生产的工序之间所使用的看板。这种看板一般挂在成批制作出的产品上，当该批产品的数量减少到基准数时摘下看板，送回到生产工序，然后生产工序按该看板的指示开始生产。另外，从零部件出库到生产工序，也可利用信号看板来进行指示配送，如树脂成型工序、模锻工序等。

3）工序间看板：指工厂内部后工序到前工序领取所需的零部件时所使用的看

板。这种看板挂在从前工序领来的零部件的箱子上，当该零部件被使用后，取下看板，放到设置在作业场地的看板回收箱内，表示的意思是"该零件已被使用请补充"。现场管理人员定时来回收看板，集中起来后再分送到各个相应的前工序，以便领取需要补充的零部件。

4）外协看板：指针对外部的协作厂家所使用的看板。这种看板必须记载进货单位的名称和进货时间、每次进货的数量等信息。外协看板与工序间看板类似，只是"前工序"不是内部的工序而是供应商，通过外协看板的方式，从最后一道工序慢慢往前拉动，直至供应商。

5）临时看板：指在进行设备保全、设备修理、临时任务或需要加班生产的时候所使用的看板。与其他种类的看板不同的是，临时看板主要是为了完成非计划内的生产或设备维护等任务，因而灵活性比较大。

（5）看板管理的实施步骤

1）看板数据收集：是实施看板管理的第一步，需要收集的数据主要包括合格率、客户需求、产品信息、切换时间、生产率、停产时间等内容。收集的数据必须来源于现场，是从现场中认真收集到的现状数据，绝对禁止用自己假想的期望值代替。因为这一步骤是进行看板管理的开端，错误的数据信息将会直接导致看板实施失败。

2）计算看板数量：看板数量的计算步骤如图 3-23 所示。

① 计算两个核心参数：两个核心参数是缓存库存和生产批量。其中缓冲库存指为了防止后流程停工待料而建立的库存；生产批量指每生产一次的批量。计算方式是缓冲库存量 = 最小库存；生产批量 = 最大库存量 – 缓冲库存量。

② 计算补充周期：是指每种产品每隔一段时间进行一次补货生产，这段时间间隔就是补充周期。补充周期的长短取决于生产切换的频率，频率越高，周期越短。而生产切换的频率，取决于可以用来进行切换的时间和切换花费的时间。

③ 计算生产批量：是指在补充周期内，每种产品需要按照客户需求生产的数量。计算方式是生产批量 = 客户消耗速度 × 补充周期。

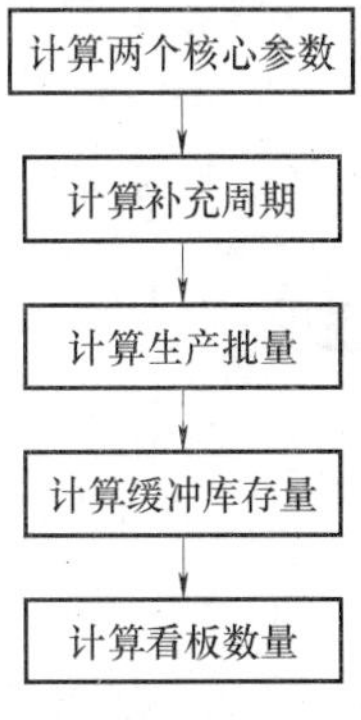

④ 计算缓冲库存量：是指成品周转库存和在制品周转库存。其中成品周转库存指顾客要求的每次交货数量；在制品周转库存指生产缓冲提前期内的在制品数量。

⑤ 计算看板数量：计算方式是看板数量 = 物料数量/物料箱数量。

3）设计看板运行规则如下：

① 看板代表的物料数量。

② 看板如何流转。

图 3-23 看板数量的计算步骤

③ 看板在各种情况下的含义。

④ 确定生产的优先顺序。

⑤ 当生产出现问题时应该采取的措施。

4）全面培训：在真正开始运行看板之前，一定要开展广泛的培训。明确看板的代表意义和运行规则等内容。一般要准备一个简单的沙盘演练看板运作情况；另外要准备充足的"情景说明书"，详细列举看板运行中的各种状况以及各个角色在该状况下应该采取的措施。最后进行实战演练。

5）启动看板管理运行步骤如下：

① 确定看板运行制度。

② 制订看板系统转换现有生产方式方案。

③ 明确各部门在看板运行阶段的相应职责。

④ 安排好现场监督管理人员指导和协调。

⑤ 建立看板管理持续改善的机制。

（6）看板管理的注意事项

1）如果没有看板，领取一概不能进行。

2）超过看板数量，领取一概不能进行。

3）看板必须附在实物上，一个包装单位一张看板。

4）后工序需要来前工序领取看板。

5）必须按各看板送达的顺序生产或备料。

6）不合格品绝对不能送到后工序。

7）操作人员必须先取看板后拿零件。

【实战21】某公司目视化精益工具应用实例

1. 实施背景

某公司目视化全面覆盖性不足，没有很好地形成目视化管理标准。普遍存在物料标识得不清晰、安全警示标识缺乏、设备操作规程覆盖率低等目视化管理不足现象，致使生产效率不高。

2. 实施步骤

第一步：对试点车间参与人员进行目视化管理集中培训。让员工们了解"目视化管理定义""实施目视化管理的作用""实施目视化管理的目的""目视化管理原则"和"目视化管理的实施方法"等内容。

第二步：对标先进企业和结合自身实际经验编制本公司《目视化管理手册》。依据此手册将日常检查要求和未来期望要求和规范进行标准化，指导公司内部目视化推进得有序、高效、规范。

第三步：定期组织相关人员开展指导性检查和改善。按制订好的《目视化管理检查表》，精益办定期组织试点车间主任、专兼职现场管理员、班组长等人员，对现场经常性地开展检查和指导，及时发现不符合项进行汇总，并帮助制订改善方案付诸实施。

第四步：及时组织验收和经验分享。由精益安全处组织相关人员对开展车间的目视化工作验收，并对验收情况进行分析公示及总结活动经验。

第五步：固化成果、推广复制。树立目视化管理试点单位并及时总结固化优秀成果，组织其余车间、科室分批次到试点车间针对目视化内容进行沟通、学习及活动经验讲解，推动优秀成果广泛快速复制。

3. 实施效果

在轮式旋转设施护罩外侧标注带轮旋转方向，便于维修，如图3-24所示。

在配电柜周边10~20cm处设安全警戒标志，提醒员工行至此处应注意安全，如图3-25所示。

图3-24 带轮旋转方向标志 　　　图3-25 安全警戒标志

在厂房内支撑柱外侧离地高100cm处贴安全警戒线，提醒员工行至此处应注意安全，如图3-26所示。

在设备液压表盘外侧标注"黄""绿""红"安全区间标志，便于检查设备是否处于安全状态，如图3-27所示。

图3-26 安全警戒线 　　　图3-27 表盘外侧安全区间标志

在液体、气体管道的外侧标注液体、气体流向，便于应急处理及维修，如图3-28所示。

粘贴"设备操作规程-TPM基准书"，明确该设备的使用及保养规程，如图3-29所示。

图 3-28　流向标志

图 3-29　设备操作规程-TPM 基准书

在带有阀门的设备外侧粘贴阀门开/关指示标志，便于员工的处理，如图 3-30 所示。

在特殊区域加设防护踏板并喷绘标志，提示员工该设施属使用极应急处易损设施，注意保护，如图 3-31 所示。

图 3-30　阀门开/关指示标志

图 3-31　防护踏板和标志

在工位上方悬挂工位标牌并标注工序简介，告知员工及参观人员该工序主要工作内容，如图 3-32 所示。

对不同用途的管道粉刷相应用途的辨识色，便于应急处理及维修，如图 3-33 所示。

图 3-32　工位标牌

图 3-33　管道的辨识色

4. 目视化管理检查表

目视化管理检查表见表 3-14。

表 3-14 目视化管理检查表

检查内容	检查情况 （有/无、是否符合标准）	责任单位	备注
1. 办公室（包括实验室等）外是否悬挂铭牌	是	精益办	
2. 厂区内放置物品的区域是否悬挂标牌并定置区域	是	精益办	
3. 各类管道颜色是否涂色并符合标准	是	能源科	
4. 各类设备是否悬挂标牌	是	设备科	
5. 危险区域是否悬挂安全标志	是	安全科	
6. 安全警示标志是否正确悬挂、是否完好	是	安全科	
7. 厂房门口处是否设立"入厂须知"牌	是	精益办	
8. 厂房人员进出通道是否粘贴标牌	是	精益办	
9. 生产现场运行中的设备指示灯是否正常	是	设备科	
10. 各类设备、工位器具是否喷绘编号	是	设备科	
11. 车间及工位标牌是否悬挂、是否完好	是	精益办	
12. 关注项看板是否悬挂，有无缺失	是、无缺失	精益办	
13. 现场悬挂的各类标识牌是否符合要求	是	精益办	
14. 现场各类物品，责任人是否明确有效	是	生产科	
15. 是否有班组区域定置图，工位器具是否按定置要求进行定置	是	精益办	
16. 工装、货架颜色是否符合标准	是	生产科	
17. 物料标识卡是否粘贴，是否明确有效	是	生产科	
18. 库房内是否有紧急疏散图	是	生产科	
19. 车间内是否有定置平面图	是	精益办	
20. 各类活动看板是否合理运用	是	精益办	
21. 设备仪表是否有上下限范围标准	是	设备科	

检查人：张　　　　　　　检查日期：2017 年 10 月 26 日

【实战 22】某机加工生产线标准作业实例分析

1. 现场作业现状

此生产线为机加工生产线，加工产品为发动机用曲轴，共 5 个工序，每月生产 20 天，顾客月均需求量为 1800 件。所使用设备均为自动加工设备，作业人数共 5 人，每台设备 1 人。班次为单班生产，8 小时工作制，其中，设备点检、5S 管理 20min，班前会 10min，其余时间为工作时间。各工序模拟条件如图 3-34 所示。

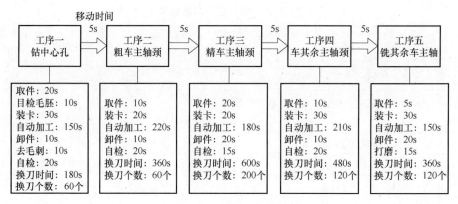

移动时间

图 3-34 各工序模拟条件

2. 标准作业分析与实施

（1）计算节拍时间

根据已知条件：每月生产 20 天，顾客月均需求量为 1800 件。试计算节拍时间 T. T。

T. T =1 日的生产时间（定时）/1 日的需求生产量

$$= [(480-30) \times 60/(1800/20)] s$$

$$= 300s$$

（2）绘制工序能力平衡图

工序能力平衡图如图 3-35 所示。

根据图 3-35，此生产线能够按时完成生产任务，因为无论是从单工序作业时间还是从当日产量来看，均能满足客户需求。

图 3-35 工序能力平衡图

（3）编制工序能力表

工序能力表见表 3-15。

表 3-15 工序能力表

工作时间/h		8	休息时间/min		30	净作业时间/min		450	
序号	工序名称	时间/s			刀具		加工能力	备注	
		手动作业	自动加工	完成时间	交换个数	交换时间	（95）		
1	工序一	100	150	250	60	180	107		
2	工序二	60	220	280	60	360	95		
3	工序三	75	180	255	200	600	105		
4	工序四	70	210	280	120	480	96		
5	工序五	70	150	220	120	360	122		

（4）编制标准作业组合票

1）计算此生产线理论人力数（各工序手动作业时间之和/T.T，保留到整数）。

此生产线理论人力数 =（各工序手动时间 + 移动时间之和）/T.T

$$= [(100 + 5 + 60 + 5 + 75 + 5 + 70 + 5 + 70)/300] 人$$

$$= (395/300) 人$$

$$= 1.36 人$$

$$= 2 人$$

2）绘制标准作业组合票。

标准作业组合票见表3-16。

表3-16 标准作业组合票

生产线号	机加工生产线	分解号		标准作业组合票			工作时间(小时)	8	手动作业 ———
零部件号	××××	1/2					休息时间(分钟)	30	机动作业 -----
零件名称	发动机曲轴						计划产量(件/班)	90	步行
		时间(秒)			作业循环时间CT(秒) 255	等待时间(秒) 45	生产节拍TT(秒)	300	等待 ⟹
作业顺序	作业内容	手作业	自动加工	步行	组 合 线 图 25 50 75 100 125 150 175 200 225 250 275 300 325				
1	取件	20							
2	自检毛坯	10							
3	装卸零件	40							
4	去毛刺	10							
5	自检	20	150						
6	步行			5					
7	取件	10							
8	装卸零件	30							
9	自检	20	220						
10	步行			5					
11	取件	20							
12	装卸零件	40							
13	自检	15	180						
14	返回			10					
15									

生产线号	机加工生产线	分解号		标准作业组合票			工作时间(小时)	8	手动作业 ———
零部件号	××××	2/2					休息时间(分钟)	30	机动作业 -----
零件名称	发动机曲轴						计划产量(件/班)	90	步行
		时间(秒)			作业循环时间CT(秒) 150	等待时间(秒) 150	生产节拍TT(秒)	300	等待 ⟹
作业顺序	作业内容	手作业	自动加工	步行	组 合 线 图 25 50 75 100 125 150 175 200 225 250 275 300 325				
1	取件	10							
2	装卸零件	40							
3	自检	20	210						
4	步行			5					
5	取件	5							
6	装卸零件	50							
7	打磨	15	150						
8	返回			5					
9									
10									
11									

（5）确定标准手持为5个

（6）绘制标准作业票

标准作业票见表3-17。

表 3-17　标准作业票

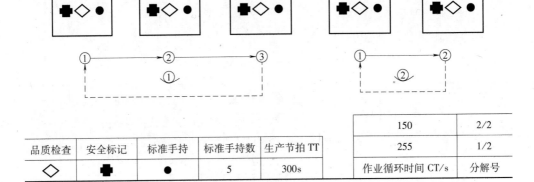

生产线名	机加工生产线	标准作业票		制作	日期	签名
零件代号	×××			做成时间	2012 年 7 月 14 日	×××
零件名称	发动机曲轴			制作		
作业内容	从	取毛坯	到	放置成品		

品质检查	安全标记	标准手持	标准手持数	生产节拍 TT		150	2/2
◇	✚	●	5	300s		255	1/2
					作业循环时间 CT/s	分解号	

【实战 23】 某工厂车厢部通用件领取看板的实施

某工厂车厢部为规范生产组织安排，防止生产过剩浪费，专项开展领取看板项目。该项目通过制订领取看板实施方案、任务分工、运行规则与激励考核等措施，使领取看板得到有效的实施。

1. 实施方案

××工厂车厢部通用件领取看板实施方案	表号：10002.01.02A
□通知　　　　□通报　　　　□纪要 □报告　　　　■计划	生效日期：×××.10.8

一、目的：

1）规范生产组织安排，清晰生产秩序。

2）防止生产过剩，减少零部件库存量，降低资金的占用。

二、术语

领取看板：用于后工序向前工序领取所需要的物品的看板，分为工序之间领取看板和外购件看板。

三、适用范围

本方案适用于车厢部外协边板本体、前货架的生产组织。

四、职责：

1. 生产计划科

1）负责月度预测计划和日指令性计划下达到厂家；

2）负责按时区进行调度相关车厢散件；

3）负责对实施看板试运行阶段中存在的问题进行协调、调度；

（续）

4）负责计划的执行、考核。

2. 车厢部

1）负责日指令性计划按生产线进行整理，并编制车厢散件顺序看板下达到车厢物流库；

2）负责车厢散件顺序看板的监督、反馈。

3. 物流管理科

1）负责车厢散件领取看板的收集、记录，并按看板收货；

2）负责车厢散件领取看板运行情况的反馈；

3）对实施看板入库进行核对，没有看板的物流库不予接收；

4）负责对异常情况及时上报。

4. 外协产

1）负责接收车厢部物流管理科发放的领取看板；

2）负责将领取的看板转化为需求看板入库（目视单），并下发到生产线；

3）负责对实施看板车厢散件按照制造周期，及时将零部件按时区送至车厢物流库；

4）负责对异常情况及时上报；

5）负责保存好填写的看板交接记录明细表。

5. TPS 推进办

负责对实施看板进行方法指导。

批示：3月1日试运行	批准	审定	审核	拟文
	王	张	李	TPS 办

主送：车厢部、物流科、生产计划科
抄报：厂长、各副厂长、厂长助理

2. 领取看板运行规则

领取看板运行规则如图 3-36 所示，具体如下：

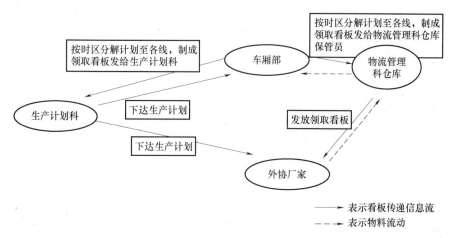

图 3-36　领取看板运行规则

1）生产计划科制订生产计划时要按时区制订，并在每天下午的5：00之前将次时区指令计划用邮件传递到车厢部，下午6：00之前下达到车厢外协边板本体、前货架的生产厂家。生产计划科同时将车厢散件计划下发给车厢物流科库管员。

2）车厢部接到生产计划后根据自身生产线能力及时区要求分解计划，并制作成间隔4h需求看板发给物流管理科库管员及生产计划科，物流管理科库管员将车厢部制订的领取看板发给外协厂家。

3）车厢部于每天下午的16：00之前将当晚以及第二天上午10：00之前所需外协边板本体、前货架看板发给物流管理科库管员，由物流管理科库管员在下午16：20之前将需求看板发给外协厂家。

4）从每日7：00起每隔4h外协厂家要准时到车厢部物流管理科仓库供货（考虑到外协厂家的运输能力，看板为4h下发1次，边板本体2h供货1次，前货架4h供货1次），物流管理科库管员要相应地把下4h的领取看板下发给外协厂家。

5）车厢外协边板本体、前货架的生产厂家根据领取看板时区规定要提前20min将零部件及看板送至车厢部物流库，车厢部要及时组织铲车卸货，车厢物流管理科库管员负责根据车厢部的需求看板验货，不按看板供货不接收，如果生产厂家比领取看板时区规定时间迟到超过10min，由物流管理科库管员向生产管理科及时反馈，生产计划科按迟到时间进行索赔。

6）车厢外协边板本体、前货架的生产厂家根据生产计划科下发的生产计划及车厢部领取看板按时区组织生产，在下午16：20之前接收物流管理科库管员发放的车厢部当晚以及第二天上午10：00之前所需外协边板本体、前货架需求看板，并于19：00之前将车厢部当晚以及第二天上午10：00之前所需外协边板本体、前货架配送齐全，超过19：00之后物流管理科库管员将不再接收供货。

7）物流管理科库管员使用专用表格要把每天的零部件到位情况随时向生产计划科反馈，以便于生产计划科排产。

3. 激励考核

1）车厢外协边板本体、前货架的生产厂家必须按照车厢部生产指示看板按时区组织生产，如果因未按时间要求供货导致车厢部停线，每停线1min索赔责任厂家100元。

2）因零部件质量问题及供货数量问题导致车厢部停线，每停线1min索赔责任厂家100元。

3）因物流管理科未及时反馈零部件库存情况导致生产计划调整，每出现一次处罚物流管理科100元。

4）车厢部必须按要求及时发放看板，因未按要求及时发放看板导致生产线停线或未按时区满足下工序需求，车厢部承担下工序索赔金额。

5）车厢部监督方案的实施情况，以上激励的实施由生产计划科负责实施。

3.3 班组精益现场管理实务

现场管理实务是指对企业现场管理理论知识的实践运用。在本章的前两节中，介绍了班组精益现场管理的基础知识和三大工具，对现场管理已经有了一定的了解。在本节中将会介绍现场中的会议、作业日报和生产流程，从现场日常工作中进一步掌握更多的现场管理的知识，便于更加高效、快捷、有序地管理现场所有活动。

3.3.1 现场中的会议

1. 班前会

（1）班前会的概述

班前会是指班组在每日工作之前开的会，班前会开展的形式多种多样，展示的内容也丰富多彩。班前会不仅可以由班组长主持讲解，还可以让每位员工表达自己的想法，分享自己的经验，从而调用员工的积极性，做到人人参与。其内容主要包括以下五点：

1）前一天的生产状况和品质不良情况。

2）当天的生产目标和工作任务。

3）企业文化传播和企业精神传递。

4）企业制度和现场纪律规范。

5）鼓舞员工和激发干劲。

（2）班前会的作用

1）班前会可以统一思想认识，提升工作执行力。

2）班组会可以及时跟踪、检查、反馈和改善各项现场管理工作。

3）班前会可以培养班组长的权威与形象。

（3）开好班前会的技巧

班组长用很短的时间开"班前会"，用简短的语言布置工作，将作业场所潜在的危险因素给员工们讲清楚，不仅能提高员工对危险的认识、对工艺流程的重视和临场解决问题的能力，还能使员工养成检查安全隐患和预防事故的习惯，更有利于生产的顺利进行。开好班前会主要从以下几个方面的技巧着手（见表3-18）。

（4）班前会的应用实例

表3-19为某公司精益班组进行的班前会流程，短短的五分钟不但让班组员工们对今天的工作任务有了充分的了解，更让员工的士气大增，以饱满的热情投入到了当天的工作中。

表 3-18　开好班前会的技巧

步　骤	基本技巧	要　点
准备工作	班组长应全面掌握当班的任务、工作状况、人员动态及前一班组的遗留问题等情况	1. 说什么。这是班组长要准备的第一件事。这就要求班组长掌握生产经营活动各方面的基本现状和问题，做到心中有数，针对性强。如要提安全要求、质量要求，就要知道安全质量的隐患点，了解现场各种管理的法规和制度并会应用。这是开好班前会的前提
2. 如何说。①要事先理好顺序和重点，做到重点突出，无漏项；②要注意发言简洁，控制会议时间；③发言要具有鼓舞士气的作用，班前会是动员会，不是泄气会。一定的表达和沟通能力是班组长必备的
3. 会议内容有可操作性，不能停留在一般要求上。①安排工作要到岗到位，②指标具有可考核性；③会议内容要有记录
调整状态	班组长要保持良好的精神面貌。班前会是一天工作的开始，良好的精神和愉快的心情能有效地减轻班组成员的工作负担	
布置工作	布置工作时应分工明确，任务落实到人，使每一名班组成员都清楚地知道自己要做哪些工作	
明确任务	明确一天工作任务的完成程度，细化、量化工作任务	
强调重点	强调重点的工作环节，尤其是安全环节。如当日作业中存在的安全隐患及潜在风险，讲明防范措施	
考核措施	配合科学、合理、严格的考核措施。明确指出考核项目与考核指标，将其与班组成员的工作态度、工作情况及今后的奖惩制度挂钩	
班会总结	总结前一天的工作状况，分析、点评存在的问题或隐患，表扬、鼓励在前一天工作中表现出色的员工，倡导员工学习	

表 3-19　精益班组早会流程

序号	时　间	内　容	注意事项
1	7：55	班前会开始	全程注意员工有无专心聆听，及时纠正
2	7：55	集合	迅速、有序
3	7：55	问好	劳保用品检查佩戴（5s）
4	7：55-7：56	点名	观察员工精神状态（及时询问）
5	7：56-7：57	交付任务	根据当日生产任务排产
6	7：57-7：58	安全教育	按章操作，安全生产
7	7：58-7：59	重要事项宣导	1. 设备变异（设备点检、激动保养） 2. 品质变异（客户投诉、质量注意） 3. 上级任务（及时交付、发货要求） 4. 公司重要事项宣导（参观、审核等）
8	7：59-8：00	交流	了解问题，会后解决
9	8：00	散会	口号（生产、品质、安全第一！）
10	8：00	班前会结束	

2. 生产工作动员会

（1）生产工作动员会的概述

生产工作动员会是指班组在参与企业有计划的检修任务或技术改造、技术革新、临时工作等任务之前，召开的全员性动员会议。其主要内容包括：交代清楚任务、工期、安全注意事项、生产注意事项、人员组织情况及人员分工等。

（2）生产工作动员会的作用

1）明确近期的主要工作和需要完成的任务。

2）报告已完成的工作程度和时限要求。

3）鼓舞员工、激发员工进行高质量工作。

4）加强安全保护。

（3）开好生产工作动员会的技巧

召开生产动员会鼓舞士气，加大执行力，需要注意的技巧见表3-20。

表3-20　生产工作动员会技巧

技　巧	说　明
语言精练	会议组织者语言要简练、有力、有条理
目标明确	总体工作目标要明确，让班组员工清楚地知道本班组的工作任务
合理分工	工作任务要细化，合理分工、落实到人，使班组中每一名员工都知道自己的工作是什么、需要做好哪些准备
强调安全	明确保障措施，强调安全生产。既要保护好班组成员的安全，也要维护好设备的安全
量化考核	量化考核方法，使用有效的激励手段，鼓励班组员工高效地工作、高质量地工作
明确时间	制订工作计划留有适当余地，将任务的完成时间明确地告诉大家。一般来讲，应尽量提前完成工作

（4）生产工作动员会应用实例

下面是某公司召开检修生产工作动员会的内容，具有的一定的参考意义。

1）安全注意事项。如注意回收装置蒸汽管线温度高、排放大量可燃物的问题等。各项作业前各负责人一定要先强调安全注意事项，并对施工过程进行督察，纠正违章行为。

2）施工作业。明确计划、方案、负责人及检查确认人。

3）设备口的物资到货情况。要求物资负责人在使用时必须保证物资到货到位，避免延误工期。

4）由工段和技术组共同制订检修方案。共同讨论可行性，指出存在的问题并确定方案。各岗位员工要严格按方案施工、作业，各道工序完成后及时签字验收。

5）总结和避免过去检修过程发生的问题再次发生。

6）总结出本次检修新思路。

3. 生产工作碰头会

（1）生产工作碰头会的概述

生产工作碰头会是指就生产作业过程中遇到的问题、工作中遇到的难点和即将进行的工作等相关事项，由各班组的班组长或班组长与班组骨干成员组织并集中研究与讨论的会议。生产工作碰头会开展的时间可以在工作前、工作中或工作结束后，其地点不限于某一固定的位置，参与的人员和会议进行的时长也可以根据会议内容和要求有所不同，形式灵活。

（2）生产工作碰头会的作用

1）解决工作中的问题。

2）总结工作中的经验与教训。

3）促进不同班组之间的交流。

（3）开好生产工作碰头会的技巧

召开生产碰头会，要求时间短、见效快、针对性强。需要注意的技巧见表3-21。

表3-21　生产工作碰头会技巧

技　巧	说　明
重点突出	会议的重点要突出，难点要明确。主要针对重点、难点问题进行研究，避免讨论主题松散
营造氛围	营造良好的讨论气氛
调动积极性	充分调动参与人员的积极性。鼓励参与人员多发言、多出点子，尊重参与人员的意见和建议
整理会议记录	及时整理会议记录，得出有指导意义的结论，形成书面文字，以便归档、保留或形成可行性措施向上级呈报，对今后的工作起到指导作用

（4）生产工作碰头会的应用实例

下面为某公司进行的生产工作碰头会涉及的工艺、设备、现场、质量等方面内容和参考技巧。

1）提出车间巡检的整改要求，立即制订整改方案。例如，这几天丁二烯清理出很多自聚物，按工艺纪律规定应如何处理等。

2）及时查找关键设备的不良原因。例如，某泵漏油，提出计量泵工作状况不好的原因及处理办法。

3）快速解决现场管理存在的问题。例如，需要找出现场管理要解决的地方，需要哪些方面配合等。

4）分析产品质量出现的问题。例如，由相关人员说明原因，找出解决办法并付诸实施。

3.3.2 现场中的作业日报

1. 作业日报的概述

作业日报是一种日报表，在生产现场中应用非常广泛，主要用来录入作业者每日各种产品不同工序的投料情况、生产完成情况和工时情况等。作业日报是生产现场中重要的资料，是进行生产计划制订的主要信息来源和依据。

2. 作业日报的作用

1）作业日报可作为品质管理、成本管理、安全管理等项目管理的工具。

2）作业日报可作为发生生产异常或者问题时追踪原因的资料和线索。

3）作业日报是与上级和其他部门传递现场情报、生产信息的良好媒介。

4）作业日报可帮助班组长掌握现场的实际情况，了解现场每日的生产进度、安排和可能出现的问题。

3. 作业日报实施的步骤

（1）作业日报的设计

设计作业日报时必须要考虑到填写的便利性，因此设计作业日报有以下四点要求：

1）需要备齐现场中所有的必要事项，但也要尽量简洁。

2）项目的顺序尽量以实际作业的顺序为基准，并符合逻辑习惯。

3）尽可能减少填写过程中文字和数字的填写，用简单的符号或线条来代替填写。

4）采用标准纸张，规定纸张大小，防止因纸张大小不符而影响存档。

（2）作业日报的填写

作业日报的填写看似简单，实则不然。只有正确地填写作业日报，才能准确及时地收集到现场的状况。作为一名班组长，必须掌握填写作业日报的技能，并且还要正确指导员工进行填写。因此需要班组长和员工做到以下五点：

1）对于班组长而言，自己要明确作业日报的重要性，同时还要向其他相关人员说明，让员工们也认识其重要性。

2）基本内容如班组名、作业者名、产品名、批量号等，应由现场办公人员统一填写好，再发给各个作业工作者填写其他事项。这样可以减轻作业者填写的负担，缩短不必要的填写时间。

3）生产作业信息，例如生产数量、加工时间等只有作业者才清楚的信息，就必须由作业者填写，以保证信息准确。

4）每次填写完毕后，应养成检查确认的习惯，对重要的信息要确保正确无误。

5）对生产作业过程中出现的异常和其他状况，要在作业日报中予以说明。同时管理人员要认真审阅，及时指点异常点并协助解决问题，以促进良好的工作互动氛围。

（3）作业日报的管理

作业日报填写完毕后，就需要进行作业日报的管理，作业日报管理的主要内容和基本方法见表3-22。

表3-22　作业日报管理的主要内容和基本方法

作业日报管理的主要内容	1. 检查每个员工的作业日报是否填写正确 2. 查看材料、作业、产品有无异常 3. 每位员工的作业效率是否达到预期目标 4. 作业效率是提高还是下降了？为什么 5. 整体效率能否反映每个人的工作效率 6. 生产效率与设备效率的变化情况 7. 是否严守生产计划（交货期、数量） 8. 不良状况及相应的工时损失 9. 实际工时与人员配置是否合理 10. 哪些地方有尚需改善之处，整体实绩如何
作业日报管理的基本方法	1. 确认作业报表（工时、产量、异常现象） 2. 使用统计手法对作业能力进行管理（均衡情况、变化推移、计划与累积、异常说明） 3. 使用图表统计分析效率、成果的变化情况 4. 调整计划或目标参数

4. 作业日报的注意事项

虽然在现场中很多的作业人员都能认识到作业日报的重要性，但填写时却漠不关心，有时都无法做到正确书写。在生产现场中，各种作业日报的常见问题和注意事项见表3-23。

表3-23　作业日报的常见问题和注意事项

常见问题	1. 需要填写的内容过多或烦琐，填写起来太费时间 2. 需要回忆或判断的事项太多，导致填写时马马虎虎、敷衍了事 3. 由于缺乏填写作业日报的指导，于是就随便填写或干脆由他人填写 4. 收集起来的作业日报，上司并不关心过问，作业日报流于形式，没有实际作用
注意事项	1. 当发现不准确的日报表时，不要急于批评日报表的填写人，而应该先进行调查。如果填写不准确是由于填写者的能力不足，应对填写者进行指导，直至其掌握为止；如果是由于填写者的态度问题，应对其进行批评教育，使其重视作业日报的填写 2. 作业日报的填写关键还是在于"人"，所以班组长应该掌握手下每位员工的知识水平、技术、经验、干劲及兴趣爱好，在必要时给予耐心细致的指导，这样才能保证日报的填写规范准确

5. 作业日报的应用实例

作业日报的应用实例见表 3-24。

表 3-24　作业日报的应用实例

班别小组	机种别或品名	批号	制造预定数	加工数	良品数	比例%	实际作业时间					时间外作业			小时加工数	每小时标准量
							作业时间	准备时间	等待时间	离值	累计	时间	休息	实作时间		
A1	CR1	01	60	60	60	100	5	0.5	0.5	0	6	1.5	0.5	2	12	12
A2	CR1	01	50	50	48	96	5.5	0.5	0.5	0	6.5	1.5	0.5	2	9	9
A3	CR2	01	100	100	89	89	5	0.5	1	0	6.5	1	0.5	1.5	20	18
A4	CR3	01	80	80	72	90	6	0.5	0.5	0	7	1	0.5	1.5	13	13

材料、交货期、质量状况	技术问题	（设备运转状况）
CRH1 动轴原材料缺少	无	正常运转　　　√ 不正常运转 故障时间 闲置时间
（建议事项） 无	（联络事项） 无	（备注） 无

班别：辅助工段 A 班　　　　　部门主管：张　　　　　班组长：李

填表：李　　　　　　　　　　　　　　　　　　日期：2017 年 10 月 26 日

3.3.3　现场中的生产作业

1. 班组生产计划

（1）班组生产计划的概述

班组生产计划是指根据各班组工作内容和生产情况对企业总体生产计划进行拆分细化的结果。制订良好的班组生产计划，不仅可以帮助班组生产有序地进行，而且可以对车间生产计划进行细化分解，使之更加具体且适于班组的生产作业，有助于企业总体生产计划的达成。

（2）班组生产计划的分类

班组生产计划按产品可分为主产品计划、备件（合同）计划和科研计划；在军品、民品共同生产的公司还要分为军品计划和民品计划；按时效性可分为月生产计划、周生产计划、日生产计划和临时生产计划。下面按照计划的时效性，分别对几种与班组有关的生产计划进行介绍，见表 3-25。

表 3-25　班组生产计划的分类

月生产计划	月生产计划一般是由生产管理部门以年度计划和客户订单为依据，结合企业近期生产实际制订的。月生产计划实际上是准备计划，一般要提前一到两个月制订，覆盖周期为一个月，通常包括产品的型号、批号、数量、交货期等 班组长在接到月计划后，首先要认真阅读，将与本班组有关的内容摘录出来，对月计划中存在的问题及执行过程中可能存在的困难，要及时向上级反映，尽快协调解决。其次要将计划在班组管理揭示板上进行公示，让班组成员都了解生产任务情况。然后按照五要素法着手进行生产准备工作
周生产计划	周生产计划反映班组在一周内的生产任务及其他重要事项，包括上周未完事项及本周要完成的生产任务，指导和督促本班组一周的生产工作 周生产计划的格式与月生产计划相类似，只是覆盖的时限为一周，月计划的对象是产品，周计划要细化到零（部）件。周计划一般在周一的班前会上向全班公布，并且也要张贴在班组管理揭示板上
日生产计划	日生产计划是依照周生产计划制订的具体的作业计划，是要绝对执行的计划。日计划要制订得详细、具体、可操作。班组长在每天的班前会上要对日计划的重点进行强调说明。日计划要下达到每个作业者，要让每个人都明确自己当天的工作任务
临时生产计划	临时生产计划是指正常生产计划之外临时增加的生产计划。临时生产计划按照急缓程度要区别对待

（3）班组生产计划的制订方法

班组生产计划的制订方法主要取决于班组的作业性质。作业性质不同，生产计划的制订方法也不同。例如，少品种连续生产集体作业的班组和多品种小批量独立作业的班组，装配作业班组和机加工作业班组，生产计划的制订方法都是不一样的。

1）月计划的制订方法：月计划一般是依据年度计划按照产品类别制订的。月计划中要主要包括完成产出计划和投入计划两部分内容。产出计划是指本月产出的产品名称、批次、数量和交货日期等。投入计划是指需在本月投产的产品名称、批次、数量和投产日期等。

2）周生产计划的制订方法：周生产计划通常是依据月计划以零（部）件为对象制订的。周计划的格式与月计划类似，只不过对象是具体的零（部）件。

少品种连续生产的班组，产品种类比较少，一般都是集体作业，作业内容相对固定。这类班组的周计划可参照表 3-26 的形式制订。

表 3-26 少品种连续生产型班组的周计划
月份第____周生产计划表

单位： 班组： 日期： 年 月 日 制表：

生产线（单元）	产品代号/零件号	批次号	生产数量							合计	备注
			一	二	三	四	五	六	日		
线1	A	××-××	50	50	50	50	50	50	50		
线2	B	××-××	35	35							周三换产
	C	××-××			10	40	40	40	40		
线3	D	××-××	20	20	18						周四换产
	E	××-××				30	60	60	60		

多品种小批量独立作业型班组，产品种类通常比较多，作业内容变化较大。这类班组的周计划以产品为对象制订。内容主要包括产品代号、生产数量、批次、投产日期、完成日期、承担工位等信息。这类班组的周计划可参照表 3-27 的形式制订。

表 3-27 多品种小批量独立作业型班组的周计划
月份第____周生产计划表

单位： 班组： 日期： 年 月 日 制表：

产品代号/零件号	批次号	数量	投产日期	完成日期	承担工位	备注
A	××-××	120	10.16	10.21	李	
B	××-××	80	10.16	10.18	张	
C	××-××	50	10.17	10.20	王	
D	××-××	40	10.19	10.21	张	
E	××-××	60	10.19	10.21	吴	
……	……					

3）日生产计划的制订方法：日计划的制订要根据班组的产品特点和作业性质进行。对少品种连续生产，施行轮班作业或分组作业的班组，可按生产线或生产单元制订，制订每个班次的作业内容和要求。这类班组的日计划可参照表 3-28 的形式制订。

对多品种小批量独立作业的班组，以作业者或设备为对象制订每天的作业计划。派工单对于这类班组是一种很好的日计划形式，可参照表 3-29 的形式制订。

表3-28 少品种连续生产轮班作业班组的日计划

班组____月____日生产计划表

单位： 班组： 日期： 年 月 日 制表：

生产线（单元）	作业班次	生产作业任务			其他作业任务（换产、设备保养、5S 等）	备注
		产品代号	批次号	生产数量		
线1	早班	A	××-××	20		
	中班	A	××-××	15	完成零件 A 到零件 B 的换产工作	
	晚班	B	××-××	12		
线2	早班	A	××-××	20	完成零件 A 到零件 C 的换产工作	
	中班	C	××-××	15		
	晚班	C	××-××	8		
合计						

表3-29 多品种小批量独立作业班组的派工单

_____班组生产派工单

派工人	派工日期	接收人	接收日期
生产任务	产品号/零件号	工序	完成数
	A	2	13
	B	1	5
其他任务	上午10: 00 配合设备维护部门进行设备精度检测		

对多人共同使用一台设备倒班作业的情况，也可以以设备为对象来制订日计划，可参照表3-30 的形式制订。

表3-30 多人共同使用一台设备倒班作业的日计划

设备____月____日生产计划表

计划制订人： 下达日期： 计划接收人： 接收日期：

作业班次	作业者	生产作业任务			其他作业任务（换产、设备保养、5S 等）	备注
		产品代号	工序	完成数量		
早班	×××	A	2	12		

（续）

作业班次	作业者	生产作业任务			其他作业任务（换产、设备保养、5S等）	备注
		产品代号	工序	完成数量		
中班	×××	A	2	3	完成零件A到零件B的换产工作	
		B	1	5		
晚班	×××	B	1	25	完成零件B工序1到工序2的换产工作	
		B	2	10		
合计						

4）临时生产计划的制订方法：临时生产计划按照急缓程度分为以下两种：

第一种是规定了交货时间，且有足够生产时间。对这种计划，可以将其并入正常生产计划一起进行生产组织，在规定的交货时间完成即可。

第二种是规定了生产时间，且预留的生产时间少于正常作业的时间。大多数临时计划都是这种情况。对这种计划，班组长可以采取以下措施：

①迅速制订紧急生产计划；②安排专人按照五要素事项进行准备；③做好换产准备工作以便迅速换产；④组织精干人员承担临时任务；⑤生产、技术、质量、设备等保障人员要跟踪实施过程，及时处理问题；⑥组织加班生产；⑦预计完成时间，告知后工序，做好生产准备。

2. 生产准备

（1）生产准备的概述

生产准备是指为保证生产计划的顺利执行，在开始生产作业之前进行的准备工作。具体来说，生产准备是新产品从开始试产到批量正常生产的整个过程中，为了确保新产品能够按计划顺利进行试产、批量生产、保证产品质量而进行的相关人员培训、指导书制订、物料调配、设备（含工装、量具、工具）的准备活动。这个活动过程通常也称为生产准备阶段。

（2）生产准备的五要素法

在生产准备阶段中，可以使用五要素（人、机、料、法、环）法，在生产前进行各个方面的准备。利用五要素法，可以有效地防止生产准备不充分、生产准备遗漏等问题的出现，见表3-31。

表3-31 生产准备的五要素法

五要素	生产准备的内容
人员的准备	1. 让熟练的人做熟悉的事，充分发挥个人特长 2. 根据作业难度匹配人员，确保作业人员能够胜任 3. 针对不熟悉的产品，对作业者进行必要培训 4. 如果出现人员异常，需要临时更换，要有备用人选

（续）

五要素	生产准备的内容
设备工具的准备	1. 确定处于完好状态 2. 考虑设备的计划性维护 3. 确定设备精度能够满足要求 4. 检查所需的刀、夹、量具是否完备，是否需要制作或购买
物料的准备	1. 检查所需的毛坯、半成品、配件、原材料、辅料等是否供齐 2. 若有缺料应立即反映，并确认何时供到 3. 在开始作业前将物料领出，并投放到现场指定区域
工艺和技术文件的准备	1. 确认工艺规程、作业指导书、作业要领书等工艺文件完备，且技术文件正确、有效 2. 检查是否有技术在状态变更，变更事项是否纳入工艺文件 3. 新使用的工艺文件，要对员工进行必要的培训和指导 4. 将工艺文件和物料一起送到作业工位
作业环境的准备	1. 确认现场的水、电、气、照明等均正常 2. 针对特殊作业，检查现场的温度、湿度、粉尘、照明等条件是否满足 3. 确保现场作业环境安全，检查是否存在安全隐患

3. 生产过程

（1）生产过程的概述

生产过程，即对班组生产计划的执行，主要包括传达计划和监督执行两个方面的工作。

（2）生产过程的内容

生产过程主要分为生产计划的传达和生产执行情况的监督，见表3-32。其中对于常见的生产执行情况发现的计划延误，需要紧急采取措施，具体处理流程见表3-33。

表3-32　生产过程的内容

班组生产计划的传达	班组生产计划的传达方式有很多种，最常见的有以下三种 1. 班前会传达。班组长在召开班前会时传达当日或本班次的作业计划。传达生产计划也是班前会必不可少的内容。这种方式适用于传达日计划，月计划和周计划也要在月初和周初的班前会上进行传达 2. 利用班组管理揭示板传达。班组长将当日或本班次的作业计划张贴或书写在班组管理揭示板中。这种方式适用于传达月计划和周计划 3. 利用派工单（或任务单）传达。班组长将作业任务写在派工单上，直接下发给作业人员。这种方式适用于传达日计划，对于单独作业、作业种类多的班组来说很有效

（续）

	计划下达完毕开始实施后，班组长还要密切关注现场，监督计划的执行情况，处理各种异常，保证计划的顺利执行，确保计划目标的实现
生产执行情况的监督	1. 进行班中巡查。班组长要随时巡查作业现场，掌握现场的生产状态，跟踪生产计划的执行情况 2. 及时处理生产异常。生产异常在现场作业过程中是会经常发生的，班组长在巡查现场时要及时发现问题，并进行处理 3. 处理计划延误。在实际生产过程中，因各种异常导致计划延误的情况很常见。对于计划延误，班组长可按表3-33中的流程进行处理

表3-33　计划延误的处理流程

步骤	措施	具体方法
第一步	查出并公布延误	1. 检查并记录延误情况 2. 将延误情况报告上级 3. 在班内通报延误情况
第二步	分析延误原因	调查、分析造成延误的原因
第三步	制订改善措施	1. 针对延误产生的原因，制订改善措施 2. 对外部因素造成的延误，如停电、材料缺陷等，要将问题反映到相关部门
第四步	实施改善	实施改善措施，避免再发生
第五步	制订补救计划并迅速实施	1. 当延误情况较轻时，可安排加班完成任务 2. 当本班组难以补救延误时，可申请援助 3. 当延误情况较严重时，可申请调整计划

4. 生产异常

（1）生产异常的概述

生产异常也叫异常工时，是指造成了生产作业暂停或生产进度延迟的事件。对生产异常的管理主要包括两个方面：一是预防异常的发生；二是异常发生后的快速处理。班组长在日常管理中，一方面应当采取措施，预防生产异常的发生；另一方面，当异常发生时，要遵照流程和标准，快速、规范、有效地处理异常，尽可能地降低异常对生产作业的不利影响，保证生产顺利进行。

（2）生产异常的分类

生产异常主要有以下七类，如图3-37所示。

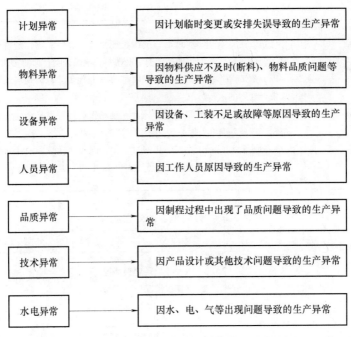

图 3-37　生产异常分类

（3）生产异常的预防

对生产异常的管理也应当遵循"预防为主"的原则，因为只要发生异常就必然会造成损失，至少是时间上的损失。对常见的生产异常要采取一定的预防措施，尽量避免异常的发生。表 3-34 为班组常见生产异常的预防措施。

表 3-34　常见生产异常的预防措施

异常类型	预防措施
计划异常	1. 认真核对生产计划，避免计划失误和遗漏 2. 保持与生产管理部门经常性的沟通，及时掌握计划变更信息
物料异常	1. 在开始生产之前，提前核实供料情况 2. 认真核对来料的品号、规格、数量等信息 3. 检查毛坯状态是否正常
设备异常	1. 做好设备自主保全，及时发现并消除设备缺陷，避免设备故障 2. 严格按操作规程使用设备，避免盲目操作、野蛮操作、操作失误等对设备造成损坏
人员异常	1. 做好劳动纪律管理，避免迟到、早退、中途脱岗现象 2. 消除违章作业，确保安全作业，避免工伤事故 3. 保持员工队伍稳定 4. 保证员工作业时的精神状态良好

（续）

异常类型	预防措施
品质异常	1. 严格遵守作业标准 2. 认真执行质量管理制度 3. 保证设备运转正常 4. 采取4M变化点管理 5. 运用防错技术
技术异常	1. 加工前认真核对工艺规程、作业指导书等技术文件，确保技术文件完整、正确、有效 2. 确保技术文件与实物相符

（4）生产异常的处置

在日常生产过程中，生产异常随时都有可能发生，如果处置不当，就可能对生产造成严重影响。通常企业都会制订自己的异常处理流程和标准。班组长应熟知本企业的异常处置流程，当异常发生时，按照流程及时、高效地进行处置。

1）生产异常的一般处置流程如图3-38所示。

在生产异常处置过程中，班组长主要发挥着两个方面的作用，一是采取措施处置异常，二是及时传递异常信息。当异常发生时，相关人员要第一时间到达现场了解异常，进行原因分析，制订并实施改善措施，消除生产异常。对改善措施的效果进行检查，验证改善措施是否有效。最后将改善措施标准化并进行持续改善，避免异常再发生。异常解决后，班组长应立即采取措施恢复生产，并做好相关记录，以便日后追溯。

2）常见异常的处理措施：当生产异常发生时，班组长就要迅速采取有效措施进行处理，尽快消除异常恢复生产，减少异常造成的损失。对经常发生的异常，班组长应事先制订一些应对措施，以便在异常发生时按照既定措施和程序从容处置。事先制订好异常的应对措施，可

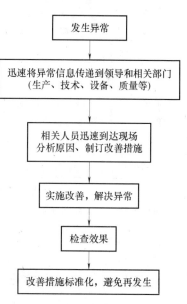

图3-38　生产异常的处置流程

以使班组长做到心中有数，面对异常时可以从容应对。表3-35列举了一些生产中常见异常的处理措施以供应用。

表 3-35　常见异常的处理措施

异常类型	处 置 措 施
计划异常	1. 对于计划变更，根据急缓程度综合分析利弊，合理调整班组作业计划，必要时可申请安排加班 2. 对于临时增加的计划，迅速组织人员，准备物料、设备、工具等，做好生产准备工作，尽量节约时间，必要时可申请安排加班 3. 对因计划调整而余留的在制品和原材料，做好盘点、入库及清退工作 4. 对于计划延误，要查明原因进行改善，制订并实施补救计划
物料异常	1. 出现缺料时应及时向上级及相关部门汇报，尽快协调供料 2. 若缺料不可避免，应向供料部门确认供料时间，并据此临时调整作业计划，向缺料工位临时安排其他工作 3. 若是物料质量存在问题，则应立即将问题报告上级和相关部门，以便及时与供料部门协调处理，尽快补料
设备异常	1. 出现设备故障时应立即向上级及设备管理人员汇报，尽快联系维修人员协助排除 2. 若设备异常短时间不易排除，对闲置人员和受影响产品需另作安排
人员异常	1. 临时更换作业人员时，需对新作业人员的能力进行确认，确定其具备从事该作业的能力，必要时要进行培训 2. 注重多能工的培养，以便应对人员异常 3. 必要时由班组长补充到作业岗位
品质异常	1. 出现质量异常时应及时停止生产，以免造成更多的不良。待查明原因、消除异常后才能恢复生产 2. 与操作人员一起共同查找原因，尽快消除异常。若无法消除，则立即将问题反映到质量和技术部门协助解决 3. 当异常短时无法消除时，应调整计划或另做安排
技术异常	立即通知技术部门协调处理
水电异常	1. 立即报告上级和相关部门，尽快协调解决 2. 组织好本班人员，维持好现场秩序，等待上级指示 3. 若对生产影响较大，则需向生产管理部门申请，调整作业计划

【实战 24】现场中的日报表

生产现场中的日报表，除了作业日报表外，还有其他类别的日报表，如品质日报表、个人作业日报表、检查日报表、生产日报表等。不同类别的日报表，其侧重的方面会有不同，填写的内容也有一定的区别，正确合理地使用各种日报表，对了解掌握生产现场有着很大的帮助。

以下将对不同类别的日报表的侧重内容进行讲解，并给出范例和表中的数据帮助班组长理解，同时也可进行更改，设计符合自己班组的日报表。

1. 个人作业日报表

个人作业日报表侧重的是每位员工每日的工作内容。合理地利用个人作业日报表，将大大帮助班组长了解每位员工的工作内容和现场每日的生产情况。同时在发生生产问题或异常时，也可通过个人作业日报表快速明确责任并定位问题出现的时间和地点，以便快速解决问题。个人作业日报表一定要填表人如实填写，不可随意填写或虚假填写。个人作业日报表范例见表3-36。

表3-36 个人作业日报表范例

个人作业日报	2017年10月26日（星期五）				主管批示	同意
	部门	商务部	报告人	刘		
时间	内　容			所要时间	摘　要	
9：00-10：00	安排CRH1动轴、CRH6拖车轴原材料购买			2h	无	
11：00-12：00	制订公司下周销售计划			1h		
14：00-15：00	与客户进行工作对接，完善箱动轴生产项目前期工作			2h		
16：00-17：00	收回各销售部门销售数据，制订相关推广计划			2.5h		
以上时间外						
备注	CRH1动轴原材料无法及时来料，已联系生产部增加拖车轴生产，保证全月任务完成					

2. 生产日报表

生产日报表和作业日报表很相似，但仍然有一些区别。生产日报表更侧重于某班组一天中的生产信息，对生产内容、生产时间、生产数量以及操作人员等信息更为详细地记录。使用好生产日报表，可以帮助班组长了解生产信息和生产计划完成情况。生产日报表范例见表3-37。

表3-37 生产日报表范例

部门	生产部-车轴工部		日期	2017年10月26日		主管批示		同意
生产批号	作业项目	作业人员	工作时间	工时	制造数量	每小时单位产量	预计产量	差异
CRH1-380KM	粗加工动车轴	张 王	9：00-11：00	2	60	30	60	0
CRH1-380KM	粗加工拖车轴	李	9：00-11：00	2	18	9	18	0

（续）

部门	生产部-车轴工部		日期	2017 年 10 月 26 日		主管批示	同意
生产批号	作业项目	作业人员	工作时间	工时	制造数量	每小时单位产量	预计产量	差异
CRH2-350KM	带齿轮箱动轴	张王	14：30-17：30	3	60	20	60	0
CRH1-380KM	粗加工拖车轴	李	14：30-17：30	3	24	8	27	−3
CRH1-380KM	粗加工拖车轴	李	18：30-19：00	0.5	3	6	0	+3
出勤记录	张、王、李							
说明	CRH1-380KM 粗加工拖车轴第二时间段因机器检修暂停，未达到生产计划，已通过加时生产完成生产目标							

3. 品质日报表

品质日报表是对产品品质进行检验，对产品品质信息进行详细记录的日报表。通过品质日报表，班组长可以清晰地了解到当天产品的品质信息，同时可根据不良率和不良品产生的原因，发现现场中的异常和问题点以快速解决，减少长时间持续高不良率带来的巨大损失。品质日报表范例见表 3-38。

表 3-38 品质日报表范例

品质检查表			2017 年 10 月 26 日（星期五）						主管批示	同意
	部门		商务部				检验员	刘		
序号	制单号	品名	型号	生产数	检验方式		不良数	不良率%	备注	
					抽检	全检				
1	NA_001	×××	01·	1500	√		90	6	设备异常	
2	NA_002	×××	02	500	√		5	1	无	
3	NA_003	×××	03	70		√	0	0	无	
4	NA_004	×××	04	100		√	0	0	无	
5	NA_001	×××	01	1500	√		90	6	无	
6	NA_002	×××	02	500	√		5	1	无	
7	NA_003	×××	03	70		√	0	0	无	
8										
处理情况	制单号 NA_001，抽检不良率较高，初步判定为设备异常，已提交检修申请；并对产品进行全面检查，防止不良品流向下工序									

【实战25】 问联书——现场生产异常处理的有效工具

问联书即问题联络书，是针对生产现场中出现的异常问题，进行报告、联系、沟通和处理的一种工具，其可为现场创建一套系统有效的生产异常处理和管理的机制。问联书可提高企业整体的运行质量，维护企业生产工作的有序和稳定，实现对生产现场出现的异常和问题进行快速响应，已在多家集团全面有效地推广，效果很好。一般需要系统详细地制订问联书流程，做好运行准备计划，设计好问联书模板和问联书发行回答状态管理板，使企业在现场发现问题、报告问题、解决问题和持续改善方面形成完整闭环，使生产保持稳定、高效和可控的优良状态。

1. 问联书的流程步骤

问联书使用的流程步骤分为3个阶段：问联书输出阶段、问联书回复阶段和效果验证阶段。如图3-39所示为底盘车间实施问联书的流程。

2. 问联书的运行准备计划

问联书的运行准备计划见表3-39。

表3-39 问联书的运行准备计划

项目内容	验收标准	责任人	配合人	完成时间
制订问联书运行管理办法，办法内明确问联书的运行流程及相关规定	制订、下发	张	李	2017.11.30
根据提供的模板，先制作50份问联书（B5纸1/2），设计问联书登记台账、各部门签到表	按模板内容制作	徐	刘	2017.11.30 上午
各职能部门将问联书处理授权人名单报运营管理部，同时提报内部兼职问联书管理员名单，设计内部的管理台账	人员名单提报	相关部门	郭	
各职能部门制订内部的问联书处理流程	内部问联书处理流程	相关部门	郭	
制订并下发试运行通知，内容包括问联书生成、回复、确认3个阶段的重点工作概括及各部门巡查人员及相关表格填写方法	下发通知	张	李	2017.11.30 下午
在底盘车间现场宣布问联书正式启动运行，咨询公司老师对问联书发行状况管理版应用进行现场说明	完成策划并实施	张	相关部门	2017.12.01
制订问联书签到考核指标与评价指标的标准，明确具体考核的内容和标准，试运行1个月后每月实施通报、考核	下问联书签到考核指标与评价指标的标准	张	李	2017.12.20

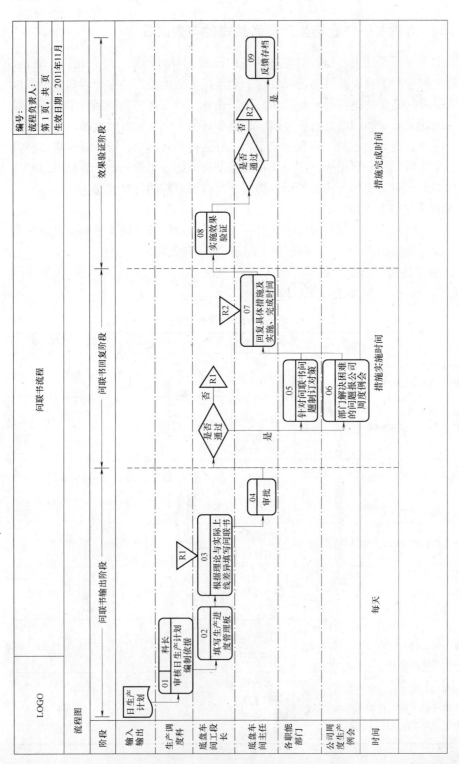

图 3-39 底盘车间实施问联书的流程

3. 问联书模板

问联书模板见表3-40。

表3-40 问联书模板

LOGO		问 联 书		记录编号	×××
				顺序号	×××
发行部门	车盘车间部	要求回答期限	责任回复部门	实际回答期限	
问题的详细内容 车间工序1中机器A工作时噪声过大（＞80dB），生产出的部件不良率达10%，经停机检查发现某滚动轴承磨损严重，影响机器正常生产作业			临时措施及期限 使用铁盒对金属碎屑进行收集，防止碎屑落入滚动轴承		
			措施体现时间	××年××月××日	
现场采取临时措施 立即更换滚动轴承，恢复正常的生产作业。并对滚动轴承磨损的根本原因进行调查，调查结果为生产时的金属碎屑有部分落入滚动轴承，加快了轴承的磨损			永久措施及期限 联系维修部制作专门的金属盒并焊接		
			措施验证周期时间	××年××月××日	
班长签字确认 王		技术或生产主任签字确认 张		责任部门部长签字 徐	

回复结果是否满意：同意

发行部门技术或生产主任签字：李

4. 问联书发行回答状态管理板

问联书发行回答状态管理板如图3-40所示。各部门根据实际情况和问题填写问联书，并将问联书放置在状态管理板中规定的区域。各职能部门针对问联书问题制订对策，由车间主任回复具体措施及实施、完成时间，并将回复后的问联书放置于"完成待验区"，由具体实施部门实施和验证效果。

图3-40 问联书发行回答状态管理板

班组人员精益管理

4.1 班组精益人才培训

班组培训是指组织为开展业务及培育人才的需要，采用各种方式对员工进行有目的、有计划的培养和训练的管理活动。随着市场竞争日益激烈，企业要生存、要发展，就要建设一支素质过硬、精干高效、善打硬仗的员工队伍。而班组正是推进精益管理的落脚点和基础，通过班组精益人才培训对企业建设高素质人才队伍、增强企业凝聚力以及快速发展具有重要的作用，可以最大限度地提高班组员工改善技能和班组管理综合能力，从而实现公司精益管理的目的。

4.1.1 班组精益人才培训的基础知识

班组的生产离不开班组员工，因此班组要做到精益管理，就需要班组员工都成为熟练掌握精益知识、生产技能的精益人才，而这最好的方式就是开展班组精益人才培训，即把班组员工培训为精益人才，把班组培训为精益班组，使班组员工能将精益思想、文化和工具充分有效地运用到实际的生产工作中。

1. 班组精益培训

班组精益培训是指根据班组内不同岗位、工序的规范标准和具体工作要求，以提高班组内包括班组长在内的每位员工基本精益技术业务能力和综合精益改善能力为目的的培训，是班组精益人才培养的主要途径之一。班组可以通过精益培训来提高生产效率，改善生产质量和管理效果。一般的班组精益培训主要包括以下内容：

1）生产技能培训。

2）规章制度培训。

3）安全培训。

4）应急能力培训。

5）特殊工种和特种设备操作人员的培训。

6）精益一般改善方法和工具培训。

2. 班组精益人才培训体系

班组精益人才培训体系是指在班组内部建立一个系统的、符合班组工作需要、班组精益生产和精益管理要求的培训管理体系、培训课程体系以及培训实施体系，确保培训工作的有效和有序进行。

1）培训管理体系：包括培训制度、培训政策、培训信息搜集反馈与管理、培训评估体系、培训预算及费用管理、培训与效果考核管理、培训职责管理、培训对象的选拔和精益讲师的任用等一系列与班组精益人才培训相关的制度。

2）培训课程体系：包括企业文化培训、入职培训、岗位轮换培训、专业知识和专业技术培训、多能工培训、班组精益人员管理和领导技能培训、班组精益现场管理培训、精益知识、精益工具培训等一系列具有本企业特色的班组精益人才培训课程。

3）培训实施体系：包括为确保班组精益人才培训制度实施，确定由何人实施、在何地实施、在何时实施以及怎么实施，并通过培训活动的有效组织和落实、跟踪和评估、改善和提高，体现班组精益人才培训价值的一整套控制流程。

3. 班组精益人才培训的目的与目标

班组精益人才培训的目标是指班组精益人才培训活动需要达到的标准和预期成果。培训目标不但要以培训目的为依据来制订，还需要使员工明白培训的意义和效果，为培训的组织者确立任务、制订培训政策及实施培训过程提供理论依据。最重要的是，培训课程的设计、课程的内容以及课程的审核评估会与培训目标密切相关。由此可见，确定培训目标是班组精益人才培训必不可少的环节，班组精益人才培训工作必须紧紧围绕着以下班组精益人才培训的目标而开展。

1）在全体班组员工范围内树立精益理念、培养精益思想、传播精益文化，促进班组精益管理的深入持续开展。

2）每个班组都是清爽、整洁、创新、个性鲜明和指标一流的班组，都是以精益管理理念为指导，以精细化管理为方法，以追求零浪费、零缺陷、零故障为终极目标的精益班组。

3）班组长的技术、业务和管理能力得到提高，班组长队伍结构得到优化，班组长成为政治强、业务精、懂技术、会管理及懂得如何推进精益班组建设的企业基层管理者。

4）员工的思想素质、知识素质、能力素质、心理素质等综合素质得到明显提高，能更好地适应班组工作环境。

5）每个班组员工的精益知识和技能水平得到提高，能将精益思想和精益工具运用到生产工作中，使得员工的工作积极性和效率得到有效提升，能够适应班组工作的需求变化和更好地开展精益班组建设。

6）人岗匹配得到优化，每个员工都能在正确的岗位上发挥更大的作用，有足够的人才储备，做到一岗多能，一专多能，能够及时弥补班组内因岗位变动等而带来的人手不足、生产人才和技术经验流失等问题。

4. 班组精益人才培训的课程体系

培训的核心内容是课程，也就是说，在班组精益人才培训中最重要的就是培训课程的内容，而课程的内容由班组精益人才培训的目的和目标决定。所以，班组精益人才培训的课程体系应当紧紧围绕"精益"而设立，体现持续改进的思想，设置从思想、业务、方法到工具等的全面课程，比如精益思想、精益理念、精益工具、精益方法等方面的内容，见表4-1。

表4-1 班组精益人才培训的课程体系

层　级	课程类型	内　容
班组员工	多能工培训	理论和基础知识
		实际操作培训
		多能工技能考核和认证
	安全管理培训	安全技能类
		安全知识类
		安全制度类
	精益管理基础知识培训	精益概论
		精益文化
	班组精益设备管理培训	基本内容
		TPM
	班组精益品质管理培训	基本理念和工具/方法
	班组精益物料管理培训	
	班组精益作业管理培训	
	班组精益人员管理培训	角色认知
		绩效考核
		班组员工培训管理
		班组员工激励技巧
		班组员工管理能力和领导力
	班组精益现场管理培训	班组精益现场管理基础
		班组精益现场管理三大工具
		现场改善
		班组精益现场管理实务
	班组管理精益改善方法培训	20/80法则、5S管理、QC七大手法、PDCA循环、问题解决方法、班组目标管理、时间管理、OPL等
	班组园地管理培训	

　　在实际的培训过程中，可结合上面所述的精益培训课程体系制订培训计划和培训内容，后面通过介绍新员工的培训、在职人员培训、多能工的培训介绍精益课程体系在培训中的具体体现。

5. 班组精益人才培训体系的建立

　　建立培训体系的最终目的是使培训持久有效地进行，让培训发挥最大的效果，用更低的培训成本得到更高的培训效率和收益回报。那么，如何建立班组精益人才培训体系呢？建立班组精益人才培训体系的步骤包括：进行培训需求分析、制订培训计划和制度、设计培训课程、实施培训和培训成果转化与评估，见表4-2。

表4-2　建立班组精益人才培训体系的步骤

步　骤	内　容
进行培训需求分析	1. 进行培训需求分析，需求分析包括组织分析、人员分析和工作分析三项内容 2. 组织分析指分析班组的生产和需求、精益人才培训的目的和实施条件等；人员分析指分析员工的作业情况、对精益生产的认知，了解员工的需求和困惑后，选择合适的受训对象；工作分析指分析员工需要完成哪方面的工作和任务，需要哪方面的精益知识和工具 3. 确定在培训中应强调哪些知识、技能及行为，让每个员工都能在培训中找到自己的位置，学到对自己、对班组精益管理有用的新知识、新技术
制订培训计划和制度	1. 制订合理的培训制度，包括班组精益人才培训制度、培训政策、培训信息搜集反馈与管理、培训评估体系、培训预算及费用管理、培训与效果考核管理、培训职责管理等几个部分 2. 制订班组精益人才培训计划，主要包括班组精益人才培训目标、培训内容、受训员工、精益讲师、实施日期和场地、培训方法和形式，以及培训预算等，要充分体现班组精益培训的系统化流程 3. 在制订计划时，要注意因人而异、因岗而异。比如说，一个员工的精益理论水平较高，但是不能运用到实际工作中，那么制订培训计划时，就要强调实际操作等方面的内容，使培训工作更有利于提高员工将理论应用到实际的能力，推进班组精益生产
设计培训课程	1. 课程是灵魂，培训的核心内容就是课程，所以必须切合实际、因人而异、合理地设计班组精益人才培训的课程内容 2. 由于班组内员工的工作岗位和工作需求都不同，因此在设计培训课程时就必须根据不同的员工和岗位有针对性地设计不同的精益知识和工具培训内容，例如分为新员工的培训、在职人员的培训和多能工的培训 3. 要结合培训员工的性格等实际情况，因人而异地制订适合员工的精益培训内容
实施培训	1. 进行培训工作的实施，包括发布培训信息、组织和动员班组员工、选拔或聘请精益讲师、编印教材及具体执行培训计划等 2. 在实施培训的过程中，要注意结合员工的实际情况和接受能力，还要让员工亲自动手操作，确保员工对所培训的内容能真正熟悉和掌握，例如能熟练运用精益工具

（续）

步　　骤	内　　容
培训成果转化与评估	1. 成果的转化是培训最为关键也是最容易被忽视的环节，它是指使培训的精益知识和精益工具转化为员工的知识技能和行动方式，带动员工整体素质的提升，将精益理念和工具充分地应用到实际的生产工作中，提高生产效率，消除浪费，达到班组的精益生产 2. 班组长或者培训管理者需要对培训成果转化进行监测和评估，没有评估的培训很容易就变成了"赔训"，无法达成预先设定的培训目标。它可以达到衡量培训管理质量、评估员工参与程度、评估培训效果等目的，确保班组精益人才培训的有效进行

4.1.2　新员工的培训

新员工是一个相对的概念，一般是指公司新近录用的员工，有时也指转换岗位尚未熟练掌握工作的员工。每一位新进的员工都要接受入职培训，除了企业制度文化等公共系列的知识外，还需要接受班组内的技能岗位训练。新进员工的培训是班组长的重要工作，班组长要做好"传帮带，亲口授"的工作，使每一个新员工都能尽快地适应新环境和新岗位，投入到班组的实际生产工作中。

1. 新员工培训的对象

新员工培训对象除了培训新进员工之外，可能还需要对未熟练掌握工作的部分员工进行训练，包括以下的员工：

1）因升职、调配等引起职务变动的员工。

2）生产及业务计划出现变更的员工。

3）生产工作过程存在安全隐患的员工。

4）外部市场的拓展或社会科学技术的更新变革涉及的员工。

5）导入了新设备或新技术，负责相关工作的员工。

2. 新员工培训面临的问题

一般来说，新员工都是满怀着激动和憧憬进入到新环境的，同时又伴随着紧张和不安，因为他们对新的环境、人、事、物和工作现场都不了解，甚至一无所知，具体培训中请注意新员工以下一些问题：

1）面对陌生的面孔会紧张，不知所措。

2）对自己能否把新工作做好而感到担忧。

3）对新工作可能存在的意外事件感到胆怯。

4）因为不熟悉的噪声等其他陌生因素分心。

5）对新工作环境、氛围和文化感到陌生。

6）不清楚自己的领导的性格、处事方式等。

把这些问题详细地给新员工解答，可提高员工士气，增强进取心，同时可提高集体凝聚力和工作效率。

3. 新员工培训的好处

新员工的培训对班组和员工个人来说都具有非常重要的作用和好处，具体表现在以下几个方面：

1）新员工培训对于员工来说是职业生涯的新起点，是对班组和新的工作环境进一步了解和熟悉的过程，而通过对班组和工作环境的进一步熟悉和了解，可以缓解新员工对新环境的陌生感和由此产生的紧张和不安。

2）通过岗位要求和工作内容的培训，新员工能够很快胜任班组内的岗位，提高工作效率和生产质量，起到事半功倍的效果。

3）可以消除新员工对班组不切合实际的想法，正确看待班组的工作标准、工作要求和待遇，顺利通过磨合期，在班组岗位上长期工作下去。

4）通过培训可以使班组长对新员工更加熟悉，为今后的工作安排和管理打下了基础。

5）可以对员工产生很大的激励作用，而且在明确了班组的各项规章制度后，员工可以实现自我管理，节约班组管理成本。

4. 新员工培训的内容

培训内容对新员工来说也至关重要，班组长要在培训前做好培训计划的准备，明确培训时间和内容。表4-3是新员工培训的一些必讲内容。作为新员工了解公司和班组现状、热爱本职工作的第一步，要认真给予培训。

表4-3　新员工培训的内容

	新员工指导必讲内容
员工须知	《员工手册》、《品质方针》、《行动指南》、《厂规厂纪》、各部门位置、组织结构、负责人等
员工必做	整洁的穿着，领导、前辈的应对礼节、办事礼仪、同事关系处理要领、上下班要领、办理公司财物手续、6S活动等
工作的基本知识	担当该工作要具备哪些知识，如何接受指示和命令，如何向领导报告，如何向有关部门和人员传达信息，遵守作业标准的重要性和PDCA循环法等
必会基本技能	工具，劳保用品，防护用具，消防器具及电话、传真、复印、计算机等办公设备的使用方法
产品知识	本公司的主要产品及工作原理、服务范围、物料管理等知识
其　　他	ISO、5S、TPM基础知识，主要客户、主要协作厂家等方面的知识

5. 新员工培训的步骤

指导新员工有以下一些基本步骤，如图4-1所示。

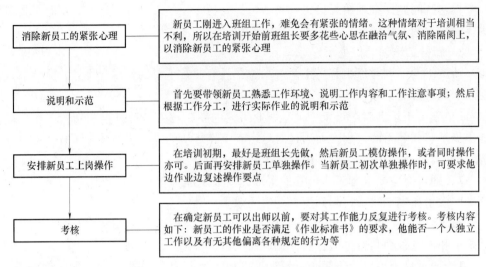

| 消除新员工的紧张心理 | 新员工刚进入班组工作，难免会有紧张的情绪。这种情绪对于培训相当不利，所以在培训开始前班组长要多花些心思在融洽气氛、消除隔阂上，以消除新员工的紧张心理 |

| 说明和示范 | 首先要带领新员工熟悉工作环境、说明工作内容和工作注意事项；然后根据工作分工，进行实际作业的说明和示范 |

| 安排新员工上岗操作 | 在培训初期，最好是班组长先做，然后新员工模仿操作，或者同时操作亦可。后面再安排新员工单独操作。当新员工初次单独操作时，可要求他边作业边复述操作要点 |

| 考核 | 在确定新员工可以出师以前，要对其工作能力反复进行考核。考核内容如下：新员工的作业是否满足《作业标准书》的要求，他能否一个人独立工作以及有无其他偏离各种规定的行为等 |

图 4-1　新员工培训的步骤

　　培训结束后，如果新员工的考核全部合格，就可以安排他们上岗作业了。但是不能放手太急，还需要跟踪一段时间进行定期检查，考察他们的作业情况是否符合要求以及是否规范。

6. 新员工培训的注意事项

　　在给新员工进行培训时，由于新员工初次接触工作环境，难免会面临一些问题，或者出现紧张的情绪等，所以在培训时要注意新员工的这些问题，并想办法加以解决，具体有以下几个方面：

　　1）要给新员工好的第一印象：这将会影响他们日后的工作绩效。可以回忆一些自己是新员工时的经验和感觉，然后推己及人，以自己的感觉为经验，在新员工参加培训工作时去鼓励和帮助他们。

　　2）要友善地欢迎新员工：班组长去接待新员工时，要用诚挚友善的态度，要微笑着去欢迎他，使他感到班组长很高兴很欢迎他能加入班组工作。给新员工以友善的欢迎看似很简单，但却常常被班组长所疏忽，这样会影响新员工对班组的认知和工作态度。

　　3）要介绍同事及环境：新员工刚进班组对环境感到陌生，但如果班组长把他介绍给同事们认识，并且友善地给他介绍班组工作环境，可以消除他对环境的陌生感，协助其更快地适应新环境，进入工作状态。

　　4）要详细说明公司政策和法规：新员工常常因对公司和班组的政策与规定不清楚，而造成一些不必要的烦恼及错误，所以，在新员工报到之初，首先要让他明白班组内有关的各种政策、规章及要求。这样，他就会知道自己应该怎么做和不应该怎么做，也会知道班组对他的期望是什么，以及他可以为班组贡献些什么。

　　5）要留意新员工的接受程度：在培训新员工时，要采用通俗易懂的语言，对专业术语要详加解释，关键之处要重复多次，并督促新员工做好笔记。示范要清楚明了，不可操作过快，以免新员工观察不周。此外还要注意，在新员工操作过程中，要时刻留意新员工的作业。如果新员工有差错，应及时指出，但不要越俎代庖，应让新员工自己进行操作并纠正。

6）要保证培训过程的安全：不管是在实际生产还是培训过程中，安全都是最重要的，所以培训时一定要保证安全。对安全性要求较高的操作，要有足够把握再让员工单独作业，并保证操作过程中员工和设备的安全。

4.1.3 在职员工的培训

在职培训（on the job training，简称 OJT）是一种在岗员工在工作现场通过完成实际工作任务进行学习的非正规的培训方法。就是要在增长班组员工的知识、提升技能，端正工作态度，约束自身行为等方面进行培训，主要体现在道德、观念、知识和技能四个方面。在职培训是培养班组精益人才的最佳也是最常用的在岗培训途径之一，它不仅是一种有效的培训手段，更是一种培训观念，如果能把在职培训和精益生产的理念导入日常管理活动当中，无论是班组长还是员工都将发挥更大的效力。

1. 在职培训的对象

1）每一位新员工。

2）工作绩效不佳的员工。

3）工作能力较差、积极性不高的员工。

4）各工段、设备上的员工。

5）全体班组员工。

2. 在职培训的益处

1）不耽误工作时间：由于脱产培训需要员工暂时离开工作岗位，会对工作的连续性和生产计划造成一定的影响。而在职培训与员工工作中的实际问题紧密相关，员工集中在现场，可一边工作一边培训，使培训和工作之间产生互动，使员工从工作中获得培训，从培训中获得更多的工作机会。

2）节约培训费用和资源：培训产生的费用主要包括材料费、设备与机器的硬件费用、课程的设计费、培训的策划费以及各项服务管理的费用等。与脱产培训相比，在自己本岗位上进行培训可以节约大量的培训费用。

3）促进班组长与员工、员工与员工之间的沟通：在职培训一般都在班组内部进行，需要班组长的参与和管理，可以增加班组长和员工接触的机会，方便彼此间的沟通，让班组长和员工可以进一步互相了解，互相学习，增强彼此的信任和熟悉程度，让培训成为班组长和员工有效沟通的方式之一。

4）更具灵活性和针对性：在职培训是根据班组需求和员工的实际情况，为了提高员工的知识技能和绩效，或者是针对班组中存在的技术问题或难点故障等而进行的，所以具有很强的针对性，培训方式也灵活，可在生产现场中穿插使用。

3. 在职培训的内容

在职培训涉及的内容较多，范围较大，具体内容见表4-4。

表4-4　在职培训的内容

课程类型	内容	
精益管理基础知识	精益概论	
	精益文化	
班组精益人员管理	沟通技巧	
	班组长角色认知	
	班组员工激励技巧	
	班组员工培训管理	
七大精益管理方法	20/80 法则	
	5S 管理	
	QC 七大手法	
	PDCA 循环	
	问题解决方法	
	班组目标管理	
	时间管理	
班组精益现场管理	八大原则	
	金科玉律	
	标准作业	
	目视化管理	
	看板管理	
	现场目视化及现场管理实务	
班组精益体系化管理	班组精益设备管理	TPM 概论
		TPM 自主保全
		TPM 专业保全
		TPM 安全管理
	班组精益物料管理	不良物料的管理
		呆滞物料的管理
		特采物料的管理
		辅助物料的管理
	班组精益作业方法管理	作业指导书
		快速换模
		4M 变更

（续）

课程类型	内 容	
班组精益体系化管理	班组精益品质管理	精益品质与自动化
		精益品质改善与零缺陷
		精益品质管理
		QCC 品质控制环活动
		变化点管理
		自工程完结
		不合格品控制
		统计过程控制（SPC）
		实效模式分析（FMEA）
		测量系统分析（MSA）
		实验设计（DOE）
		质量功能展开
	班组精益成本管理	基本内容和原则方法
	班组精益安全管理	
其他精益工具	方针管理	
	A3 报告	
	OPL	
	成本管理	
	班组园地管理	

4. 在职培训的步骤

在职培训一般按照图 4-2 所示的步骤进行。

在职培训的成功要诀在于培训前的准备，动作要加以分解标准化，如能编成口诀更佳。另外是一次一个动作，以便学习与观察。善用此方法，可以让员工快速正确地学会许多精益知识和新的技能，对推进班组精益管理也具有极其重要的意义。

5. 在职培训的注意事项

培训中要避免填鸭式的教学方式，避免缺少系统性的规划，使培训流于形式，避免没有分析班组的生产和需求情况，以及员工的具体情况等，避免培训时过程监督不力，没有一套合理的培训管理体制等情况。此外，还需要注意以下几点：

1）由基础到应用：从基础原理讲起，再讲解基本操作，慢慢延伸，一直到应用，说得越详细，员工越容易理解和接受。

2）从简单到复杂：培训时应当先从小的、简单的问题开始，再到大的、复杂的问题，分阶段来，难度逐渐增大，不要操之过急。

3）让员工动手操作实践：培训和示范的目的都是为了让员工对生产或工作方

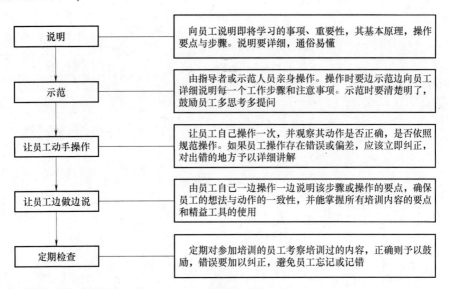

图 4-2　在职培训的步骤

法有所了解，有所认识，认识之后就要动手去做。不要害怕员工因为不熟悉而失手或失误，造成一定资源的浪费或器件的损耗，这是培训和学习过程中难免要经历的，员工只有亲自动手实践，才有可能真正掌握生产或工作方法。

4）让员工积极提问：员工在接受新知识时总会有不懂或疑惑的地方，或者对某一知识、某一操作有自己的看法，但是因为碍于面子或不敢发言等某种原因，不直接对班组长提出来，只能一知半解、不明不白地继续学习或者操作。优秀的班组长应该看透这一点，多鼓励员工提问，并用友善、和蔼的态度和语气尽一切可能给予解答。如果员工有问题不提出来或者没有什么反馈，班组长也无法判断培训的实际效果和进度。

5）关心和鼓励：班组长平时和员工见面时可以打打招呼，关心一下员工的近况，在培训过程中当员工遇到难题时，要多鼓励几句；当其培训或工作中取得成果时，可以多夸奖几句。这就会使员工信心大增，感受到班组和企业的温暖和亲和力，从而提高其工作的积极性和主动性。

4.1.4　多能工的培训

多能工一词最早出现在日本，是由著名的丰田公司在其发展过程中提出来的，指的是在工作中能熟练操作两种或两种以上的工种、工序或设备，且能独立完成或协作其他员工完成，是相对于只能操作一种工序作业的单能工而言的。在班组内组织多能工培训的目的是适应多岗位或多技能的相互补充和及时顶岗，提高柔性生产的少人化和生产效率，以及应对实际生产工作中可能遇到的各种意外情况。

1. 多能工培训的对象

1）只能操作单一工序或设备的员工。

2）有意提升自己工作技能的员工。

3）班组生产改制所涉及的员工。

4）全体班组员工。

2. 多能工培训的好处

1）调动员工积极性，培养员工的团队意识和多岗位协作：传统的单工种作业，员工的岗位相对固定，工作内容单一，长期简单重复的劳动会使人感到枯燥乏味，一定程度上会影响员工的工作积极性和班组的生产效率。多能工培训不仅可以提高员工的积极性，保持对工作的热情，激发员工学习多个工作的活力，还有利于培养员工的团队意识、全局观念和多岗位协作。

2）全面提高员工的综合技能：多能工培训通过班组长或讲师教学及各工种员工互相传授技能，使员工增加操作技能，收获知识本领，做到一专多能，多专多能，全面提升班组员工的劳动技能水平和综合生产能力，从而提高了员工在生产加工方面的作业效率与产品合格率，为班组生产注入新鲜血液，也为改善生产质量再添动力，更是班组精益管理的助推剂。

3）优化岗位分配，降低生产成本：经过多能工人才培养，班组内每个员工都能成为生产多面手，一人多岗、一岗多能，这样就能以更少的人干更多的活。可以实现少人化，降低生产成本，大大提升班组生产能力，减少和避免生产中的浪费，以更少的员工创造更大的价值。

4）提高企业的应变能力：由于多能工培训可以使员工一人多岗，一岗多能，所以无论班组生产如何调整，或者出现因人员变动、员工请假、订单突然增大而使某些工序人手不足等问题，班组员工都可以应付自如。这样就能保证班组生产的顺利进行，自然也提高了班组和企业的应变能力。

3. 多能工培训的内容

班组多能工培训的内容要根据班组内的实际生产情况而定，一般是针对班组的不同岗位、工序和设备等对班组员工进行培训，使其能熟练完成班组内的各种作业和满足多个岗位需求的技能，做到一人多岗、一岗多能。在保证质量、产量及工作效率的前提下，每个班组员工都能够独立操作三个及以上岗位或工序。

经过多能工培训后，只有通过考核和认证的班组员工，才能称之为多能工。多能工技能考核标准见表4-5。

表4-5　多能工技能考核标准

等　　级	技能考核标准
1	熟练掌握三种类型的岗位操作，识别三种类型岗位使用的物料，掌握岗位工艺、品质、设备要求，操作熟练，达到效率要求
2	熟练掌握四种类型的岗位操作，识别四种类型岗位使用的物料，掌握岗位工艺、品质、设备要求，操作熟练，达到效率要求

（续）

等级	技能考核标准
3	熟练掌握五种类型的岗位操作（含一个关键岗位操作），识别五种类型岗位使用的物料，掌握岗位工艺、品质、设备要求，操作熟练，达到效率要求
4	熟练掌握五种类型的岗位操作（含两个关键岗位操作），识别五种类型岗位使用的物料，掌握岗位工艺、品质、设备要求，操作熟练，达到效率要求
5	熟练掌握五种类型的岗位操作（含三个关键岗位操作），识别五种类型岗位使用的物料，掌握岗位工艺、品质、设备要求，操作熟练，达到效率要求

4. 多能工培训的步骤

作为班组长必须掌握多能工培训的技巧，并密切关注多能工培训对象的进展情况，具体推行步骤如图4-3所示。

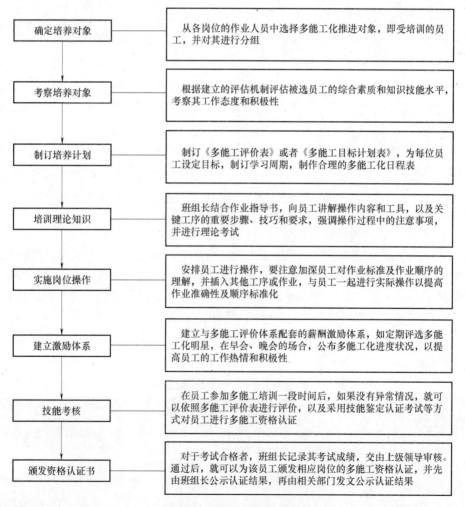

图4-3 多能工培训的步骤

在实施岗位操作培训的过程中，还可以通过工作岗位轮换制进行多能工的培训。工作岗位轮换就是让每个员工轮流承担作业现场的全部作业，从而让每个员工都能掌握多种工序的作业，以提高员工的换位思考意识。工作岗位轮换制的三个阶段见表4-6。

表4-6 工作岗位轮换制的三个阶段

阶 段	方 法
第一阶段： 现场管理人员轮换	1. 班组长必须作为多能工亲自示范 2. 现场管理人员要在其所属的各工作单位巡回换岗。例如，班组长在各组之间依次轮换 3. 工作岗位轮换计划要作为长期计划的一个环节来实施；其定期调动计划应由车间制订，主要考虑被调动人员的经历、意愿以及对现场工作的影响等方面的因素
第二阶段： 员工组内轮换	1. 让每个员工在组内各种作业岗位之间定期轮换，但是注意只是工作岗位轮换，其他关系基本不变 2. 员工组内轮换需要由各班班组长制订组内定期轮换计划。具体做法是把组内所有的作业工序分割为若干个作业单位，排出多能工培育计划表，使全体员工有序地轮换进行各工序的作业，在实际操作中进行教育和训练 3. 使用多能化实现率来衡量多能工化的具体实施程度
第三阶段： 工作岗位轮换	1. 当通过实施多能工，员工能逐渐熟练操作组内所有作业后，就可以制订每天的计划，可以让每个员工每天多次进行岗位轮换，甚至可以每隔几个小时就能完成在组内的全部作业工序中轮换 2. 轮换交替间隔期应根据具体情况而定，如对生产节拍较快的工序，交替间隔期可短一些，而对于生产节拍较慢的工序，交替间隔期就要长一些

另外，还有一种针对性很强的训练方法，叫作"多能工流水训练"。在流水线训练时，容易出现一些问题，比如员工由于不熟悉操作步骤而害怕工作失误影响其他工序，无法集中精力学习，更不敢大胆动手操作实践。为了避免和解决训练过程中员工出现这种情况，班组长需要熟悉掌握这种流水训练法，具体步骤如图4-4所示。

5. 多能工培训的注意事项

培训多能工，首先要从思想教育、更新观念做起，教育员工要转变观念，不能满足于现有的知识和技能，培养员工的忧患意识和竞争意识。此外，还必须注意以下7个方面：

1）做到设备和作业标准化：要想做到员工多能化，首先必须力求员工操作的

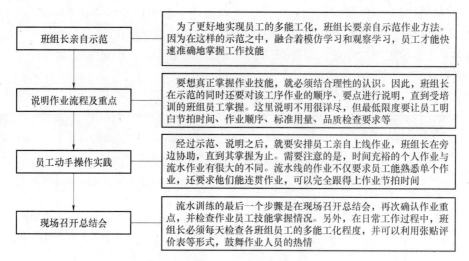

图4-4 多能工在流水线训练时的步骤

机械设备标准化，这样才能保证任何一位作业员都能轻松操作机械。另外，作业方法也需彻底标准化，消除特殊作业，使之成为谁都可以胜任的作业。

2）需要班组长的重视和投入：多能工的培养是班组长的一项重要任务。班组中的多能工越多，班组承受变化冲击的能力越强，工作效率越高，生产产品越好。为此，班组长一定要重视多能工培训工作。

3）严格按照作业指导书操作：一份合格的作业指导书，可以令新到岗的员工迅速了解和掌握作业方法，从而有利于多能工的培训和工作的开展。培训时要让操作者严格按照作业指导书进行操作，就各自作业内容和标准作业的操作方法、作业时间、质量、安全的注意点等分别对每一个操作者进行培训，提高操作者的技能。

4）做到全体员工的推进参与：多能工的培养是一个全员参与的过程，如果缺乏企业全体员工的支持和参与，是绝对无法成功的。要求高层管理者鼎力支持，中层管理者全心规划，基层管理者响应实施，班组员工积极参与。这样，企业才可能实现多功能化。

5）切合实际、科学合理地制订计划：多能工培养是一个长期而艰苦的过程，应根据企业的发展、需求和员工的实际情况合理地制订计划，避免多能工培养的工作流于形式。

6）做好设备的改良和优化工作：多能工培养不仅涉及班组员工，而且和设备的优良有很大的关系。如果操作设备使用不便，那就必须要求生产技术部门及设备管理部门进行配合，组建合适的队伍，积极地寻求改善，以使设备适合标准化操作。

7）保证安全：在普及多能工培训的同时，一定要重视多能工的技能培养，普及各工种生产作业知识和安全知识，避免出现安全问题。

8）多能工培训过程中要充分体现精益生产的思想：多能工概念的出发点是"少人化"，而"少人化"是为了适应需求的变化，迅速变更各作业现场的人数而要求的。可以提升企业应对时间和标准作业组合、内容变化等各种在实际生产中可能遇到的变化的能力。

【实战26】 班组精益人才培训的三种典型案例

1. 新员工培训实际案例——天津一汽丰田汽车有限公司（简称天津一汽丰田）新员工培训

对于新入职的员工，天津一气丰田会针对不同的职别、岗位设立不同的培训课程，如针对事技职的教育培训，内容见表4-7，还有针对技能职的教育培训，内容见表4-8。

表4-7　事技职教育培训内容（部分）

| 级别 | 集合教育（函授教育） | | 笔试 | 职场研修 | 专题讲座 | 综合评定 |
	时间	内容				
新员导入	4 日	公司/部门简介 公司历史/理念介绍 公司规则/制度介绍 工作开展方法 工作基本推进方法 丰田模式 汽车基础知识/术语 安全基础知识 5S 基础知识	待定	线上实习 11 个工作日	待定	

表4-8　技能职教育培训内容（部分）

| 级别 | 集合教育（部门教育） | | 笔试 | 专题讲座 | 综合评定 |
	时间	内容			
新员导入	3 日	公司历史/理念介绍 公司规则/制度介绍 工作基本推进方法 安全基础知识 部门导入教育	待定	待定	

2. 在职员工培训实际案例——某公司单点课程培训

单点课程（One Point Lesson，简称 OPL）又称一点课，是指在任何时间、任意地点，对任意问题，由任意人来用任意方式进行现场问题点讲解，是一种在现场进行在职培训的教育方式，是集中在现场不脱产进行训练，也是一种精益工具。单点课程鼓励和帮助员工将自己的发现和经验编写成单点教材，同时鼓励大家以授课的方式讲解自己的心得体会，强化自身表达能力。单点课程的培训时间一般为 10min 左右，要求主题明确，简单易懂，适合长期开展。

（1）单点课程的培训内容

该公司班组员需要用简单的图示与说明在一到两张纸上来编写工作上所遇到的基础知识、问题案例、改善案例等，包括技术问题或难点故障等，召集班组员工进行集中讲解或分享，从而达到信息的共享、经验的积累、效率的提高，使班组员工共同成长。单点课程的写作内容见表4-9。

表4-9　单点课程写作内容

内　容	说　明
基础知识	有关设备的操作、点检、安全性、维修、零件等方面的知识，提升员工的基础知识能力
问题案例	曾经发生过的停机、质量不良、操作失误、意外或惊吓事件等方面的说明，防止类似事件的再发
改善案例	对不正常项目或低效率生产改善的观念、内容、成果等，以激发员工对类似案例的灵感，创造更多的改善案例

单点课程撰写的内容应该尽可能做到深入浅出，涉及原理、理论内容以简单够用为主，避免长篇大论的理论描述。优秀的单点课程应该体现5W2H的7个方面的内容的讲解，即讲的什么（What）——内容；谁来讲、谁来学（Who）——讲师与受训对象；应用在何处（Where）——应用的场合、设备；何时应用，何时进行培训（When）——应用时机以及培训时间记录；为什么这样（Why）——原理及理论根据；如何做（How）——方法、手段及工具的应用；做多少，做到什么程度（How much，How many）——作业标准，作业规范，评价标准。

（2）单点课程的实施步骤

该公司的单点课程实施具体步骤如图4-5所示。

（3）单点课程的结果

该公司制丝车间的优秀结果见表4-10。

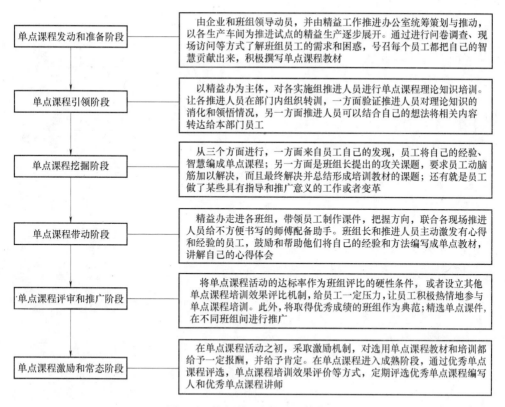

图 4-5 单点课程实施的具体步骤

表 4-10 制丝车间优秀单点课程结果

主 题	叶柜出柜概率设定		编者	叶 *
类 别	□工作技巧　☑改善事例　□故障事例　□其他专题			
部门/车间 装置/区域	制丝车间	班组	乙班服务组	岗位	工段长

【存在问题】

出柜频率设定过低会影响物料供应，过高造成设备频繁起停，影响设备使用寿命，且容易造成堵烟停机。

【改进措施】

1. 通过单机状态下对出柜进行空运转，得出以 25 Hz 运行需一小时出完一柜烟的理论数据。

2. 通过对不同牌别烟的生产时间进行记录，得出各牌别的理论出柜频率。

3. 在原出柜频率上，在保证物料供应充足的情况下，逐渐向理论频率调整。

4. 在保证物料供应充足的情况下，尽量延长设备的连续运转时间，得出实际生产情况下的最佳出柜频率。

5. 通过测试得出的各牌别出柜频率，如下。

（续）

牌别	生产时间/min	原出柜频率/Hz	现出柜频率/Hz
哈德门（软 a）	48	27	23
哈德门（精品省外 a）	68	17	16
将军（特纯）	68	17	16
哈德门（纯香）A	71	20	16
哈德门（纯香）B	34	34	30
泰山（宏图）A	71	20	16
泰山（宏图）B	35	33	29
泰山（华贵）	80	17	15
泰山（新品）	61	20	18

在此出柜频率下运转，设备的连续运转时间基本可以达到20min左右，每份烟最多会停1~3次，既保证了物料的供应充足，又解决了设备的频繁起停问题。

审核意见及审批人	对保证设备安全正常运行，保证生产的顺利进行有很好的指导作用。			
培训对象	掺配操作工	讲师	叶*	培训日期
受训者签名				

3. 多能工培训实际案例——长春某公司多能工培育

该公司所有分厂班组实行多能工培训和员工顶岗制度，对年轻员工，因其可塑性强、接受新知识的速度快，班组尤其重视其多能的培训。表4-11为该公司多能工培训总结表。

表4-11　长春某公司多能工培训总结表

2012 年（装配分厂）5 月多能工培训总结						审批	编辑	日期
								2012. 5. 31
序号	工序操作者	培训教师	培训内容	培训前操作者个人能力	培训效果	下步计划	多能工目标	个人能力评价
1	王	李	铆波形片	◔	◒	◷	此操作者目标为 5 个工序	目前他能独立操作的工序是 3 个，个人能力为 60%
2	黄	李	铆平衡钉	◔	◣	◷	此操作者目标为 4 个工序	目前他能独立操作的工序是 2 个，个人能力为 50%
3	蔡	李	扭转试验机	◐	◒	◷	此操作者目标为 5 个工序	目前他能独立操作的工序是 4 个，个人能力为 80%

（续）

序号	工序操作者	培训教师	培训内容	培训前操作者个人能力	培训效果	下步计划	多能工目标	个人能力评价
4	郑	李	摆差	◑	◑	◔	此操作者目标为5个工序	目前他能独立操作的工序是3个，个人能力为60%
5	赵	李	拖曳试验机	◔	●		该换下一个培训内容	此操作者目标为5个工序	目前他能独立操作的工序是4个，个人能力为80%
6	莫	李	扭转试验机	◔	●		该换下一个培训内容	此操作者目标为5个工序	目前他能独立操作的工序是4个，个人能力为80%
7	郭	李	散装	◑	◑	◔	此操作者目标为5个工序	目前他能独立操作的工序是3个，个人能力为60%

注：培训计划标识

了解名称操作不熟　　　　操作但不熟练　　　　可独立操作作业　　　　完全了解可教导

25%　　　　　　　50%　　　　　　　75%　　　　　　100%

4.2　班组冲突管理

班组冲突就是指班组内部发生的各式各样的争议，而班组冲突管理就是采用一定的干预手段对班组内的冲突进行管理，主要包括：识别冲突性质、探寻冲突根源、找寻冲突策略、培育良性冲突。作为基层的管理人员，班组长应当正视冲突，除了要懂得识别冲突的性质，分析冲突的起因，更要懂得如何妥善解决班组工作中的冲突，掌握冲突管理的技能，灵活地采取相应的方法予以协调和化解，维护良好的班组秩序和工作氛围，培育良性冲突，使冲突能产生正面的效应。

4.2.1　冲突起因

班组冲突产生的原因有很多，班组长要想有效地处理冲突，就必须懂得分析冲突的起因，针对不同的情况采取不同的方式处理。目前，关于人际冲突的起因主要有以下几种理论学说，如图4-6所示。

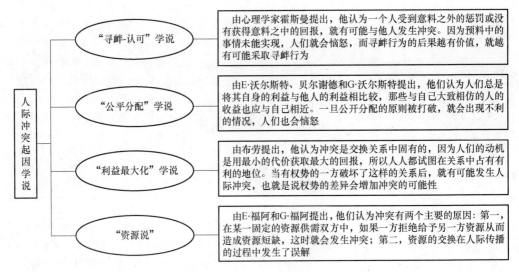

图 4-6 冲突起因学说

4.2.2 班组员工冲突管理

班组长作为基层管理者，与班组员工有着管理属性上的区别，和员工的看法自然会有所不同；而即使同为员工，个自对问题的看法也不完全一样。由于看问题的立场不同，看法不同，班组长和班组员工或者员工和员工之间有时会出现矛盾冲突。因此，在进行员工冲突管理时，班组长要正确识别冲突的性质和对象，掌握正确的冲突处理策略和方法。

1. 冲突管理的五种策略

1）回避或冷处理：这种策略需要从冲突中退出，不对其进行处理。这种策略适用于冲突起因是些琐事，而且冲突双方情绪过于激动可能出现不理智行为，或者采取行动后带来的负面影响超过正面影响和利益。该策略的缺点在于只能暂缓人们直接面对面的冲突。

2）迁就或忍让：这种策略更关心的是冲突过程涉及的人而不是冲突的内容，将他人的需要和利益放在高于自己的位置上，认为该冲突具有很大的负面效应，想要努力平息或淡化冲突，甚至可以屈从、迁就别人的意愿。这种策略适合于冲突的问题不重要、无关紧要，冲突的发生会伤害各方的利益，需要暂时缓解冲突以获得更多的时机和信息，双方的情绪过于激动的场合。但是，该策略通常只是权宜之计。

3）折中或妥协：这种策略要求冲突双方互相让步并达成一种协议，都有平等的机会发表意见，找到共同都能接受的方案才是最重要的，比如通过投票的方式避免冲突，以达成大部分人都接受的方案。该策略适用于希望对复杂问题取得暂时的解决方法，冲突双方旗鼓相当，解决冲突的时间太少的场合。该策略的缺点是各方都有所损失，不可能通过妥协达成最佳解决方案。

4）硬逼或强制：这种策略通常采用权势或强硬手段迫使冲突对方退让或放弃。该策略适用于对重大事件需要迅速做出行动和处理，冲突双方认可无须顾及他人是否赞同的做法的场合。采用这种策略的缺点是冲突的真正起因得不到解决，所有的解决方案都是暂时的、勉强的。

5）合作或协同：这种策略对冲突当中的人和效果同样重视，要求冲突双方开诚布公地进行沟通，理解和接受对方的想法，寻求达成共识，渴望找到双赢的解决方案。该策略适用于冲突双方有共同目标，冲突各方接受过解决问题的培训，冲突原因是双方的误解的场合。该策略的缺点是对于价值观不同或者固执己见的人不起作用。只能慢慢地引导他，但是最终也有可能是毫无作用，不得不选择其他策略，很耗费时间。

2. 与下属员工的冲突管理

作为基层管理人员，班组长与员工的直接接触很多，在实际生产工作中难免会与员工产生冲突。也许是平时管理的一个疏忽，引起员工心里的不公平感和不满；也许是因为员工自身性格、价值观的差异，甚至是因为别人的一个挑拨，都可能引起与下属员工的冲突。冲突发生后，班组长要懂得如何处理这些矛盾，才能收到更好的效果。如果不能有效解决这些问题，轻则引起群体讨论，影响班组长的威信，破坏工作环境的氛围；重则打击了员工的积极性和工作热情，破坏班组工作氛围，降低生产效率，影响工作的安排与进行。下面介绍解决与下属员工的冲突的五种方法：

1）以理服人：如果员工的意见是正确的，班组长应当大度一些，认真评估和接受员工的建议，不要轻视甚至无视员工的建议；如果员工的意见是错误的，班组长也不能抓住员工的错误不放，一直责备员工，更不能任意地训斥甚至嘲笑、讽刺员工，而是要帮助员工找到其出现错误的原因，并针对员工错误的地方，耐心地对员工进行分析、说明和解释，使员工心服口服。

2）保持冷静：员工与班组长发生误会时，双方往往都情绪激动，有的甚至失去理智、不能自制。在进行解释或者表达自己的想法和理由时，员工所用的语气和态度都可能会过激甚至非常恶劣。对此，班组长应尽量努力克制自己的情绪，始终保持冷静，先让员工详细地说明其意见，待员工冷静之后再选择适当的时机，仔细分析员工的意见，心平气和地与员工进行交流，表达自己的想法。只有这样，才能避免冲突愈演愈烈，才能变被动为主动，有效地解决冲突。

3）以柔克刚：有的员工由于性格等自身原因，很容易就因为一些小事发牢骚、发脾气或者对工作产生些许不满。因此，班组长一批评他就顶撞，有的甚至故意跟班组长作对，激怒班组长，让班组长下不来台。对与这种人的冲突，不能用强硬的手段去解决，而应采取友善的态度，先假装接受他的意见，等他冷静下来后再寻找合适的时机，然后引导式地指出他的不对之处。由于这种人大都是一时冲动，所以一旦他们知道了错误，也就不会再故意顶撞班组长了。

4）严肃批评：有些员工因为没有达到个人目的或者自己工作不积极不认真，却觉得班组对自己的待遇刻薄不公，妒忌其他优秀员工获得的好处等，而故意找班组长的麻烦，质问班组长，而且是强词夺理，无理取闹。对与这种员工产生的冲突，班组长不能让步，不能等待，而应该义正词严，对其进行严肃的教育批评，以纠正其错误的想法或行为。

5）旁敲侧击：有的员工以自我为中心，或者仗着自己有背景，不把班组长放在眼里；有的老员工则以为自己资历深、年龄大，瞧不起比自己年轻的班组长。对与这些员工的冲突，既不要轻易地让步，也不要采取强硬的手段进行回击，而是要旁敲侧击，即不从正面直接点明其错误，而是从侧面委婉地表明自己的观点或加以抨击，巧妙地指出其不对。对待与这些自以为是的员工的冲突，只有在不伤及他的自尊和面子的情况下，他才有可能接受班组长的意见。

3. 班组员工之间的冲突管理

班组也是由一个或多个团队组成的，所以班组中员工之间的冲突往往也是不可避免的，当冲突产生后，作为班组长要果断处理，迅速控制事态，最大限度地减少冲突导致的消极影响和破坏，保持班组工作的有序、高效进行。下面介绍解决班组员工间冲突的六种方法：

1）协商法：当冲突双方势均力敌，并且理由合理时，适合采用协商法，这是一种常见的、最好的解决冲突的方法。协商法的目标和核心是达成共识。班组长分别了解冲突双方当事人的意见、观点和理由，并进行评估和决策，帮助当事人认清各自的想法和行为的利弊，然后再组织一次会谈，让冲突双方能面对面进行交流，充分地了解对方的想法。通过有效地沟通以及班组长的引导和分析，最终达成共识，冲突也就得到了解决。

2）上级仲裁法：当双方冲突情况严重或者冲突有持续向更严重的情况发展并且冲突的一方明显不合情理时，应采用上级仲裁法，即由班组长交给其上级直接进行仲裁。但是要注意的是，此时上级领导必须秉持公正，根据已有的规则或规定做出裁判，避免偏袒行为的发生，公平公正地处理双方的冲突。

3）拖延法：当双方的冲突不严重并且是基于认识或理解的冲突，这些冲突对工作没有太大的影响时，就可以采取拖延法，不直接处理冲突。随着时间的推移、环境的变化以及自身的发展，冲突双方当事人对原事件的认识和理解会发生变化，产生新的、正确的、一致的认识，此时冲突就可能会自然而然地消失。

4）职位调动法：当冲突是由于价值观或宗教信仰等不同而引起时，可采用职位调动法。职位的轮调可以让员工更容易相互了解并促进交流，接触更多的想法和认识。由于环境的不同，冲突当事人可能会接受他人的价值观甚至改变其自身的价值观。只有冲突双方求同存异，学会承认和接受对方的价值观和信仰，班组成员才能共同发展，高效完成工作。

5）分离法：当冲突的双方工作联系不密切、相互影响不多或者工作进度紧急，班组任务急需快速完成时，可以采用分离法。将冲突双方当事人进行分离，互不打扰，通过其他员工或班组长作为中间人进行班组工作任务的交流和交接等方式，继续完成班组工作任务。这种方法虽然不能改变双方的态度，但可以即刻化解冲突，争取到时间来解决冲突或保持工作的持续进行，是最快、最容易解决冲突的方法。

6）教育法：当员工是因为自身一些不切实际或明显错误的想法而与其他员工产生冲突时，班组长可以与该员工进行私下交流，引导、教育员工用正确的方法来看待问题、认识问题，帮助员工认清自身的现实情况和错误想法，从而解决该员工与其他员工之间的冲突。

4.2.3　与上级领导的冲突管理

在工作中，由于思维方式的差异、经验阅历不同以及个体差异等原因的存在，上下级之间难免会产生一些摩擦和碰撞引起冲突。冲突发生后，作为下属应当采取正确的方式处理冲突，如果处理不当，就会使领导对自己的误解越来越深，矛盾越来越大。所以，作为班组长，当和上级领导发生冲突后，不要想着向别人倾诉，要先冷静下来，认真分析产生冲突的原因和症结所在，再找出一个合理的解决方案，并寻找合适的时机去解决冲突。下面介绍解决与上级领导的冲突的七种方法：

（1）学会适度的忍让

当与领导发生冲突时，不要斤斤计较，要宽宏大量，学会在不违背原则的前提下忍让，不让冲突愈演愈烈。作为下属就应该学会低头做事，只要不是原则性的问题，不妨采取适度忍让的态度，既能避免正面冲突，同时也保全了双方各自的面子和做人的尊严。

（2）勇于自我批评

当与领导发生冲突时，首先要冷静下来，认真分析产生冲突的原因和症结所在，比如是想为某个班组成员打抱不平，还是因为工作安排的不合理等。如果是自己的责任就要主动认错，寻找合适的时机向领导解释，进行自我批评，而且态度要诚恳，表明自己知错能改的决心，请求领导的谅解和关心。如果是领导的原因，则可以在合适的时机和较轻松的场合以婉转的方式，比如以自己的一时冲动或是方式还欠周到等原因，主动承担冲突的责任，然后请求领导原谅。

（3）主动寻求和解

当与领导发生冲突时，双方内心里都还是非常期待能与对方进行交流的，但是碍于自尊心等原因，见面时谁都不愿先开口。所以作为下属在与上级领导发生冲突后，为了尽快恢复和领导的关系，保证班组工作的有序进行，遇到领导时要热情主动地问好，给领导或班组员工留下大度处事的好印象，而不是故意憋着不说话不理睬假装没看见。

（4）进行冷处理

当与领导发生冲突时，不对冲突做任何处理，而是将此事搁置起来，像没发生过一样，一如既往地进行班组的管理工作，像往常一样向领导汇报和讨论工作。随着时间的延续，此事可能就会逐渐地被忘却，直至消失，而冲突带来的副作用自然也会随之消失。

（5）寻找和事佬

找一些名声和威望较高或者领导平时较赞赏较器重的"和平使者"，让其代为转达自己的歉意，并在领导面前说些自己的好话做些调解工作，也是一种有效的办法。尤其是班组长碍于面子不便说的一些话，借助第三者之口在领导前面表达出来，就会取得很好的效果。

（6）善于利用工具

当害怕面对面交谈可能会出现尴尬和别扭的问题时，可以借助一些工具来进行解释。比如打电话解释，可以有效地避免面对面交谈可能出现的问题，但是打电话时要注意语气平和，亲近自然，不管冲突的责任在于自己还是在于领导，都可以在电话中有效地进行解释。

（7）寻找每个和解的机会

当冲突发生后，班组长不能干等着和解时机的到来，要学会寻找、利用每一个可以解决冲突、和解的好机会，积极去化解矛盾。比如，当上级领导遇到喜事或受到表彰、升职提拔时，作为下属应当及时去祝贺道喜，并趁这个机会委婉地表达自己的和解想法。

【实战27】 三种典型班组冲突解决案例

1. 与下属员工的冲突管理案例——新晋班组长的冲突解决

小李是新晋班组长，在班里不仅年纪最小而且工龄最短，因此，小李在班组内的威信并不高。有一次下班后，小李让一名组员小黄去车间办公室取劳保用品，但小黄听而不闻。小李气愤之下，便以生硬的语气问道："你去还是不去啊？"随后，小黄不情愿地取来了劳保用品，但心里非常不高兴，质问小李："凭什么下班后还让我做事？"

这件事情发生后，小李和小黄的关系由此渐渐紧张起来，两人在班组内常常势同水火。小李开始反思自己的行为，觉得自己不该用这种命令似的语气对待组员，与组员沟通要讲究方法。在随后的一次班务会上，小李肯定了小黄在工作中的表现，并诚恳地向小黄表示了歉意，两人的关系才得以缓和。此后，小李注意站在组员的角度去考虑问题，经常与班组成员沟通交流，遇到事情主动与组员商量。采取了这些方式后，小李在班组内的威信越来越高，大家都对她非常赞赏。

案例分析：班组长小李在面对与员工小黄的冲突时，懂得保持冷静，认真思考冲突发生的原因和职责所在，并及时向对方表达了自己的歉意，才避免了冲突的进一步恶化。在随后的相处中，还注意站在员工的角度看问题，积极听取员工的意见，做到以理服人，才得以逐渐提高在班组中的威信。

2. 员工之间的冲突管理案例——生产中员工间的冲突解决

小王在生产线上做包装热导管工作，小张做装箱工作，两个人的工作是必须互相协作的，而他们经常因为一些小事闹矛盾，以至影响了工作。

有一天在生产的时候，小王没有集中精神，包装时漏放了一根热导管，而这份热导管盒子到了下个集箱站的时候，小张发现了小王的错误，却没有提出，并把漏放热导管的盒子装箱入了库。到生产结束后，班长发现打包位置上多了一根热导管。为了找出原因，班组长决定把入库的热导管再返工一遍。经返工，找出了漏放热导管的盒子。下班后，班组长找小王和小张两人了解情况。当问到小张时，他理直气壮地说："热导管又不是我漏放的，找我干什么？"班组长说道："你的工作有这一项内容，要确认好热导管放进盒子，漏放热导管你也要负一定的责任。"小张态度生硬地说："小王经常出错，我也没有办法。"

了解清楚情况后，班组长首先针对漏放热导管的错误对小王进行了批评教育，然后用友善的语气对两人进行劝导，帮他们互相了解对方的态度和想法，并分析他们工作中闹矛盾的危害。随后让两人开诚布公地交流，消除对对方的偏见。在这之后，小王和小张不再闹矛盾，而是齐心协力一起工作，使装箱入库工作的效率得到了提高。

案例分析：在处理员工之间的冲突时，该班组长采取了教育和协商的办法。首先批评员工的错误行为，并教育员工使其消除错误的想法和习惯。再通过协商法使得双方达成共识，消除误会，从而有效地处理了员工之间的冲突，并提高了生产效率。

3. 与领导的冲突管理案例——如何与老板相处融洽

老王是某食品加工厂的一位班组长，他刚升职为班组长不久，本来干劲十足，经常会向老板提出自己的意见和看法。比如在工作过程中，他发现公司产品存在味道偏淡、食品单一的问题，于是在向老板汇报工作时，他便将这些问题一一提了出来。可是，让老王沮丧的是，老板根本听不进去他的意见，往往是敷衍了事。在平时工作中，老板只看生产效率，其他的都不关注，只要生产小组业绩不好，便会发脾气，吹胡子瞪眼睛将老王训斥一顿。对于老板的行事风格，老王觉得又苦恼又无奈，有时候也会忍不住抱怨几句。不过，他也懂得过多的精力放在抱怨和懊恼上是没用的，就试着站在老板的角度考虑问题。他发现，老板之所以不愿听他的意见，根本原因是他刚当上班组长，与老板沟通交流的机会比较少，而且还未建立起相互信任的关系。

为了改变这种状况，老王决定先从自身做出改变：他改掉了上班迟到的毛病，每天早到晚退；平时也放下班组长的架子，到车间里、到员工中间转转。与此同时，他还采取了多项行动，以取得老板的信任，改变老板的看法：他经常自己掏钱从市场上购买其他公司的类似产品，然后让老板亲自品尝，从而判断口味的优劣；收集竞争对手的产品资料，通过电子邮箱发给老板；关注竞争对手的促销信息，并且做成表格、打印出来给老板看；将自己公司的产品与竞争对手的产品放在一起比较，并且客观地评价优劣，找出需要改进的地方；在公司会议上，他不再动辄批评公司产品的弱点，而是先汇报可喜的业绩，将销售较好的产品和地区列出来给老板看，然后再做检讨，反省自己工作做得不够的地方，并客观分析产品存在的问题。

几个月后，随着这些措施的逐步施展，老王兴奋地发现，自己和老板之间的关系取得了突破性的进展。再遇到特殊情况导致绩效不佳时，老板不再动辄发火训斥老王，而是会静下心来听老王进行分析和汇报。而且，有几次老板还采纳了老王的意见。

案例分析：老王在面对与领导的冲突时，首先进行自我批评，找出自己的错误和不足之处并加以改正，同时提升自己的能力，提高自己在领导面前的地位，随后积极地寻找每个机会，向领导展示自己的能力和进步，逐渐得到领导的信任，和领导的关系也取得了很好的进展。

4.3 班组长的批评技巧

批评就是指出对方的缺点或错误并提出改进的意见。批评是一门艺术，员工的心理满意度和工作效率的高低都深受批评的影响。如果掌握不好批评的技巧，就很容易让被批评者受到伤害产生敌对情绪，进而影响被批评者的工作积极性和工作效率。班组管理作为企业管理的基础，班组长更应该掌握批评的技巧，将批评正确地应用到班组的生产工作中，进而提高工作效率和质量。

4.3.1 批评的原则

批评对于员工来说是改正缺点、自我进步的有效方法；对于班组长来说是改善管理的重要手段。班组长要想取得良好的批评效果，就要掌握批评的艺术和技巧。要想掌握批评的技巧，就要先掌握批评的原则，再根据不同的原则对不同的对象采取不同的批评方式。

1. 批评员工的原则

在批评员工时要注意结合批评的原则，以正确有效地对员工进行批评，充分发挥批评的作用，提高员工的工作积极性和效率。批评员工的原则有以下七点：

1）实事求是：是指在批评的过程中要从实际的事件出发，无论对人对事都要保证客观真实性，要弄清楚批评的内容以及整个事件的真实情况，在事实的基础上提出批评。

2）心理相容：是指管理者与被批评的员工之间必须取得相互理解和信任。批评是为了帮助对方认识错误，然后改正错误，帮助其提升自身综合素质。

3）以理服人：是指班组长用事实和道理说服员工，使被批评的员工心甘情愿地接受意见并改正错误。班组长首先需要判断自己是否有错，进行自我批评。然后通过说明事实和道理，帮助员工分析出现错误的原因，让员工懂得如何改正错误。当员工被说服后，其自然就会虚心地接受批评。

4）适可而止：是指在员工认识到错误后尽快地结束批评。批评的目的是指出员工的错误并让其加以改正，所以达到目的之后就要及时停止批评。

5）保全面子：是指批评应尽量在私下进行，保全被批评的员工的面子。如果不顾及被批评者的面子，在大众场合随便高声批评，对被批评的员工伤害极大。因为被批评总是不好的，更没人想在大众面前被批评，所以这样的批评会让员工觉得很没面子，也会打击员工的干劲和积极性。

6）尊重员工：是指应该用不伤及员工自尊能够给员工带来积极情绪的方式提出批评和意见。也就是说，批评时要对事不对人，即应以员工错误的行为为对象，而不应以员工本身为对象，不要把工作上的失误上升到人格的缺陷。

7）公平公正：是指在批评时要做到公平公正，对所有的人和事做到一视同仁，不偏袒某一方。即既要批评下属员工，也要敢于批评上级领导；既要批评普通员工，也要批评被重用的员工，让员工感觉到被平等地对待。

2. 批评领导的原则

一般来说领导的理论水平较高，经验丰富，但也难免会出现纰漏或考虑不周等错误。为了保证工作的正常进行，提高工作质量和效率，作为下属应当及时指出领导的错误。由于批评领导具有一定的特殊性，采取的方式与批评员工有些不同，因此需要注意结合以下五点原则：

1）考虑全面，做足功课：在向领导提出意见或批评时，领导不一定会接受，甚至会要求别再提及此事。所以下属要认真对待，在批评前要全面考虑并做好准备，这样批评才能取得效果。

2）真诚友善，将心比心：提出批评前要站在领导的角度看问题，将心比心，思考领导是否有什么苦衷或难言之隐。

3）巧妙批评，不露声色：在提出批评时，要尽量使用间接的方式，即采取比喻、暗示等方式表达出自己的想法，如果领导愿意接受批评当然好；即使他不愿意接受批评，只要表示不解其意便可。

4）审时度势，把握时机：对领导的批评一定要选择恰当的时间和恰当的地点。一般来说，在非正式场合提意见比在正式场合提意见的效果要好，私下提意见比公开提意见效果要好，在领导心情舒畅时提意见比在其紧张疲劳时提意见效果要好。

5）了解领导，灵活处理：不同的领导对批评的容纳程度不一样，所以批评领导的方法方式也要因人而异。这就要求下属了解领导的性格和处事风格等，灵活地选择适合的方式提出自己的意见。

4.3.2　班组长如何批评下属员工

批评下属更是一门技术活，如果一个班组长不懂得如何正确地批评下属员工，就可能会让班组员工产生抵触情绪，影响工作状态，进而影响整个班组工作效率和工作氛围，给班组团队带来极大的伤害。所以，在实际工作中，班组长应该能够在批评班组员工时采取正确的、适合的批评技巧，具体的做法和建议如下：

（1）批评前先弄清事实

弄清事实是正确批评的基础，不能还没了解清楚状况就下结论，造成误会。在错误发生时，有些班组长由于一时情绪激动就马上对员工进行严肃、过激的批评和指责，忽略了对客观事实的详细调查和对真实情况的了解。如果不是员工的责任，这种批评会伤害被批评的员工，也会影响其他的员工，使员工失去对班组长的信任以及对班组的归属感，甚至对班组长产生不满和怨恨的敌对情绪。如此一来，员工的工作积极性就会降低，影响班组工作的正常进行。所以在批评之前，一定要弄清事实，确保批评的准确无误。

（2）反省自己的错误

在生产工作过程中，出现错误的原因是多种多样的，可能是下属员工的失误或疏忽导致的，也可能是班组的决策或计划本身就存在着问题和风险，也可能是多种因素综合的结果。所以在批评员工时，班组长也要认真地分析、反省自己可能出现的错误，承担起应该承担的责任。如果班组长自身都有错，却只字不提自己的错误和责任，只是一味地批评员工，那么肯定会引起员工的不满和怨气，这样的批评只会造成更糟糕的后果。

（3）选择合适的时机和地点

在批评员工的时候，尽量不要有第三者在场，也不要大声地喧哗，引起其他人的注意，应该用温柔亲切的语气，让其更容易接受。此外，在批评前要有良好的批评氛围，尽量选择一个气氛和谐的时机和场景，让员工放下戒备和防卫心理。如果气氛紧张或者批评过于严肃，容易让员工不自主地产生抵触情绪，这样即使表面上接受批评，也并未代表真正认可。所以，最好在放松的场合，巧妙地进入批评，这样会达到更好的批评效果。

（4）问清下属犯错原因

有些班组长通过观察现场的实际工作情况、员工的工作状态以及其他渠道和方式了解事情后，可能会自认为很清楚地了解整件事情的客观真相，但是可能并不是事实。因此，在批评时也要问清员工犯错的原因，认真地倾听员工对事件的解释。这样有助于班组长从当事人的角度更加详细地了解情况，还有助于班组长了解员工是否已经明白错误，有利于批评的进行。

（5）懂得尊重员工

每个人都不能保证任何时候都不出错，所以对待员工的错误，班组长要宽容一些，就事论事，不要翻老账，也不要把问题扩大化。班组长在批评时应对事不对人，应尽量准确和具体。对事不对人还可以在班组内部形成一个公平竞争的环境。

（6）选择合适的批评方式

批评的方式需要因人而异，因事而异，也就是说班组长需要根据不同的员工、不同的事件选择不同的批评方式。不同的员工对批评的心理承受能力和接受方式有很大的差异，对性格内向或者自尊心强的员工，由于对他人的评价十分敏感和在意，应该采用以鼓励为主、委婉地逐步深入的批评方式；对反应敏捷、脾气暴躁的员工，宜用"商讨式批评"，以商讨的态度，平心静气地把批评信息传递给他。

（7）让员工意识到错误

在出现错误后，有些员工可能不会意识到是自己犯的错，而怪罪于他人、设备或者其他因素，这时批评他们不会起任何作用。在批评的时候，班组长和员工基本都会处于激动的状态，语气急躁甚至情绪失控，比如工作中常有这样的情景：一边是沉默但是情绪激动的员工，一边是厉声训斥的班组长，这样的批评会很容易造成对立的局面。所以在错误发生后班组长应该保持冷静，保持平和、商量的语气，待员工情绪稳定后，帮助员工回顾事情经过，分析出错的原因，指出其不对的地方，然后再加以教育或者提出建设性的建议。

（8）采用冷处理的方法

有些很明显但不是很严重的错误，员工自己也会意识到，也会感到内疚和害怕。这时班组长可采取冷处理的办法，即不做任何处理，也不表态，保持沉默。因为此时员工多已做好挨批评的心理准备，如果班组长不批评，一直不表态，其会猜测班组长的心理，不断重复思考这件事情，比如班组长会采取怎样的批评和惩罚，要怎样做才能减轻错误的影响，以后在工作中怎么样才不会再出现这种情况等，思考的过程也会促进其进行自我反省。之后再与员工交流，就可以取得很好的批评效果，还能培养出会思考、会解决问题的员工。

（9）避免盲目批评

在批评教育员工使其认识到自己的错误并懂得如何去改正之后，班组长应该尽快结束批评，否则过多的批评会让其觉得厌烦，反而会适得其反。在批评过后，班组长不应该反复提起这个错误，即使员工又犯了新的错误，也应该就事论事，不翻旧账。

（10）帮助员工找出解决问题的方法

批评的最终目的是找到解决错误的办法，所以在批评后要帮助员工找到解决的办法，提出建设性的建议。很多问题其实都不难解决，可能只是因为员工没有意识到问题的严重性和出现错误的严重后果，或者暂时找不到合适的解决办法。在班组长批评指出后，员工可能就会积极地、有针对性地去寻找解决方法，但是要明确的是，找到解决办法是班组长和员工共同的责任，只有两者共同努力，才有可能找到合适有效的解决方法，真正地改正错误，提高工作效率。

4.3.3 班组长如何批评上级领导

批评上级领导，艺术性要求更高。作为班组长需要对班组的工作和班组员工负责，在领导安排工作出现错误时，班组长就要及时提出批评。但是，很多时候领导会予以否定，不得不服从继续执行下去。所以，要想取得理想的批评效果，班组长需要掌握批评领导的艺术和技巧。批评领导要讲究不露声色，下面介绍五种具体的技巧和做法：

（1）以提醒或暗示代替批评

作为班组长应该及时用合适的方法向领导表达，但是不能因为情绪太激动太气愤就直接指出其错误，而是应该用提醒代替批评。因为领导要维护自己的威信，碍于面子不会轻易地承认自己的错误，所以班组长应该像很关心领导一样反复提醒领导需要做的事情，在反复提醒下，领导也会觉得不好意思，觉得自己在下属的印象中比较马虎、健忘，就会自己提醒自己，主动把该做的事情做好。这样一来，工作都会有序正常地进行，也顾全了领导的自尊。

（2）以关心体谅代替批评

作为班组长由于在工作中亲身实践操作与员工接触更多，所以看到领导的缺点和工作上的错误并不难，但是要看到自己的错误和过失就很不容易。只看到领导身上的缺点，就对领导产生不满和反感，这样会造成上下级关系的紧张。所以，当看清了领导的缺点和过错后，在下结论和提出批评之前，先审视一下自己，看看自己是否也会犯同样的错误。然后将心比心，站在领导的角度上看问题，设身处地地考虑领导这么做的原因，是不是有什么苦衷。如果是，那么对于一些小错误，就应该以关心体谅来代替批评，这样可以缓解紧张的关系，领导也更容易接受。

（3）选择合适的时机和场合

对领导的批评一定要选择恰当的时间、恰当的地点，使用恰当的方式。批评领导要尽可能在私下进行，千万不要在会议等公开场合提出对领导的批评。

（4）批评时要注意控制情绪

班组长要正确认识批评，不要认为批评就是发泄情绪，善意的批评是向对方指出其不好的地方，希望其接受并加以改进，而不是为了纯粹表达自己对此的不满。所以，当批评领导时，一定要注意批评的语气，要用平和、委婉的语气向领导提出自己的意见，使领导感受到自己是在真心实意地帮助他。

（5）提供解决方案

批评的最终目的是解决问题，提出问题只是第一步，要想领导更容易接受批评，在提出问题后应该加以分析，提出解决问题的方案，这才是批评中最重要的。

【实战28】 班组长面对员工和领导时的批评艺术

1. 如何批评下属员工——以沟通和帮助代替批评

老张是某动力厂的班组成员，也是班里的老师傅，从其他岗位调来一段时间了，工作很积极，纪律性不错。但是在地磅操作工作中，由于较粗心，工作方法不得当，常会搞错数据，从而影响班里的绩效。该班组班长了解后，经常私下与他进行沟通，讲明正确数据输入的重要性，分析出错的原因并示范正确的操作。老张在后来的操作中，对驾驶员报车号、品名、单位、驾驶员的货单等输入到电脑上的数据都认真核对，掌握了正确的操作要领，从而保证了数据输入的准确，圆满完成了工作，班组的绩效也得到了提升。

案例分析：在批评员工时，该班组长没有直接对该员工进行严肃和严厉的批评，而是先了解清楚情况，考虑到该员工是老员工，而且积极性和纪律性不错。于是选择私下交流的办法，帮助该员工分析其出错的原因，使其认识到自己的错误，并帮助其找到解决问题的方法。这样的批评使得该员工有效地改正了自己的错误，并提高了班组的绩效和生产效率。

2. 如何批评领导——以提供解决方案代替批评

某厂的班组长张某，他所在的车间24小时不停机，工人倒班工作。按该厂的惯例，倒班时间应提前两天公布。但是工人们都不喜欢这样的做法，认为提前两天太仓促，值班时间与业余活动容易发生冲突。工人要求张组长直接向上级提出"这样的倒班制度不行，会使人的工作情绪不高"的意见。张组长清楚，这虽然是真实的情况，但这样的批评会引起消极的后果，不一定能真正解决问题。在一次厂长办公会议上，张组长对这个问题这样说道："我知道倒班时间因为生产原因不能太早地安排出来，但是目前这种情况影响了工人们的情绪。大家知道，士气不高会影响生产。我建议我们应当尽量把倒班时间提前通知给工人们。这只是我个人的意见，不知大家对此还有什么高见？"厂长愉快地接受了他的意见，很快新的倒班制度就公布了，工人们的积极性也提高了。

案例分析：在向领导提出意见时，该班组长没有直接在会议上提出制度的不合理和工人们的意见，批评领导制订制度时出现的错误。而是通过委婉的方式，将批评和工人们的意见说成自己的想法，并提出了相应的解决方案。这样，领导也能愉悦地接受他的意见，问题得到了解决，也没有造成工人或班组长与领导的关系紧张。

4.4　班组员工激励的技巧

激励是指激发员工的工作动机，用各种有效的方法去调动员工的积极性和创造性，使其朝着企业的目标方向努力，提高生产效率和改进工作质量。班组是企业中的基本作业单位，班组员工的工作积极性和热情直接影响企业的工作效率和进度，所以企业和班组长必须重视激励在班组中的作用。在实际的班组管理中，班组长也要掌握激励的原则，懂得激励员工的技巧，激发班组员工的潜力和工作积极性，这是促进班组管理的有效方法，也是班组管理的重要组成部分。

4.4.1　员工激励的作用及原则

一般来说，绝大多数员工总是把自己的努力看作是获得某种相应报酬的过程，当付出的努力得到相应合理的报酬后就会增加满意度。这样就会促使员工继续保持或者做出更大的努力，所以有效的激励可以持续地激发员工的动机和内在动力，鼓励员工始终朝着班组和个人所期望的目标积极行动。为了获得更好的激励效果，班组长还需要了解激励的作用并遵循一些员工激励的原则。

1. 员工激励的作用

1）激励有助于吸引人才：如今对人才的竞争愈演愈烈，只有拥有人才，才能在竞争中立于不败之地，吸引人才并留住人才是企业的重要任务。每个成功的企业都很重视人才，不惜在吸引人才方面投入大量的资金和成本，通过各种具有诱惑力的激励机制来吸引和留住人才。比如 IBM 公司向员工提供养老金、集体人寿保险和优厚的医疗保险待遇，给予优秀员工丰厚的奖励，兴办各种学校与训练网，组织员工学习提高技能，这些激励措施使得企业吸引并留住了大批优秀人才。

2）激励有助于提高员工的素质：激励会调节员工的行为趋向，会使员工有更大的热情和动力来学习和实践，从而使员工的个人素质不断提高。所以可以对努力进取、认真积极的员工给予富有吸引力的激励，而对马虎散漫、态度消极的员工给予适当的批评，并在物质待遇上加以区别。比如在奖金、晋升和评优等方面分别考虑。在这些激励措施下，员工将主动改变工作和学习的态度和投入程度，努力提高自身的素质。

3）激励有助于提高员工的工作效率与业绩：健全和完善的激励机制可以激发员工的积极性和主观能动性，进而激发员工的潜能。研究表明，一个人的工作绩效与人的被激励的程度有着非常紧密的关系，可用公式表示：工作绩效 = 能力 × 激励。在缺乏激励的岗位上，员工仅能发挥其实际工作能力的 20% ~ 30%，而受到充分激励的员工，其潜能可以发挥出 80% 左右。所以，通过激励可以激发员工的潜能、创造性与革新精神，提高员工努力程度和工作能力，从而提高工作效率和取得更好的业绩。

4）激励有助于实现组织目标：激励是对员工行为有目的的引导，可以给员工制订一定的目标，如果员工能在规定的时间内完成目标则给予奖励，否则给予相应的惩罚。这样员工将会有一定的压力，促使他们提高工作效率，尽快完成任务，而奖励又可以提高员工的热情和积极性，给予更大的动力去完成目标。企业组织目标和班组目标是要通过每个个体和多个群体的共同努力才能够实现的，激励措施可以极大地调动员工积极性，从而使员工能更快、更好地完成工作任务，创造优良绩效，实现组织目标。

2. 员工激励的原则

在进行员工激励时，要想获得更好的激励效果，充分激发员工的潜能和工作积极性，就要注意把握以下八大原则：

1）目标结合：激励除了满足员工个人的利益和需求，还需要通过相应的方法方式诱导员工把个人目标和组织目标结合统一。只有将组织目标与个人目标结合好，使组织目标包含较多的个人目标，使个人目标的实现离不开为实现组织目标所做出的努力，才能激发员工为了完成工作做出自己应有的贡献，从而促使个人目标和组织目标的统一和共同实现，这样才会收到满意的激励效果。

2）按需激励：激励的起点是满足员工的需要，激励必须要考虑员工的需求，根据员工的需要选择相应的激励措施，只有满足最迫切需要的措施，其效果才最好，激励强度也最大。因此，必须深入地了解员工需求层次和需求结构的变化趋势，有针对性地采取激励措施，满足不同员工的不同需求，才能激起不同员工的工作热情和积极性，取得更好的激励效果。

3）公平公正：激励也要注意公平，不公平、不合理会带来心理挫伤，影响员工的情绪和工作积极性。公平公正是保持员工工作积极性的前提，员工得到报酬时会进行社会比较、历史比较或者与其他同事比较，判断自己是否得到了公平的待遇，付出的努力是否得到了相应的回报。因此，要想提升激励的效果，必须做到激励的公平公正，即对全体员工一视同仁，严格按照统一标准进行奖罚。

4）物质激励与精神激励相结合：员工的物质需要是人最基础的需要，层次也最低，而精神需要是人们社交、安全和自我实现等较高层次的需要，两者相对应的激励方式应该是物质激励与精神激励。物质激励是基础，精神激励是根本，必须把两者有机地结合起来，才能取得更好的激励效果。

5）正激励与负激励相结合：正激励特指对员工及其行为给予肯定、赞扬、奖赏等，以鼓励这种行为更多的出现。负激励则与之相反，指对员工及其行为给予否定、批评、惩罚等，以压抑和制止员工的错误动机和行为，避免这种行为再次发生，并促使其向正确方向转移。正负激励都是有效且必要的，因为这两种方式的激励效果不仅会直接作用于员工个人，而且会形成正面的榜样和反面的典型，间接地影响周围的员工。只有做到奖功罚过、奖勤罚懒，坚持正激励和负激励相结合，才会真正调动起员工的积极性，发挥出激励的作用。

6）全面调动员工积极性：激励应当面对全体员工，把各层次、各方面的积极性都调动起来。激励如果只强调企业的某一班组或某一部分员工，而忽略其他的班组和员工。那么，被忽略的员工就会有一种失落感，影响其工作积极性，甚至产生不满和敌对情绪，降低工作生产的质量和效率。

7）考虑员工的应激程度：采取激励措施时，应该考虑每个员工的具体情况区别对待，采用不同的激励。比如对经济情况相对困难的员工，从薪酬方面进行激励；对注重实惠的员工，从物质方面进行激励。另外，采取激励措施，还必须分析员工目前的所处的状态。如果员工的能力已经充分发挥了，那么即使再采取激励手段员工也不会产生明显的反应，此时激励的价值不大，也得不到太大的效果。

8）降低激励成本：班组是企业组织生产经营活动的基本单位，采取激励措施时，也会产生一定的成本。为了得到有意义的激励，应当注意将激励的支出与收益相比，采取合理科学的激励机制使利益收入大于激励成本的产出。

4.4.2 班组员工激励的步骤

作为班组长不仅需要掌握现代化的管理方法和手段，还需要掌握班组员工的心理状态及其产生、发展和变化的规律。激励员工首先要了解其主观需要和社会需要，分析影响其积极性的原因，然后根据激励理论和员工的需要，采取相应的激励方式，激励员工内在的驱动力，最大限度地发挥员工的积极性、主动性和创造性，使班组成员力有所用，劳有所获，功有所奖，才有所展，为实现班组目标而共同努力。具体激励步骤如图4-7所示。

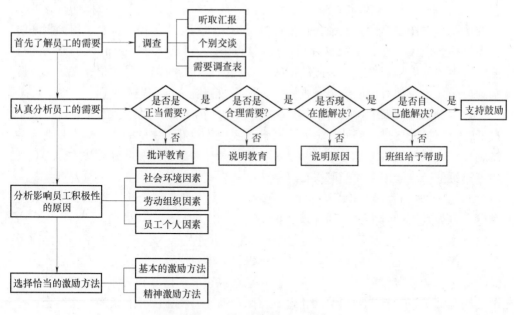

图4-7 班组员工激励的步骤

1. 了解和分析员工的需要

每位员工总是由某一种需要、欲望或期望而激发自己的内在动力，这种动力驱使他为这种需要、欲望或期望的实现而做出努力（即行为表现），以实现某一任务或目标。因此，有效激励的出发点应该源于人的心理需求，落脚点也应该是人的需求的满足程度，也就是说激励应该在了解和分析不同员工的不同需求的基础上进行。

1）首先了解员工的需要：不同的员工来自不同的民族、阶层，具有不同的年龄、本能、性格、体格、知识等，这些条件所反映出来的需要会有所不同。在进行员工激励之前，必须通过调查，了解员工的需要，以便区别对待，不能主观武断地想当然。

2）认真分析员工的需要：了解员工的需要后，如何解决员工的需要是一个非常敏感又非常具体的问题，处理不好将会严重挫伤员工的积极性。所以要认真分析员工的需要，对正当需要和不正当需要分别进行处理。

2. 分析影响员工积极性的原因

了解班组员工的需要之后，还应了解满足员工的哪些需要最利于调动员工的积极性，到底哪些因素对员工的积极性影响最大，再合理选择最有效的激励方法。

下面着重从社会环境、劳动组织和员工个人三个方面来分析影响员工积极性的因素，见表4-12。

表4-12 影响班组员工积极性的因素

因　素	具 体 内 容
社会环境	社会政治制度：政治制度在总体上规定了劳动者的社会地位，保证了劳动者的社会参与程度
	社会经济制度与经济政策：对劳动者有直接影响的经济制度与经济政策包括就业制度、分配制度、社会保障制度、物价政策等
	市场供求：包括企业产品的销路、竞争对手的强弱等
	社会风气：包括党风民风建设、社会治安状况等
劳动组织	主要是工资福利、班组的管理水平、班组领导的能力与人品、工作条件、人际关系、工会组织状况、企业发展前景等
员工个人	主要是个人素质和生活水平的高低，包括价值观念和道德标准、理想与信念、文化程度与技术水平、进取心与上进心、物质需要和精神需要等

上述影响员工积极性的因素，在不同时间，对不同的员工发生影响的强度不尽相同。在进行激励时只有充分考虑这些影响员工积极性的主要因素，才有可能最大限度地调动员工的积极性，取得更好的激励效果。

3. 选择恰当的激励方法

在了解了不同员工的不同需求及其积极性影响因素之后，应该针对不同的情况，结合实际选择相应合理的奖励方法，以激发员工的潜能和积极性，提高员工的生产效率和质量，下面介绍两种有效的激励方法：

（1）基本的激励方法

奖励与惩处是班组对员工进行激励管理的最基本的激励方法，在班组管理中应该善于利用这种方法做到奖惩结合。对员工的期望行为予以肯定和表扬，使员工保持这种行为；而对于员工的非期望行为则应予否定与批评，甚至采取惩处，使员工消除这种行为。

【案例】奖罚结合的激励方法提高班组长的威信

小张被派到某班组当班组长，刚刚到任的第二天，就有几个员工上班迟到。因为公司实行的是严格的电子化管理，这些员工的迟到罚款是在所难免的，可是他又不能刚见面就给员工树立这种印象。

班组成员来了之后，他跟这几个人谈了一下，知道他们原来有早晨游冬泳的习惯，常常因为交通堵塞而迟到。小张知道这绝对不是正当的理由，但是他选择了一个中庸的办法。就在晚上开会的时候当众宣布，如果他们几个当中能够有人在年度的冬泳比赛中获奖，就对这几个人的迟到不予追究而且奖励，但是下不为例。很快，这几个人的游泳时间调节到了晚上。而在年度的冬泳比赛中，这几个人组成的小组真的获得了前几名的好成绩，小张也就如数分发了奖励。这件事过后，这些员工不但改掉了迟到的坏习惯，也使小张在员工的心中树立了威信。

1）奖励：是一种正面激励手段。如何最有效地使用奖励激励人的行为，是一门内容丰富的学问。有的企业奖金虽以几何级数不断增长，但因奖励方法不当，不但调动不了员工的积极性，反而助长了"向钱看"的思想，刺激了部分员工难以填平的欲壑。有的企业，虽然奖金数额不大，但方法得当，较好地调动了员工的积极性。因此，从某种意义来说，奖励技巧决定着奖励的效果。

为了达到奖励的最佳效果，最大限度地调动班组员工的积极性，在奖励时应注意以下几点，见表4-13。

表4-13　奖励注意事项

注意事项	具体内容
奖励要使物质奖励与精神奖励相结合	1. 不能只重视物质奖励或精神奖励，应坚持物质奖励与精神奖励相结合，使二者互相补充，各有侧重 2. 一般来说，精神奖励往往比物质奖励更能调动人的积极性，激发人的自尊心、责任感与成就感
奖励要及时	1. 员工做出了成绩，符合奖励标准以后，应该立即予以奖励 2. 及时的奖励会增强员工的荣誉感和满足感，也使员工意识到班组团队很注意他所取得的成绩
奖励的方式要符合员工的需要差异	1. 在进行奖励时，应以满足员工的最大需要为出发点，有效地奖励每一名员工 2. 对重视物质需要的员工，可侧重从物质上奖励；对重视精神需要的员工，则应侧重于从精神上奖励

（续）

注意事项	具体内容
奖励程度要与员工的贡献相称	1. 班组应有科学的绩效考核和贡献评价指标体系及严格的考评制度、正确的考评方法，并且要严格遵循考核制度 2. 要保证考核和奖励的公平性，以确定员工贡献量的真实性、差异性和可比性，再根据员工的贡献量进行奖励
奖励的方式要有变化	1. 奖励的方法要不断地创新，班组可以对员工给予的奖励有：金钱，奖品，肯定或表扬，放特别假，让员工参与决策，让受奖员工挑选自己所爱好的工作，提拔和重用受奖员工，给予受奖员工在一定范围内充分行使多项权力、更多个人成长和学习的机会等 2. 在给予员工奖励时，奖励的形式可以多种多样，只要员工喜欢和乐于接受，就可根据班组自身的条件和受奖员工的实际需要不断创新发展

2）惩罚：是指对员工的非期望的行为予以必要的惩罚。在生产工作过程中，班组员工或多或少会出现操作失误、思想错误等非期望行为。当班组员工出现这些非期望行为时，要立即实施必要的惩罚，消除员工的非期望行为和消极因素，改进员工的行为和思想，以保证生产工作的正常进行。惩罚在某种程度上也是教育，有时是更实际、更深刻的教育，因为许多健全行为事实上都是来自于自然惩罚的过程。因此，公平有效地运用惩罚手段也是激励员工的一种重要手段。

惩罚的形式多种多样，如点名批评、检讨、处分、降职、经济制裁等，在惩罚时需要根据实际情况而采取相应的惩罚形式。此外，为了发挥惩罚的作用，在惩罚时还要注意以下几点，见表4-14。

表4-14 惩罚注意事项

注意事项	具体内容
惩罚要合理	1. 惩罚要注意公平和合理，使受罚者无怨言，心服口服 2. 不滥用惩罚，而要使惩罚行为作为一种威慑力量起到规范员工、警醒员工等防患于未然的作用 3. 简单来说，就是要争取使惩罚备而不用，仅在不得已时才用，比如员工的严重操作失误导致生产资源的浪费，影响了班组目标的生产进度，这时就要对员工进行惩罚
惩罚要适当	1. 惩罚的时机要准确恰当，当事实真相已经查明，以及导致事情发生的相关班组员工确定之后，就要及时处理 2. 惩罚的比例要恰当，在班组管理中，任何时期都要使受惩罚者是少数 3. 惩罚的轻重程度要适当。对员工的一般错误，惩罚力度不宜过重，可以采取批评教育的办法。从宽惩罚，易使员工感到内疚，感受到班组的温暖，从而使员工进行自我反省，提高工作的积极性

（续）

注 意 事 项	具 体 内 容
惩罚要一致	1. 惩罚要言行一致，制度上规定要罚的就罚。如果该罚的不罚，管理者就将在员工中失去威信，而且会让其他员工觉得不公平甚至产生侥幸心理，这样会纵容员工的非期望行为，影响员工的工作积极性和效率 2. 惩罚还要标准一致，一视同仁，做到在惩罚面前人人平等。在进行惩罚时，不能偏袒任何人，要严格按照规章制度执行，无论对党员与非党员、管理者与员工、老工人与青年工人、优秀员工和普通员工都要一视同仁
惩罚要有效	1. 惩罚不仅要考虑教育员工本人使其改正错误，而且要考虑对其他员工的作用，即要做到一个人受罚，其他员工受到警醒和教育 2. 惩罚还要考虑处罚的方式。一般来说，员工的错误较小并且对班组的工作以及其他员工影响不大的，宜采取个别谈话、个别罚款等单独进行的形式；而对错误较大并且对班组的工作以及其他员工影响较大的，惩罚应公开进行

【案例】某公司班组建设评比奖惩公示

某公司班组建设评审委员会，依据《班组管理评选办法》对各候选班组的班组建设工作进行四季度的考核评价及排名，通过在去掉一个最高分和一个最低分后计算现场评分，然后按照季度检查考核占60%＋季度讲评会现场评分占40%进行了成绩汇总，评出了四季度班组建设的模范班组、先进班组和后进班组，具体公布见表4-15。

表4-15　某公司四季度班组建设奖罚公示

班组称号	班组名称	班组名次	班组奖罚/元	班长奖罚/元	成员奖罚/元	奖罚总额/元
模范班组	涂装车间表面处理班	第一名	奖300	奖75	奖50	2875
先进班组	底盘车间电泳班	第二名	奖200	奖60	奖40	1260
先进班组	预装车间内饰二工段二班	第三名	奖150	奖45	奖30	1245
先进班组	涂装车间喷漆班	第三名	奖150	奖45	奖30	1185
进步班组	底盘车间四班	进步7名次	奖100	奖30	奖20	1070
后进班组	底盘车间底盘一班	倒数第一	罚100	罚30	罚20	－1250

（2）精神激励方法

精神激励可以使班组建立起和谐统一的工作环境，使员工建立主人翁的责任意识，更加热爱本职工作，从而充分提高员工的工作积极性，还能在一定程度上降低班组管理的成本。根据精益班组的特点，有效的班组精神激励方法主要有目标激励、内在激励、形象激励、荣誉激励、兴趣激励、参与激励、感情激励、榜样激励等，同时包括班组长在内的管理层也应对精神激励方式方法有所创新，以适应不断发展的需求。下面具体介绍这八种有效的精神激励方法，如图4-8所示。

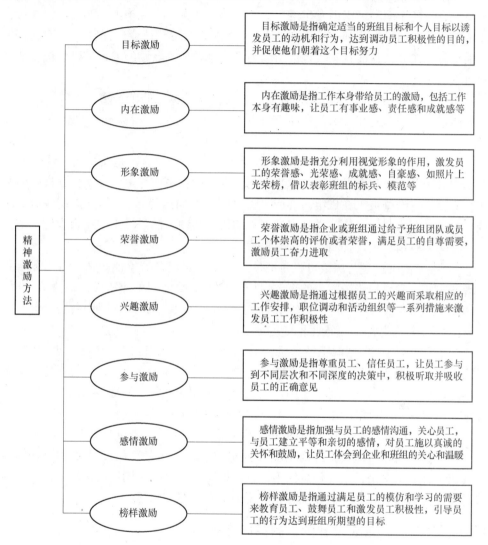

图4-8 精神激励方法

1）目标激励：在进行目标激励时，应注意把班组目标与个人目标结合起来，宣传班组目标与个人目标的一致性。要使员工看到完成班组目标的利益，明确班组奋斗的方向及成果，还要让员工看到自身利益的获得，明白只有在完成班组目标的过程中才能实现个人目标。

2）内在激励：在解决了基本物质需要之后，员工更关注工作本身是否有吸引力，所以为了搞好内在激励，班组应根据不同员工的具体情况合理地安排工作，尽量使工作内容丰富化和扩大化，以此来提高员工的劳动积极性。

3）形象激励：这种方法不仅使先进者本人感到鼓舞，而且使更多的员工受到激励和鼓舞，努力提高自己。形象激励还有一种做法就是开设"企业新闻"等电视节目，将各车间和班组内发生的新人、新事、五好员工、模范家属、劳动标兵、技术能手等，通过视频和"企业新闻"向全体员工乃至社会广泛宣传，不仅员工本人感到无比光荣，而且家人也会引以为豪，这种形象激励的方式可以取得非常好的效果。

4）荣誉激励：适当采取荣誉激励的方式，满足员工的荣誉感，可以激发出强大的能量，如"先进工作者""生产能手""五好标兵"等荣誉称号曾激励了几代人。

5）兴趣激励：兴趣可以导致专注，甚至于入迷，而这正是获得突出成就的重要动力。因此，要学会发现员工的兴趣与其工作的关系，尽量为其安排其喜欢的工作，甚至可以鼓励员工在班组内部或班组之间"双向选择，合理流动"，在班组中选择自己最感兴趣的工作。举办丰富多彩的班组活动，满足员工的业余爱好，增进员工之间的感情交流，提高班组的凝聚力。

6）参与激励：参与决策可以帮助员工更好地实现自身价值，满足自尊和自我实现的需要，是增强班组活力的重要保证，也是调动他们工作积极性的重要手段。比如让员工参与TQC小组、参与班组民主管理或者通过成为"职代会""企业管理委员会"中的代表参与企业重大决策。

7）感情激励：常见的感情激励法有亲情管理法，即随时掌握员工思想动态，对情绪不佳、疲惫困乏等员工重点监管、合理安排；对违章蛮干、不听指挥人员做到动之以情、晓之以理；对生活困难的人员，常"家访"、送关怀。此外，还有送温暖活动，领导亲自给班组员工以生日祝贺，举办生日晚会等。

8）榜样激励：树立班组内的模范形象后，如标兵、先进生产者、优秀党员等，要号召和引导班组员工正确地模仿学习。树立和宣传模范时，要注意确保榜样的真实性，实事求是，不要任意渲染，宣传得十全十美，否则不仅不能达到激励的效果，还会引起员工的不满和反感，甚至失去对班组的信任。

【实战29】某班组建设激励机制实施方案

某班组建设激励机制实施方案见表4-16。

表4-16　某班组建设激励机制实施方案

方　式	说　明
激励原则	车间采取以公司绩效考核为基础的激励原则，通过车间绩效考核小组，以公平、公正、公开的考核方式进行绩效评比；以全方位的科学绩效考评，体现每位员工的自身价值及个人能力，促进车间班组建设的全方位、多样化发展

（续）

方　式		说　明
激励评比		绩效突出团队评比
		优秀机台评比
		明星员工评比
		技术传、帮、带评比
		劳动竞赛评比
		操作技能评比
		修理技能评比
激励措施	薪酬激励	根据员工当月绩效考核指标总体完成情况进行合理性调整，兑现当月绩效奖金，不断促进员工的激励作用
		通过当月绩效考核，当月生产品牌成品率都达到公司优秀指标，评选为当月优秀机台，机台人员质量指标加分项上调10%，需满足以下条件 1. 当月生产品牌废品率未超耗，达到规定标准 2. 各生产品牌废品率平均节约50%以上，所生产的产量达到生产计划规定标准或最高者 3. 机台设备、现场、安全检查达到公司规定标准，无不合格项（月检查同一问题超过3次为不合格项）
		各机型团队当月绩效考核成品率都达到公司优秀指标，单月基本绩效无不合格项，评选为当月绩效突出团队，机台人员质量指标加分项上调15%，需满足以下条件 1. 团队当月所生产品牌成品率考核都达到公司优秀指标99.2%以上 2. 团队当月设备、现场、安全检查达到公司规定标准，无不合格项（月检查同一问题超过3次为不合格项）
		向车间提出合理化建议，提出技术创新等并得到有效实施的员工和表现出色的员工，被评选为当月明星员工，需满足以下条件 1. 服从车间管理，能自发向车间提出建议，并得到有效推行，成绩效果显著的员工，如：车间管理、班组建设、质量控制等方面意见 2. 生产工作中能以身作则，善于团结同事，得到机台或团队推荐的员工 3. 车间工作个人完成表现出色和为车间赢得荣誉的员工，如：①团队工作开展出色，超出或达到车间预期要求的团队负责人；②民主管理小组工作开展个人能力突出，并取得一定成效的团队负责人；③车间巡检工作到位，工作积极主动，能提前发现和预防车间存在问题及时上报，得到有效解决的员工，④不定期向公司简报投稿并得到刊登及对公司有突出贡献的个人 4. 连续两月评为明星员工的人员，自动评选为季度明星员工 5. 当月明星员工候选人达2人以上，由车间民主管理小组通过民主评议，评选出当月明星员工
		负责新员工培训指导的员工，在新员工试用要求期限内完成各项培训及技术传授指导工作，受培训人员个人能力达到转岗要求或掌握基本操作能力，培训期间培训人月基本绩效上调5%

（续）

方　式		说　明
激励措施	物质激励	定时开展车间劳动竞赛，对竞赛期间获得荣誉的团队或个人给予劳动用品及其他生活用品的奖励
		劳动竞赛当月生产品牌单号的完成率、成品率的评比，提取成绩优秀的团队或机台进行奖励，对成绩落后的团队和机台给予一定的鼓励，激发其工作积极性
		操作技能的评比，通过以装版、校版等形式开展不同岗位级别人员的评比，以此激励个人技能的提升，增强自信心
		修理技能的评比，通过设备关键部位的调节及故障修复；辅助设备如车、铣床，电、气焊的操作使用，增强员工自身综合技能的提高
		利用班组活动的开展，组织一些相应的朗诵及棋牌比赛，对获得前三名的员工进行奖励，充分调动员工的积极参与意识
	精神激励	利用班前班后会，对当天工作成绩表现优秀的机台、员工进行通报表扬，肯定和鼓励其阶段性的工作业绩，对存在的不足进行帮助引导
		根据当月绩效考核结果，做好当月绩效突出团队、优秀团队、月度明星员工的评比，并在车间范围内进行表彰通报
		在兑现绩效奖励的同时并做好车间的宣传及通报表扬，以增强员工的集体荣誉感和个人成就感
	关心激励	建立车间员工生日情况表、签发员工生日贺卡，对困难员工关心慰问，充分体现公司对员工的关怀
		做好车间B岗以下员工的技术指导及培训工作，对接受适应能力快的员工进行多种方式的鼓励，如岗位调整或通报表扬等
	培训激励	通过考核，对成绩优秀员工提供各种内部培训和外派培训的机会，通过培训不断提升员工的工作能力，促进员工个人发展和公司发展相结合
		对绩效表现不佳者，公司也提供岗位适应性再培训，通过培训改善员工工作态度并提高员工工作能力，促使绩效表现差的员工也能适应并达到岗位要求
		半年内绩效考核达到优秀的B岗和A岗以上的员工优先提供岗位晋升机会
		年内工作业绩达到优秀的员工优先获取年度优秀员工荣誉称号，并得到公司优先外派培训的机会
	职位晋升	通过全方位绩效考评，对绩效突出、素质好、有创新能力的优秀员工，通过岗位轮换、个性化培训等方式，从素质和能力的角度进行全面培养，随着公司发展，在需要补充和调整人员时，优先予以提拔重用

班组精益化管理

5.1 班组精益设备管理

精益设备管理是对传统设备管理方式的精细化升华，其核心理论是"用最少的费用，创造更多的利润；用最少的设备人员，持续创造出更高的效率"，概括为十二个字"费用少、利润多、人员少、效率高"。可以看出，精益设备管理的核心及着眼点在于"效率"。从设备这个主要的生产资料入手来提升生产效率，并通过持续改善和不断优化设备管理系统提升运行效率，最终给企业带来更多的利润。目前世界上普遍使用现代设备管理中的设备管理精细化方法是全面设备管理（Total Productive Maintenance，简称 TPM），下面将详细介绍关于 TPM 的相关内容。

5.1.1 精益设备管理的基本内容

精益设备管理是以设备为研究对象，追求设备综合效率，应用一系列理论、方法，通过一系列技术、经验组织措施，对设备的物质运动和价值运动进行全过程（从规划、设计、选型、购置、安装、验收、使用、保养、维修、改造、更新直至报废）掌控的科学化精细管理。

精益设备管理是随着工业生产的发展，设备现代化水平的不断提高，以及管理科学和技术的发展逐步建立起来的，它经历了传统设备管理和现代设备管理两个历史阶段。

1. 传统设备管理阶段

传统设备管理的理论核心是设备使用过程中的维修科学管理。在这个阶段初期，企业生产规模较小，设备结构简单，占用企业资金有限，因此不需要专门的技术人员来进行设备维修，而且维修费用和设备故障损失较低。所以，设备的维修一般由设备操作人员来完成，并且大多数企业都实行坏了再修的事后修理制度。在后期，随着企业生产规模的扩大，科学技术的进步，设备结构日益复杂，修理难度不断提高。同时，由于企业生产连续性地加强，设备的修理费用和故障损失不断增加，这时设备的修理就需要由专门人员来负责。企业在生产操作人员中逐步分离出专门从事设备维修和管理的人员，建立设备维修与管理机构，对设备使用过程进行管理，制订出设备维修管理的科学制度。这个阶段设备管理的特点及其局限性如下：

1）传统设备管理工作集中在设备的维修阶段，而较少注意到设备全过程的管理。

2）传统的设备管理把设计、制造过程的管理与使用过程的管理严格分开。

3）传统的设备管理往往侧重工程技术管理，忽视经济管理和组织管理。

4）传统的设备管理只是部分职工、部分机构参加，没有组织全体人员参加。

2. 现代设备管理阶段

现代设备管理阶段是对设备进行全面管理的阶段，即对设备实行综合管理。设备综合管理是在设备维修管理的基础上，为了提高管理的技术、经济和社会效益，适应现代社会经济发展的要求，针对使用现代化设备所带来的一系列新问题，继承了设备工程学，吸取了现代管理科学理论和现代科学技术新成就而逐渐发展起来的设备管理理论和方法，主要包括设备综合工程学和全面设备管理。

（1）设备综合工程学

设备综合工程学在1971年由英国设备综合工程中心所长丹尼斯·帕克斯在美国召开的国际设备工程年会上提出。随后，设备综合工程学得到英国政府的大力支持，在英国普及和推广。设备故障率降低了90%，设备维修费用减少了50%。由于效果显著，设备综合工程学受到工业发达国家的重视和迅速推广。

设备综合工程学的综合效率包括6个方面：即产量（完成产品产量的任务，设备效率要高），质量（保证生产优质产品），成本（生产的产品成本要低），交货期（保证按合同规定的期限交货不得延误），安全（保证生产安全），劳动情绪（包含两方面的含义，一是要求减少环境污染保证环境卫生，文明生产；二是人机搭配得比较好，要使工人保持饱满的劳动热情和充沛的生产精力）。设备综合工程学要点如下：

1）以设备的生命周期作为研究和管理对象，力求设备生命周期费用最经济，设备综合效率最高。

2）从工程技术、经济和组织管理方面对设备进行综合管理与研究。

3）以可靠性、维修性设计为重要目标。

4）以设备的生命周期为设备管理范围，改善与提高每一个环节的机能。

5）建立一套设计、使用和费用的信息反馈系统，实行设备工作循环的反馈管理。

（2）全面设备管理（TPM）

1）TPM的基本特点是"三全"，即全效率、全系统、全员。其中全效率是指通过设备管理使设备在生产中达到产量最高、质量最好、成本最低、故障少、安全生产、交货及时、操作工人情绪饱满的效果；全系统是指设备从研究、设计、制造、使用、维修直至报废的全过程的系统管理；全员就是与设备管理有关人员都要参与设备管理，分别承担相应的职责。

2）设备维修方式。包括预防维修中的所有维修方式，如日常维修、事后维修、生产维修、改善维修、预知维修、维修预防等，强调操作工人参加的日常检查。

3）划分重点设备，对重点设备实行预防维修。TPM 的预防性修理，一般放在重点设备上，对一般设备修理采取事后修理方式，即在设备发生故障后才进行修理，有利于节省维修费。

4）设备维修目标管理。TPM 通过推行设备维修目标管理，来确定设备维修工作的方向和具体目标，以此作为评定维修工作成绩和工作总结的依据。包括目标的制订阶段、实施阶段和总结阶段。

5）全员参与。结合开展 5S 管理活动，组织全员参与到设备维护、保养和维修等整个设备管理过程中。

5.1.2　TPM 的起源和发展

随着工业化的不断普及，机械作业逐步替代手工作业，克服了手工作业引起的品质不稳定、无法批量生产、成本高等缺点。20 世纪 50 年代，美国的制造加工业对机械装备的依赖性越来越突出，伴随而来的设备故障率也与日俱增，严重影响着产品品质和生产效率的进一步提高。对先进复杂的设备维护起来更加困难，比如复杂设备由大量零件组成，其本身的品质以及组合精度严重影响着生产中的产品，加上设备操作工人由于不熟悉设备性能和机能而引起的误操作、延误管理等问题，使设备维护成本不断上升。

为了解决这些问题，美国借助欧洲工业革命的成果，把维护设备的经验进行了总结，将装备出现故障以后采取应急措施的事后处置方法称为事后保全（Breakdown Maintenance，简称 BM）；将装备在出现故障以前就采取对策的事先处置方法称为预防保全（Preventive Maintenance，简称 PM）；将延长装备寿命的改善活动称为改良保全（Corrective Maintenance，简称 CM）；将避免在制造中出现故障、出现不良装备的活动叫作保全预防（Maintenance Prevention，简称 MP）；最后将以上BM、PM、CM、MP 四种活动结合起来称之为生产保全（Productive Maintenance，简称 PM），从此找到了设备管理的科学方法，这就是 TPM 的雏形。

第二次世界大战后，日本在向美国学习的过程中，将美国的 PM 生产保全活动引入日本，并创立了日本式的PM。在这里，要特别提及对 TPM 有着特别贡献的日本电装公司，它是丰田汽车公司的一个部件供应商。1968 年，电装公司开始确立全体生产和维护人员参与的 PM 活动，经过两年多的探索，电装公司成功地创立了日本式 TPM，即全员生产保全。

5.1.3 TPM 的活动目标

TPM 以建立健全追求企业整个生产系统效率的极限为目标，构筑能够防患未然的机制，是企业所有业务部门、上至最高管理者下至一线员工的全员参与的活动。

TPM 活动的一个基本目标就是排除影响设备效率的"七大损失"，即故障损失、准备调整损失、器具调整损失、加速损失、检查停机损失、速度下降损失和废品损失。通过开展 TPM，事先预防所有损失，做到零故障、零灾害、零不良、零损失。这种追求零的精神就是日本

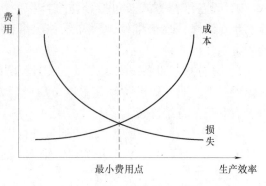

图 5-1 设备综合效率曲线

人的生产管理理念，虽然不可能完全实现"零"的目标，但为实现这个目标去制订计划、标准，并切实实施。这种高起点的追求，必将产生高质量的工作、高品质的产品，使得在生产效率实现最大化的同时，达到消耗的费用合理，并从中找出最小的消耗点的目的，如图 5-1 所示。

5.1.4 TPM 的活动内容

TPM 的活动内容主要包括自主保全、计划保全、设备前期管理、个别改善、教育训练、品质保全、间接部门效率化、安全与卫生八个方面内容，通称为八大支柱，如图 5-2 所示。

5S 活动是一切管理活动的基础，也是推行 TPM 阶段活动前的必不可少的准备工作和前提，在 TPM 里将 5S 称为 TPM 的 0 阶段活动，作为八大支柱的基础。

1. 自主保全

自主保全活动是以作业人员为主，对设备、装置依据标准凭着自身的五感（听、触、嗅、视、味）来进行检查，并对作业人员进行关油、紧固等保全技术的教育训练，使其能对微小的故障进行修理。目前，通常的做法是操作者由于非常了解使用设备的性能及运行状况，在设备故障的早期发现和维护等方面可

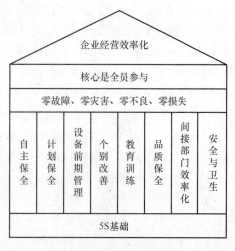

图 5-2 TPM 的活动内容

以发挥其他人员不可替代的作用。同时，开展自主保全活动有利于增强操作者对设备使用的责任感。因此，企业通过开展自主保全活动，使得作业员工在日常活动中都能熟知其所使用的设备构造及机能，并学会与应用日常保全的技能，提高作业的水准，具体步骤见表5-1。

表5-1　自主保全具体步骤

步　　骤	具 体 内 容
初期清扫	进行彻底的清扫点检活动，以便恢复设备的理想状态
发生源、问题点的对策	针对问题发生的根源或根本原因进行根本性的改善活动
自主保全、临时基准的制订	开展目标时间内的清扫、注油、点检的维持活动
总点检	发现潜在问题并复原改善的日常点检活动
自主点检	开展高效率点检和无失误点检的自主完善活动
标准化	对第一到第五步加以检查与改善，实现点检及其相关作业效率化与标准化
持续改善	保持自主点检的持续性，并不断改善，向零故障、零停车挑战

2. 计划保全

计划保全是通过设备的点检、分析、预知，以及利用收集的情报，及早发现设备故障停止及性能低下的状态，并按计划实施保养的预防保全活动。计划保全活动是以专业维修人员的保全为主的活动，由维修部门来执行，目的是减少故障发生、缩短修理时间和提高设备的可靠度，从而实现零故障。与操作人员自主保全活动不同，计划保全活动以设备专业部门为中心进行，因此也称作专业保全活动。

计划保全可分为预防保全、改良保全、事后保全，具体内容见表5-2。

表5-2　计划保全具体步骤

计划保全	具 体 内 容
预防保全	在设备出现故障以前就采取对策的事先处置的方法，包括定期保全与预知保全 定期保全：包括定期检查、定期注油、定期更换和定期修理等四种方式 预知保全：为了最大限度地使用设备或部件，通过点检或解读劣化状态数据、管理倾向值和跟踪设备状态等方法，预知判断重要部件的寿命，并据此采取措施
改良保全	通过将现有设备的缺点有计划地主动改善，延长设备寿命的改善活动。改良保全的目的是提高设备的信赖性、保全性、安全性等，减少劣化和故障，终极目标是取消保全。由于改良保全对设备进行了变动，要做好设备信息管理工作
事后保全	设备出现机能低下或机能停止后进行修理、更换等事后处理的方法。采用这种方式主要是由于设备或部件非常昂贵，预备用品会非常不经济，只有等到出现故障后再处理才较为经济

3. 设备前期管理

设备前期管理也叫保全预防，是指在新设备的计划或设计阶段进行充分的论证，在考虑现有设备生产优缺点的基础上，要考虑维修信息、新技术的应用，对设备进行可靠性、可维修性、可操作性及安全性等设计，以减少维修费用及故障的活动。前期管理的重点在于故障、不良发生、改善、机械能力、灾害、能源消耗等信息收集和灵活使用。设备前期管理主要关注以下五点：

1）维修部门首先做好和设备有关的各种信息的统计分析工作，如设备前期调试过程存在的问题、日常故障、润滑、备件、可维修性和设备的改造等。

2）在设备采购前，维修技术人员依据上述信息对所要采购的每一台新设备制订出标准文件，明确对设备管理和使用的要求。

3）维修人员必须参与设备选购前期的调研、选型、招标、厂家方案设计、施工等过程。

4）对每一台新设备在调试中出现的所有问题都要详细记录，并积极协调厂家解决问题。

5）设备调试中出现的问题，可按以下步骤解决：①设专人负责协调。要明确职责分工，采用立项和消项方式进行。②根据设备调试进度和需要召开好例会。例会的内容包括上次例会后工作完成的情况和本次例会需要解决的问题及方案讨论。③形成工作计划。

4. 个别改善

个别改善是指对重复故障、瓶颈环节、损失大、故障强度高的设备进行有针对性的消除故障、提升设备效率的活动，这样能够大大提高改善的成果。个别改善活动的八个步骤如图5-3所示。

5. 教育训练

教育训练是指能够提高员工的技能水平的活动。提高设备管理和维修人员及操作人员的技能水平是减少故障的根本。企业开展 TPM 活动的目的是要构筑企业适应市场变化、技术进步、设备机械化、管理不断创新的结构体系，因而需要能熟练操作控制设备和熟悉各方面业务的人才作为后盾。而要改进企业生产者的操作技能，提高维修部门员工的维修技能只有通过教育训练才能实现。

教育训练可分为两部分：①自主保

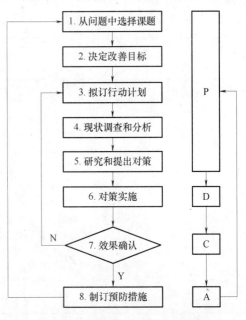

图5-3　个别改善活动的八个步骤

全教育，是以操作人员为主的自主保全活动中，对操作人员进行设备构造及功能知识的保全基本技能教育，见表5-3；②计划保全教育，是在以维修人员为主的计划保全活动中，对维修人员进行从单技能向多技能发展的教育，见表5-4。

表5-3 自主保全教育内容

课程	步骤教育	点检教育	设备保全技能教育
目的	1. 在推进TPM步骤展开之际，使其理解活动的目的 2. 透过各步骤的教育，来理解活动的目的及内容	1. 学习设备的构成、零部件构造和性能，以便学会点检的技能 2. 学会修复异音不良等简单技能 3. 知识及技能提升	1. 培养可处理异常的人员 2. 培养可依据原则、原理来查明设备的不良、问题点并进行改善的人员
教育内容	有关每一步骤的活动内容 有关原因的分析方法（5W） 有关设备点检标准 设备工装的操作方法 有关品质的要求	润滑：加油方法、周期、牌号等 联接部：螺栓、螺母、垫圈 电气：电气基础、各种器材 驱动部：链条、传动带、电动机 气动液压：气缸、阀、管、仪表	机械技能：简单修复方法 电报技能：简单修复方法 焊接技能：电、气焊技能 理论与实践相结合
讲师	TPM推进员	设备保全班长	设备保全班长
参加	一般小组成员	小组长	保全员
时间	3h×2天×各步骤	4h×2天×5个课程	66h

表5-4 计划保全教育内容

计划保全类别	技能领域	具体内容
电气	1. 基础技能 2. 专门技能 3. 自动控制设备 4. 计算机设备 5. 机器人设备	具有受变电、发电机、量测器等设备的点检、修理等技能 具有自动控制设备的点检、修理等技能 具有每一系统的诊断、应急处理及软硬件改善之技能 具有机器人的示教、点检、修理之技能
机械	1. 基础技能 2. 专门技能 3. 大型设备 4. 高精度设备	具有焊接、熔断、润滑、连接、驱动、精度、气动液压等定期整备及调整技能 具有各设备点检、整备、修理的技能

6. 品质保全

品质保全是指保全人员为消除由于设备精度、设备结构、加工条件所引起的品质不良所采取的维修和改善活动。在TPM的八大支柱中品质保全是看结果的支柱，自主保全、专业保全、个别改善、初期管理等都是对源头和过程的控制，它们是品质保全开展的和产生效果的保障和前提。如自主保全是先还原设备的初始状态，然后再进行改善。专业保全是确保设备故障为零，这一切都为实现生产不良为零的质量保全打下了坚实的基础。品质保全活动可分为 5 个阶段，各阶段的推进要领见表 5-5。

表 5-5　品质保全各阶段的推进要领

阶　段		关键要领	详细说明
第一阶段	现象把握（分析品质合理状况）	1. 不良现象的明确化、定量化 2. 加工条件的精确理解 3. 制订 QM 矩阵 4. 遵守率评价	明确不良项目定义 把握不良项目实绩，层别，不良项目定量化，标准类收集，制品理解，工程图理解，作用点理解，品质不良与工程关系调查，4M 分类、条件调查，相关性分析，QM 矩阵 4M 条件 3 线调查，制订未遵守不合理 LIST，遵守率评价
第二阶段	复原对策（品质不合理的解决）	1. 未遵守不合理的复原 2. 结果的确认与评价	树立对策，对策层别及日程计划，实施复原，复原后不良现象推移确认，评价
第三阶段	革新对策（慢性不良的对策）	1. 查找慢性不良的真正原因 2. 实施复原及改善	慢性不良项目 LIST 实施分析，原因分析直至真正原因，实施复原改善，结果确认与评价
第四阶段	良品条件管理标准化	1. QM 矩阵和标准类修订 2. 良品条件的趋势管理与事前对策	改善实施结果书收集，QM 矩阵改正，各种标准类改正，内部流程确认，作业者教育，实施
第五阶段	维持条件改善	1. 容易遵守的改善 2. 确认全体成果	维持 3 个月后评价，维持工时的节减，预防措施的简单化，确认提高率，继续维持可能性

7. 间接部门效率化

间接部门效率化是指那些不直接参与生产活动的部门，可以参考生产部门开展的效率改善活动。间接部门效率化的目的主要有两方面：追求间接业务的效率化，充分发挥各部门的组织机能以及培养具备维持和改善业务效率化特质的人才。主要有以下几种开展方式：减少投入的各类事务损耗，创造信赖性高、成本低的事务体制；消除阻碍生产系统效率化的因素，充实和强化业务机能；进行员工提案活动和自主保全活动。具体间接部门改善活动范例见表 5-6。

表5-6　间接部门改善活动范例

间接部门改善活动	具体内容	目　的
人才培养	1. 人力资源管理改善 2. 多动能员工的培养	提高信息收集、处理能力；提升业务能力
业务效率化	1. 组织和人员的合理配置 2. 业务及服务品质改善活动 3. 损耗、浪费的削减活动	提升决策支援能力，提供便于高层决策的依据 帮助生产、制造部门或其他部门提升生产效率 企业形象、工作环境改善，业务成本降低

8. 安全与卫生

TPM中的卫生活动不是平常所说的"打扫卫生"，而是包含预防污染、节省能源、减少废弃物、资源再利用等多方面改善环境的活动。

开展安全卫生活动可采用4循环法。第一循环：掌握现状，查找潜在隐患；第二循环：追究本质，确定主要危险点；第三循环：制订对策，针对主要危险点制订解决方法；第四循环：设定目标，根据主要危险点对策制订具体行动目标。

5.1.5　TPM的"六精"准则

TPM的核心准则主要有三个方面：①以标准化为基础。不断完善设备操作保养、点检润滑、维护维修标准，实施规范化的设备操作保养、维护维修模式，推行自主维护理念，积极开展设备改进与技术创新活动。②以预防维修为抓手。不断建立设备保障体系，实现设备在生产加工过程中的效率最大化、参数最优化、成本最低化的可靠控制，为生产管理精益化提供有力保障。③以细化管理和提高效率为目的。夯实、规范设备基础管理，形成具有特色的设备管理绩效体系。具体实施参照以下"六精"准则：

（1）"精确"数据管理

1）依托ERP、MES等设备管理信息化系统的建设逐步形成规范、完整的设备台账、设备维修及保养数据，初步建立设备基础管理数据库，为实现设备全生命周期管理奠定数据基础。

2）按照设备档案管理办法要求，通过档案室查阅、厂家索取等方式全面整理设备档案，建立一套完善、齐全的设备技术档案，形成完整的设备技术档案库。

3）依托TPM设备管理工具的应用，完善设备故障管理标准体系，进一步夯实"六源"、OPL、OPS、故障统计信息相关数据的真实性、全面性，为设备预防性维修提供翔实的基础资料。

4）结合对标创优指标及一流工厂评价标准，强化设备管理目标和指标的统计分析工作，找出存在的薄弱环节，制订相关控制措施，促进设备管理绩效的改进提升。

5）建立设备零配件生命周期管理机制，展开零配件生命周期管理基础数据的统计，最终形成常用零配件生命周期数据库，为控制成本和开展设备预防性维修提供基础数据依据。

（2）"精准"状态预测

1）建立完善设备技术标准，为精确设备状态预测提供可靠的理论依据及合适的操作方法。

2）做实设备点检工作，通过细化设备点检、润滑、维修保养、轮保等设备基础管理要求，优化工作流程，完善检查考核机制，落实设备点检的二级检查制度，加强对设备点检质量进行考核及追溯工作，确保设备点检工作到点、做实、达效，通过点检数据达到及时预测设备运行状态的目的。

3）细化设备点检问题反馈处理流程，形成"设备维修需求单"传递制度，确保设备点检发现的问题责任明确、分析到位、处理到位、预防控制措施到位、检查验证到位，充分发挥设备点检对提升设备运行状态的积极作用，实现设备故障闭环管理。

4）引入设备点检、状态预测检测工具，提高设备故障预测能力。

5）应用 TPM 工具开展设备故障统计分析工作，为设备预防维修提供数据支撑。

（3）"精心"维护保养

1）完善设备轮保、检修的监督检查机制，确保设备轮保、检修计划方案可行、内容具体、责任到位、过程可控、工作有效。

2）探索建立设备生产准备班制度，为首班设备的稳定运行奠定基础。

3）通过对设备的运行操作、维护、点检、润滑、检修等过程的执行进行现场验证，确保监督、检查形成闭环，提高运行质量。

4）开展设备自主维护工作，明确设备自主维护管理的要求，优化完成自主维护基准书模板，在此基础上逐步推广至各车间所有主要设备，最终促使各车间建立完善的主要设备自主维护管理手册。

5）做好设备检修、故障处理的过程管控工作，提高工作质量和最终效果。

（4）"精实"绩效管理

1）制订结合现有的设备管理三、四级文件，国家局、公司要求，工厂经济责任制相关考核要求以及目标指标数据库《设备管理评价考核细则》，为开展设备精益化管理理念的执行奠定基础。

2）做实设备绩效评价工作。设备绩效评价由过程评价及结果评价两部分组成，过程评价主要通过生产调度进行日常过程停机统计、设备技术员进行数据采集系统数据分析结果两部分体现，结果评价主要通过设备技术员进行周检查、月度综合检查结果两部分体现。所有评价结果应确保依据充分、实施清楚、评价规范，必要时应让责任部门签字确认或拍照留证。同时由设备技术员按要求对评价存在问题进行跟踪验证，持续提升设备绩效目标管控水平。

（5）"精算"成本控制

1）完善管理标准，对在用设备改造相关流程进行规范，杜绝零备件的浪费，同时建立修旧利废管理制度，通过奖惩激励机制，正确引导并且做好维修费用的管控工作。

2）细化零配件管理，在确保正常运行的情况下实行库存限额管理，同时严格零配件计划审核，各部门报送总成件、改造件、大额件时必须提供相关说明或可行性分析。

（6）"精干"队伍建设

1）采用请进来、走出去的培养方式，拓宽人才培养通道，结合 TPM 咨询服务的开展，组织员工学习先进的设备管理理念和方法，进一步转变员工的思维模式，逐步提升一线员工发现问题和解决问题的能力。

2）组织各部门设备主管学习设备精益管理理念和方法，转变工厂目前的设备管理模式，为开展精益设备管理奠定基础。

3）加强对基层操作维修人员管理知识和实操技能的培训，进一步提升员工的业务技能。

4）每年度对部门优秀改善案例、OPS 进行统计和汇总，形成部门改善案例库，作为员工培训资料开展培训。

5）建立平台，加强技术资料和先进经验技术的共享及传播。

【实战30】TPM 运用之改善损耗设备

1. 项目背景

某工厂在进行工时损耗记录时发现，波峰焊设备故障所致的工时损耗高达 144h，占总体的 39.24%，故对工厂中的波峰焊设备进行排查改善。

2. 现状调查

得出现状调查结果，异常设备件数累计见表 5-7。

表 5-7　异常设备件数累计

序　号	维修内容	发生件数	累计件数	累计比率
1	喷雾气管裂	4	4	36.63%
2	喷嘴堵塞	3	7	63.64%
3	固态继电器异常	3	10	90.91%
4	其他	1	11	100%

设备的故障原因都是缺乏保养维修，因此接下来将缺乏保养的设备进行下一步分析。喷嘴气管裂、喷嘴堵塞、固态继电器异常占总体的 90.91%，另外加上配件

老化维修，这将是设备重点改善的项目。

3. 要因分析

异常要因分析见表5-8。

表5-8　异常要因分析

序号	末端原因	确认项目	确认方法	评价标准
1	配件没有指定品牌	确认5月-7月配件的原装与非原装情况	1. 5月-7月购买原装与非原装的情况 2. 原装与非原装的寿命	寿命一致率>90%
2	喷嘴清洗频度低	目前的清洗频度及清洗后效果	1. 确认1个月的点检记录 2. 分时间段确认制订的清洗频度是否可以满足要求	喷嘴堵塞故障为0
3	经验没有收集与共享	日常工作经验是否有收集并共享	1. 锡炉故障内容归类总结表格或电子档 2. 随机抽查技术员，确认是否可以直接说出发生的原因及改善对策	100%定期归类并汇总
4	生产任务紧	是否因生产紧张导致不能按计划保养设备	确认1个月的生产及保养状况，确认是否能按计划保养	保养计划实施率100%
5	喷嘴无防异物混入措施	确认是否有异物混入	1. 确认松香水添加方法 2. 解体喷嘴确认是否有异物存在	100%无异物混入
6	无常用备品寿命管理	确认备品寿命管理情况	调查每一备品的寿命管理情况	寿命管理完成率100%
7	支架材质差	确认支架的材质	1. 用高精度测试仪测试支架的材质及硬度 2. 调查铝材质的熔点及密度	无变形

4. 对策实施

（1）制订配件品牌明细

1）把常用的波峰焊配件列出，做成《波峰焊设备常用配件明细》。

2）评估各零件使用最优品牌，并做成最优品牌明细。

（2）经验技术收集与共享

1）波峰焊设备发生故障汇总成电子档存放于服务器，联络全员学习。

2）每月下旬由责任者在网上搜集信息，召开技术交流会并考核。

（3）增加过滤网并定期清洗

1）在松香罐与喷嘴间增加过滤网，防止异物进入。

2）在《日常定期点检表》中追加松香罐过滤网的清理点检项目，定期对松香罐过滤网清理实施的情况进行确认。

（4）增加备品管理台账

1）对现有备品最长使用周期进行评估，做成管理表。

2）制作部品确认更换计划并按计划施行。

（5）更换支架材质，增加熔丝

1）评估多种材质的支架，选择最优材质更换支架。

2）变更电路，增加熔丝。

5. 效果总结

（1）优点

1）能将 QC 七大手法、TPM、5S 应用于日常工作之中，对工作进行改善。

2）技术员对相关技术问题的分析及解决能力加强，提高了工作效率。

3）全体员工积极参与，每步作业都能自己亲自主持与担当。

4）全体员工充分发挥了团队合作精神与集体凝聚力。

（2）缺点

1）会议相关资料准备不充分。

2）部分成员对 TPM 了解还不够熟悉，在开会讨论时耗时较长。

5.2 班组精益物料管理

精益物料管理也是班组长应该掌握的基本技能之一。班组长在物料和原辅材料的领用保管、物料不良处理、物料呆滞处理及物料特别采用等方面，都应该具有基本的知识和熟悉的程序。物料库存管理更是涉及企业管理的方方面面。精益生产以认知发现并设法消除生产过程中的"七大浪费"为管理的起点，通过对库存、在制等物流系统管控，实现物料在库日数递减，最终实现零库存和一个流生产，来支撑生产系统的高效率、低成本和准时化。本节将会详细地介绍各种物料如何管理，具体包括普通物料、不良物料、呆滞物料、特采物料、辅助物料的管理。

5.2.1 精益物料管理的基本内容

精益物料管理是指在生产过程中对物料包装、保管、搬运、识别、盘点和领取等进行全面控制和管理，以便及时了解库存情况，达到降低库存量和提高物料周转率的目的。过去认为仓库里的物料多，表明企业发达、兴隆，精益管理则认为零库存是最好的库存管理。库存多，占用资金多，利息负担加重。当然如果过分降低库存，则会出现生产断档。

1. 物料管理的内容

（1）物料的包装

企业为了维持生产的连续性，必须保证一定的物料库存，以及时地补充工作中的消耗。当物料处于库存状态时，一般都要进行包装，其目的是保证物料在运输、保管、装卸搬运过程中保持完整。实施物料包装标准化的要点如下：

1）定期（如一年一次）重新检查各个种类，考虑能否用类似的种类代替。

2）采用新的方法时，努力减少旧的种类数量。

3）考虑搬运放置、清扫的便利性。

4）有国标要求的，尽量沿用国标。

5）无法沿用国标的，不与国标发生原则性冲突。

（2）物料的保管

是指对物料的保存与管理。具体来说，就是在保证物料品质和数量的前提下，依据一定的管理原则，在一定期间内把物料存放在一定场所内的活动。如果保管方法不当或者保管技术的操作失误，造成物料堆垛大面积倒塌、腐烂，甚至由于共储物料不相容而发生火灾、爆炸等，其损失是致命的。

在实际工作中应遵循以下基本原则：

1）质量第一：物料保管的根本目的就是保持物料原来的使用价值，以优质产品满足社会生产和人们生活的需要。

2）预防为主：应该积极采取预防措施来减少库存物料的损耗，同时避免物料在保管中的质量劣化。

3）讲究科学：物料保管要讲究科学，就是要严格按照事物的客观规律办事。

4）提高效率：在物料保管工作中应努力提高各方面的效率。

5）确保安全：在物料保管工作中，确保安全非常重要，包括物料安全、仓储设施安全和人身安全。

（3）物料的搬运

由于物料的搬运、码放并不是一个一直保持的状态，故很容易被管理者忽略。仓库管理中出现的品质问题，大部分是因为这个环节失控造成的。所以，班组长一定要重视这个问题。

这些年来，在物料搬运系统设计方面出现了一些准则，现列举六条有代表性的准则：

1）搬运和存库的设备应尽量标准化，应设计设备搬运计划方案、方法和步骤。

2）应将系统设计成能提供最大的连续的商品流的系统。

3）应在可移动货物的搬运设备上投资，而不是在固定不动的设备上投资。

4）不应使搬运设备闲置，应最大范围地使用。

5）选取搬运设备时，应选取总重与净载量之比最小的设备。

6）系统设计应考虑重力流。

（4）物料的识别

物料识别一般分为身份识别和状态识别。身份识别是标示物料身份的唯一的、不变的资料。而状态识别是物料变化状况的标示，可以分为检查状态识别、生产状态识别、库存状态识别等多种标示。身份识别主要发生于进货阶段，是物料在进库时登记的资料。而状态识别发生于库存阶段，是对物料变化的及时跟进记录。作为班组长，一定要熟悉物料的身份识别，同时重点关注状态的识别。下面是一些状态识别的建议，可供参考。

1）半成品与仓库内的成品的识别：这种识别属于身份识别，可以通过物料识别卡、条码等来加以识别，但最主要的方法还是将半成品与成品分区或分库摆放，然后通过区域挂牌来进行识别。

2）检查状态的识别：库存物料需要经常进行检查，那么如何区分已检查、待检查、检查判定中等状态也是摆在班组长面前的一个课题。由于库存物料数量一般较大，所以现行的最常用方法是通过区域标示牌进行区分。

3）不良品的识别：库存物料中难以避免不良品的出现。为避免合格品与不良品的混淆，企业必须对不良品隔离，并进行醒目标示。不良品的识别一定要标准化，要明确作业并发现不良品时的处理方法和标示办法。如通过制度规范不良品的挑选、返工、报废、让步接收等标准，对存放不良品的容器（如箱）、不良场所做记号或加标签等。

4）半成品、残留零部件的识别：作业现场可能会有半成品和滞留的零部件。对此情况，要明确规定处理方法和标示办法，将那些半成品和滞留零部件明显地区分开来，防止误用错用。

5）明确设计变更品、特采品的识别：企业处理采购时的不合格物料有五种方法：退换、拒收、选用、变更设计或让步接受。前三种都可以杜绝不合格物料入库，但后两种却降低了采购标准，引入了不合格物料。

（5）物料的盘点

账物一致是物料保管的最高目标。要了解实际库存数量与台账数量是否一致，基本的手法是进行盘点。根据发生的时间和频率不同，盘点一般可分为定期盘点和循环盘点两类。

1）定期盘点：是选定一特定日期关闭仓库，动员所有人力以最短的时间清点现存所有物料，是按周期进行的盘点活动，如每月、每季、每年等，目的是掌握在库物料的金额值，核算盈亏。

2）循环盘点：是盘点时不关闭仓库，而是将仓库分成多区或者依照物料分类，逐区、逐类地轮流进行循环盘点；或当某类物料存量达到最低安全库存量时，即机动予以盘点。工厂的一般做法为每周进行循环盘点，一个月为一个循环周期。

盘点的目的在于核查物料的账物一致性，防止损耗，及早发现缺料等异常情况。一般发生账物不一致的常见原因包括：进出库计数错误，票据记录、转记错误，盘点时计数错误，保管期间的损耗、丢失，厂家箱内包装数量不足，厂家包装包含了备品。

要彻底消除账物不一致的现象几乎是不可能的，只能尽量在可能出现账物不一致的场合采取合理的预防措施，把这种问题的发生概率控制在最小。如果已经出现账物不一致，那就要及时采取适宜的处理方法，纠正错误，总结经验，避免再犯。发生账物不一致的处理流程如图 5-4 所示。

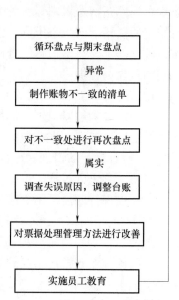

图 5-4　账物不一致的处理流程

（6）物料的领取使用

在班组生产过程中，经常会发生物料的领取、使用或者退货等情况。面对这些情况，有一些注意事项需要班组长留心。

1）对于先领用的物料生产按优先使用原则。当班组前往领取物料时，会有物料清单（或作业指导书、联络票、现品票、出库票等）作为指导。在领取完物料以后，首先要确认来料的名称、编码、规格、数量是否与物料清单上的要求一致；然后检查物料的质量是否合格，如物料是否已经 IQC 检验合格（必要时确认检验报告、合格印记），产品外包装是否有变形、破损等异常现象；最后填制一式两联的"物料用品领用单"，一联交物料用品管理部门据以减少结存数量，一联交财会部门，就可以将物料用合适的工具和方法运回生产场地了。

2）如果物料是用于分析或者实验的，则归还时应由检验员确认合格后才可入库。借用的物料如果超出预定期限尚未归还，应及时跟催，防止久借不还。如果在生产过程中有紧急需要的物料，就需要实行物料紧急放行的程序。紧急放行的物料，必须按公司程序文件的规定，办理审批手续后才能领取。领取的紧急放行的物料要做好投放标志和记录，并跟踪生产情况，一旦发现异常要能够立即追回。任何人都不能以生产紧急、保证进度等理由，要求仓库部门违章发料。

3）在使用过程中要按物料的特性设计合适的架、箱、盒存放物料，防止物料在使用中损坏。对相似或者相近的物料，要分开摆放，并做标示，避免混淆；一旦发现物料异常，要做好标示，并记录详细状况，方便他人分析原因；像标签、密封贴、自攻螺钉、螺栓等不适合二次使用的零部件，不可勉强使用，需要强行报废。另外，接触物料的操作员工要加倍小心，不可损伤物料，比如手上不要佩戴硬质饰物，以免划伤物料。

4）对于因计划变更等原因而长时间不使用的多余物料，管理者可以恢复包装状态后退回仓库,以免占用场地资源。而对于报废物料或不良物料,在将其退库销账时,不良内容和现象要写清楚,有数据的附上数据,责任区分要明确,由相关人员确认后退库。如果物料不良是企业外部的责任,则还要尽量恢复原包装,防止其他损坏,并附上产品的现品票,然后将其退回物料责任商,便于外协厂调查不良原因。

2. 物料管理的方法

1)建立在库日数指标,对库存各种原料、辅料、采购来料等物料进行监控。在库日数 = 当期库存量/下期计划消耗量 × 下期有效工作天数,在库天数是衡量当期库存量能维持下期按计划生产的天数。在考虑到采购周期、安全库存等因素的需要后,在满足生产的连续性的基础上,在库日数越少,说明库存周转率越高,企业的运营能力越强。

2)每月库管对主材进行三日数据统计,并制作走势图进行监测。同时,公司建立年在库日数指标,并分解到每个月,逐月递减,持续改进。

3)库房建立了对采购来料的监控和评价机制,根据计划到货量和实际到货量的对比,编制《月度来料计划与实际到货对照表》并生成相关折线图,统计无计划到货的情况,进行日常的监督控制和月度的统计。

4)设定计划到货与实际到货前后一周内为控制目标。对超出时间范围的,要求采购人员分析原因、制订对策并对对策的效果进行监督。

5)采购人员要根据采购计划与库房提供的实际到货情况。组织对月度的原材料到货情况进行分析,并编制月度分析报告,针对分析出的问题制订解决对策和方案。

5.2.2 不良物料的管理

1. 不良物料的定义

不良物料是指经过生产领料,生产作业前(没有用于生产加工)检查出的质量不符的物料。当物料发生不良时,要根据一定的判定标准划分不良等级(见表5-9),然后才能够采取真正合适的处理措施。

表5-9 缺陷等级判定表

缺陷等级	严重程度	判定标准
A	致命缺陷	有可能引发安全事故的缺陷 造成产品机能完全丧失、产品无法使用的缺陷
B	重缺陷	影响产品的正常使用和操作,导致难以实现产品预定功能的缺陷 导致产品必须经过改造和交换部件等附加步骤才能正常使用的缺陷 导致产品寿命缩短的缺陷
C	轻缺陷	对产品的有效使用和操作等带来的影响可以忽略不计的缺陷,例如表面轻微的伤痕、污点,标签类的粘贴不正、不牢等对产品使用没有影响的缺陷

2. 不良物料的管理方法

（1）不良相关信息的收集、保存

发现不良材料后，要及时准确地收集、整理、记录、保存相关信息。其中，对不良材料样品的保存尤为重要。因为无论是批量发生还是个体发生，只要保持样本，就得到了最直观的不良信息，如一些脏、划痕、异常等，这样有利于不良后果和影响的确定。

（2）不合格品的区分

班组长应组织员工将仓库内的不合格品放于隔离的不良物料区内，并对不良物料分类标示、区别存放。

（3）不良物料的处理

不良物料的处理方法一般有四种：特别采用、挑选、返工、修理和退货。除了特别采用以外，其他四种处理方法都可以从字面上得到明确的指导。

（4）不良物料的再次确认

对从不良物料中挑选出的可用物料，以及经过返工、修理等处理后可用的物料，必须经过再次确认才可投入生产活动中。因此，要安排专业人员对上述物料进行再次检验，确认达到要求后，方可批准其入库或者投入使用。

（5）采取措施，防止不良重复发生

面对不良物料的出现，一定要善于总结经验教训，并采取措施以杜绝相同的错误重复发生。为了提高改善措施的有效性，要从下面四个方面对措施进行考察：

1）措施是否与品质问题的严重程度相适应。

2）措施是否具有可操作性。

3）措施是否得到了真正执行。

4）措施的评价是否及时有效。

5.2.3 呆滞物料的管理

1. 呆滞物料的定义

呆滞物料是指物料存量过多、耗用量极少而库存周转率极低的物料。有的划分标准不同，有的说超过3个月不流动就算呆滞，也有的说超过1年不流动才算呆滞。总之，每个公司，例如某公司规定如下：对质量（规格、材质）不符合标准的原材料、外购件及外协件，存储超过1个月，已无使用机会，或虽有使用机会但用料极少的；对良好状态的原材料、外购件及外协件，存储超过3个月，在以后的生产中没有机会使用或者很少使用的；对成品、半成品，凡因质量不符合标准、在制或制成后客户取消订单、过多库存等因素影响，存储超过1年以上的，都算作呆滞物料。

2. 呆滞物料的管理方法

1）仓库每月对工程变更、采购变更、购买错误或部门申购错误、业务变更、库存一年以上及其他原因造成的呆料进行统计，填写《呆滞料处理单》，PMC 经理审核后转交到品保处，通知检验。

2）品保收到仓库的《呆滞料处理单》，进行物料检验，品质不良品按报废处理，合格品按"呆滞料处理流程"处理。

3）合格备品备件类，通知产品开发部/设备及自动化部针对呆滞物料进行评估，看其是否可以代用，并给出具体可行方案，不可代用者，需签不可代用。

4）合格产品，通知 PMC 物控员对呆滞物料进行订单审核，审查是否有订单可用到。

5）通知采购针对呆料给出进行退换料及低价卖出等相关处理方案。经各部门批示确认后，将呆料处理方法呈现给总经理，最终处理权归总经理批准，经总理批文后，按总经理处理方案执行。

5.2.4 特采物料的管理

1. 特采物料的定义

特别采用简称"特采"，是指在生产过程中，因为时间上或者经济上的原因，管理者对一些不良物料采取了容忍的态度。换言之，就是已经被判定为不满足制品规格或图纸内特性值的零件或成品，在对品质不造成障碍的前提下，例外地予以使用。按照发现物料不良的时间，可以将特采分为以下两类：

1）进货前特采（事前特采）：是指虽然在供应商送货前就发现物料品质的异常，但由于某些客观的原因，还是决定采购，从而提前申请的特采。

2）进货后特采（事后特采）：是指企业已经采购的物料，在入库检查、出货检查或生产线投诉中，被判定为不合格，但经由工序技术人员或客户确认仍然决定采用的特采。

2. 特采申请的处理方法

1）申请的范围：对特采的使用一定要非常谨慎，除非迫不得已，否则不要采用不良物料。因此，对特采的申请有非常严格的限制。只有当出现下列情况的时候，才可以考虑提起特采申请：如对该零件/成品实施修理或重新制作加工，会引起交货期延迟，明显地影响生产计划；修理或废弃该零件成品会在经济上有明显损失。如果采用特采会明显地影响产品的品质，那么不论有什么原因都不应该做出特采的申请。

2）申请的内容：如果不得不使用特采，那么在申请内容中应包含部门名、申请者署名、申请年月日，编码（记载接受单位的编码、工序），特采申请品的批量，不良内容（不合格项目的内容）及在必要时补充的略图，发生原因及其再发防止对策与对策者的署名、盖章；必要时附上不合格的样品。

3. 特采物料的管理方法

由于特采物料的特殊性，一定要加强管理，避免潜在的风险。一般来说，对需要的特采物料，要依照规定进行特采，并将进料加以标示"特采"，然后在检验记录表、验收单内注明特采处理情况。具体方法如下：

1) 特采物料的识别、区分：为区分特采物料，一定要在其包装票上做出特采标志，或者加盖"特采"印；然后，对标示后的特采物料留下批号、订单号、数量管理，不让特采物料与非特采物料混作一个批量进库、出库组装或出货客户处。

2) 特采物料的接受、使用：在接受特采物料后，相关检查部门要对已经申请的物料进行跟踪控制，并实施数量管理。在检查中，特别要确认特采物料是否与特采项目决定的内容一致。

3) 特采物料的异常处理：如果发现因为使用特采零件而引起了品质及工序异常，必须立即停用特采零件并及时地通知相关人员，尤其是工序技术人员，以便及时采取有效的对应措施。

5.2.5 辅助材料的管理

1. 辅助材料的定义

辅助材料，又称之为"副料"或者"副资材"，是指生产中辅助性的消耗材料，如油脂、胶水、手套、封箱胶纸等。辅助材料虽然不处于主要的生产地位，但却不能因此而小看它，一旦辅助材料短缺或者变质，必然会影响生产的进程和产品的质量。班组长作为现场最直接的管理人员，也要管理好辅助材料。

2. 辅助材料的库存管理

辅助材料一般不必要大量库存，因为大多数都能从市面上直接采购回来，方便又快捷。但是，有些企业为了方便，往往大量订购辅助材料，但辅助材料也有变质期，故也需要库存管理。另外，一些比较专门的材料，比如需要进口或者从特殊渠道采购的，像设备专用油脂、无水乙醇等，为防止短缺，也需要根据使用量进行库存管理。因此，对辅助材料的库存管理也就相应产生，具体措施如下：

1) 建立台账：对于库存的辅助材料，不管是否设有专门人员进行管理，入库时都要对其建立台账，明确记录材料名称、型号、供应商（名称、地址、电话）、使用量、采购周期、最低库存等相应内容。

2) 决定存放地点：入库之后，管理人员要根据材料的不同特性决定不同的存放方法和场所。如：易燃易爆品存放在专门仓库，纸张类要存放在干燥的环境里，试剂溶液类要存放于阴暗的低温环境中。

3) 设定安全库存：根据辅助材料的使用量和采购周期等设定安全库存，并设置安全库存警示，如警戒线、提醒牌、报警设置等，以提醒管理者在适当的时候添置辅助材料。

3. 辅助材料的管理方法

班组长要关注对辅助材料的使用，并通过合理的管理控制，使辅助材料很好地为生产服务。

1）清楚使用量：要想管理好辅助材料，一定要清楚它们的使用量，知道哪些产品在用它、单位用量是多少、月用量是多少等。如果有可能，最好将这些信息清楚地反映在辅助材料管理台账中。

2）防止辅助材料的浪费：因为辅助材料所处位置的关系，生产人员对它的关注度一般不高，极易造成无意识的铺张浪费。所以，班组长应该根据用量定额发放或者采取以旧换新的方式控制辅助材料的用量。另外，对于一些污染环境的物品（如电池、氰化物容器），还要做好回收工作。

3）按手续领用：应由班组长按照规定的领用手续领取辅助材料，并对所有辅助材料进行统一管理，严格管理辅助材料，而不要随意将其发放到生产者手中，致使使用消耗无法控制。

【实战 31】 物料管理之 ABC 法

在库存商品的管理模式上，某公司实行品类管理，优化商品结构。一个商品进入之后，会有 POS 机实时收集库存、销售等数据进行统一的汇总和分析，根据汇总分析的结果对库存的商品进行分类。然后，根据不同的商品分类拟订相应适合的库存计划模式，对各类型的不同商品根据分类制订不同的订货公式参数。根据安全库存量的方法，当可得到的仓库存储水平下降到确定的安全库存量或以下的时候，该系统就会启动自动订货程序。

从该公司获得的启示有以下几点：

（1）运用 ABC 法对物料分类管理

运用 ABC 分类法对所有物料进行分类。该公司根据流量大、移动快速，流量始终一致，以及流量低、转移速度慢三种情况把物料分为 A、B 和 C 三类。这就有助于管理部门为每一个分类的品种确立集中的存货战略。

（2）根据品类管理制订不同的库存计划模式

一般库存计划模式有 7 种模式：A/R 法（订单直接展开法）、复仓法、安全存量法、定时定购法、定量定购法、MRP 法（用料需求规划法）以及看板法。在同个企业中，同时可以存在两种甚至以上的库存计划模式，这取决于物料的类型和企业的管理制度。

现假设一家制造企业的物料已经按照 ABC 分类的概念并结合自身的情况进行了品种分类，分别为 A 类物料、B 类物料和 C 类物料。

A 类的特性为：流量大、移动快速，在企业物料中最为重要。管理方式就会采取严密的管制和预测准确的库存计划，即使预测的成本较高，也要尽可能使无效库存数为零；管理模式可采用 MRP 方式。

B 类的特征为：流量始终的物料，仅次于 A 类的重要物料品种。管理方式为采用适度的管制，原则上，同时容许低风险的无效库存的存在；管理模式可采用安全存量法。

C 类的特征为：流量低或转移缓慢，相对重要性也较低；管理方式为采用宽松的管制即可，简化仓储出库和入库手续等；管理模式可采用复仓法。

5.3 班组精益作业管理

为了提高稳定条件下产品的质量和效率，首要任务就是控制生产条件，而生产条件中最复杂的因素就是作业方法，它直接涉及生产人员、设备、材料等因素。作业方法管理已成为班组长最重要的工作，也是班组长日常工作的重要组成部分。在作业管理的规定和管理方法上，班组长应拥有最多的发言权和实施权。本节将会详细地介绍作业管理的三种形式，包括作业指导书、快速换模和4M变更。

5.3.1 精益作业管理的基本内容

所谓作业，就是指原材料或物料等作业对象经过人、机器、信息等一系列的手段转化为产品的活动。所谓作业方法，就是操作的程序、姿势和所采取的所有行动。糟糕的工作方法会使工人容易疲劳和出错，从而导致事故和伤害。为了实现安全、舒适、高效的生产，管理者应不断改进操作方法。换言之，就是对作业方法进行管理，而精益作业管理主要通过以下三种形式进行管理：

1. 作业指导书

作业指导书是指作业指导者对作业者进行标准作业的正确指导的基准。作业指导书由零件能力表、作业组合单制成。是随着作业的顺序，对符合每个生产线的生产数量的每个人的作业内容及安全、品质的要点进行明示。所以用图表表示一个人作业的机器配置，记录了周期时间、作业顺序、标准持有量。此外，还记录了在什么地方用怎样的方法进行品质检查。如果作业者按照指导书进行作业，一定能准确、快速、安全地完成作业。

2. 快速换模

快速换模是将模具的产品换模时间、生产启动时间或调整时间等尽可能缩短的一种过程改进方法。可显著地缩短机器安装、设定换模所需的时间。

3. 4M 变更

在生产管理活动中，对产品质量产生影响主要包括以下四个方面：人（Man）——工人；设备（Machine）——包括生产活动中的机器和工艺装备；材料（Material）——包括生产过程中的零件、材料以及半成品；方法（Method）——包括生产作业的方法、条件和环境等。对以上四种方式的变更进行管理就是通常所说的"4M 变更"。

5.3.2 作业指导书的内容

在生产中，由于作业方法一般是通过作业指导书和工艺流程图来表达的，所以作业方法的管理可以具体化为上述作业指导书和流程图的制订、发放和修改过程。例如，成品的所有重要工序都应在工艺流程图中进行管理；对配料、装配、调整、检验、包装、运输等作业内容按作业指导书管理；对部分操作键、不同部位的机器等应制订专用的作业指导书进行管理。

1. 作业指导书的概述

作业指导书是指导工作人员保证过程质量的最基础的文件，用于具体指导现场生产或管理工作，是作业指导者对作业者进行标准作业的正确指导的基准，而组织现场生产和管理工作有简有繁，所需的作业指导书不可能采用统一的结构和形式，而应由作业活动的性质和复杂活动程度来决定。一般可分为组装指导书、调整指导书、检查指导书、包装指导书、备件指导书、搬送指导书、配料指导书及修理手册等。

作业指导书应该涵盖以下基本内容：

1）与该作业相关的职责和权限。

2）作业内容的描述，包括加工的产品零、部件及其工序，操作步骤，过程流程图。

3）所使用的材料和设备，包括材料型号、规格和材质；设备名称、型号、技术参数规定和维护保养规定。

4）作业所使用的质量标准和技术标准要求，过程能力的要求，判定质量符合标准所依据的准则。

5）检验和试验方法，包括计量器具要求、调整和校准要求。

6）对工作环境的要求，包括温度、湿度、清洁度，以及安全和环保方面的要求。

作业指导书的版面格式要求包含的内容有：作业指导文件的名称、统一的标准编号、编写依据、发布和实施日期、编制人、审核人、部门负责人签字及正文等。

2. 作业指导书的编写

1）作业指导书的编写任务一般由具体部门承担。明确编写目的是编写作业指导书的首要环节；当作业指导书涉及其他过程（或工作）时，要认真处理好接口；编写作业指导书时要从员工和岗位的角度出发，使员工对有关该岗位的相关知识和工作能有全面的了解，知道在该岗位上工作可能遇到的危害、风险和隐患，以及应当采取哪些防范措施。

2）作业过程中所涉及的必须使用的零件、设备、工具、消耗品等用品，均应在指导书里做出明确规定。当技术指示有使用量要求时，应在指导书相应栏内注明用量。

3）在防静电要求作业、安全规格作业和附带作业指导书上，必须盖上相应的识别印章。对防静电要求作业，还应明确规定防静电要求的等级。

4）作业顺序不可调整的作业，必须明确标示作业项目的顺序，而且醒目标示

"作业顺序不可调整"的字样。

5）对有取放要求、容易损坏的零部件（如镜片、感光材料等），要注明拿取部位和取放方法。

6）为特殊工序制订作业指导书时，更要详细地记录管理项目和管理方法。

3. 作业指导书的修订

在实际应用过程中，应注重实践的检验，通过在实际工作中的应用，根据实施情况和活动结果的分析和研究，不断发现作业指导书中存在的问题，对不适宜的内容及时地加以修改，把成功的做法纳入到文件中。所以，文件的修订是必然的，这是增值的过程。

在下列的情形下要修订作业指导书：材料或零部件变更；作业方法或顺序变更；作业要点变更；设备或工装夹具等道具类变更。修订作业指导书应该注意以下问题：

1）作业指导书变更时，如果涉及其他的相关资料，则也应同时对相关资料的内容进行修订。

2）当作业指导书的修订涉及某些技术参数和规格的变更时，应该得到技术部门的批准。

3）如果技术部门发布《标准改订指示书》、《设计变更指示书》或《暂定处置联络书》等指示文件，要求变更作业方法，那么必须严格按照指示文件要求的事项修订指导书。

4）作业指导书变更以后，应该将变更项目内容记入修订履历中。

5）在修订了作业指导书之后，就应该改变相应的生产作业方法或顺序。但如果作业指导书改变于一次工序之中，那么作业的改变应该从下次生产前开始。也就是说，一次完整的生产作业不应该参照两份不同的作业指导书。

4. 作业指导书的保管和运用

1）作业指导书应放置在醒目的地方。制订作业指导书以后，相关的作业人员应能方便地查阅，以便可以按照作业标准进行作业。为此，最好将作业指导书的复印件放置在醒目的地方，便于作业人员运用。原稿一般由规定的人员统一保管，如交由文书人员管理。作业指导书的制订、修订、废弃以及每月的日常维护应做成《作业指导书管理台账》进行管理。

2）作业指导书应定期检查。使用的过程中，指导书有可能会变得脏污或被损坏。这时，如果指导书的内容仍可以清晰可见，那就应该对其进行修补；如果内容变得模糊不清或者缺损，就应该及时地重新制作指导书。

3）作业指导书应严格执行。作业人员在生产过程中，如果对指导书有异议可以将其提出；但在指导书未得到正式的修订之前，仍然必须严格按照作业指导书作业。

5.3.3 快速换模的内容

在生产流水线的运作过程中，经常需要变换生产以适应生产新产品的需要，这就涉及作业切换的时间问题。切换包括：模具、刀具、工装夹具的切换，组装生产的零部件、材料的切换，基准变更的切换和制造前的一般准备作业。目前作业切换大多使用快速换模技术。

1. 快速换模的概述

快速换模技术是指将模具的产品换模时间、生产启动时间或调整时间等尽可能减少的一种过程改进方法。可显著地缩短机器安装、设定换模所需的时间。

2. 快速换模的四种形式

1）夹具切换：模具、夹具、刀具等。

2）材料切换：材料、零部件等。

3）标准变更：技术标准、工艺程序等。

4）生产准备切换：整理、条件确认等。

3. 快速换模的实施步骤

快速切换的主要着眼点是缩短切换生产线停顿的时间，此种停顿的时间越短越好。至于切换时耗用的人工时间是否能够减少，不是考虑的重点，可以依据以下实施步骤推进：

1）计算整个生产准备时间。

2）内外作业分离。

3）内作业转化为外作业。

4）缩短内作业时间。

5）改善外作业时间。

6）标准化新的生产准备程序。

4. 快速换模的实施技巧

掌握了快速换模的实施步骤之后，所碰到的最大困难就是如何缩短内作业的动作时间，可以采用以下七种技巧及方法：

1）并行操作：是指两个人以上共同从事切换动作。最容易实现马上获得缩短内作业时间的效果。由一个人慢条斯理地从事切换动作，也许需耗 1h 才能完成。若能由两人共同作业，也许在 40min 甚至 20min 内就能完成。那么，整个切换时间就由原先的 1h 减为 20～40min。在并行操作中所需的人工时间或许会增多、不变、减少，这都不是所要考虑的重点。因为，缩短了切换的时间所获得的其他效果远大于人工成本的部分，此点是一般较容易忽视的。在从事并行操作时，两人之间的配合动作必须演练熟练，尤需注意安全，不可因为疏忽而造成意外伤害。

2）双脚勿动：是指切换动作主要是依赖双手的动作完成，必须减少移动或走动的机会。所以切换时所必须使用到的道具、模具等都必须放在专用的台车上,并且要有顺序地整理好,减少寻找的时间。模具或切换物品进出的路线也必须设计成很容易进出的方式,切换的动作顺序要合理化及标准化。

3)特殊道具:是指为专门用途而特制的器具。切换动作是要尽可能使用特制的符合换模的道具而尽量不要使用工具。因为道具可提高切换的效率,从而缩短切换的时间。同时,测定的器具也要道具化,用量块或格条来替代用量尺或仪表的读取数值测定。最重要的一点就是要设法减少道具的种类,以减少寻找、取放道具的时间。

4)剔除螺钉:在切换动作时,螺钉是最常见的被用来固定模具的方法。但使用螺钉在装卸过程中的动作通常占去了很多的切换时间。因此,改善的最佳对策就是要消除使用螺钉的固定方式,改善为插销、压杆、中介夹具、卡式插座、轴式凸轮锁定、定位板等方式,缩短切换的时间。

5)一转即定:限于某些状况仍然必须使用螺栓固定方式时,要以能做到不取下螺栓、螺钉而又能达到锁定的功能为改善的目标。主要的方法可用只旋转一次即可拧紧或放松的方式。例如 C 形开口垫圈,可垫在螺母下,只需将螺母旋松一圈之后,C 形垫圈即可从开口处取下,达到完全放松的目的。上紧时反向行之,只需旋转一圈就可达到栓紧的目的。

6)标准化:是指将因产品不同而必须更换不同模具或工作条件的切换动作实施标准化,或将模具部分设计实施标准化固化,减少没必要的动作浪费和切换模具的时间。切换动作通常需要花费整个切换时间的 50% ~ 70% 左右,必须先有的切换动作本身也是一种浪费,要在切换动作方法上实施标准作业。同时,模具设计的高度也可以根据实际生产情况实施标准化,也可以节省调整冲程的动作。

7)事前准备:是指外作业的工作可以提前准备,减少换模时间。如果外作业做得不好,就会影响内作业的顺利进行,使切换时间变长。例如外作业没有准备齐全,在内作业的时候,找不到所需的道具或者是模具错误、不良等,就必须临时停顿下来找寻道具或修整模具,造成内作业时间变长。所以,外作业的动作也要改善使之标准化。设置换模专用车将所需模具、道具、换模程序表及相关器材全部放在台车上,以减少个别寻找及搬运的时间。同时,模具的摆放场所也要明确化,用编号方式来标示存放场所。器具、仪器、道具的存储不要以功能放置,而以不同的产品或模具制作专用箱子放置、予以组套化调用。设立查核表协助检点所需器材是否齐全,编定标准切换程序表。此外,也必须保持清洁的工作环境,这些都有助于外作业准备的进行。

5.3.4 4M 变更管理的内容

在现实中,由于人员、机器、材料、方法经常在发生变化,这些变化在生产过程中有可能给品质带来一定的异常影响,生产现场人员往往要花精力控制这些变化，使结果在允许的范围内变动，在不断演变之后，形成了具体的管理手段，即4M变更管理。

（1）4M变更管理的概述

4M变更又称作业条件变更，是指在生产过程中会给品质带来一定影响的异常变更，具体包括人员（Man）、机器（Machine）、材料（Material）、方法（Method）四个方面发生的变更。作业条件是生产过程中最基本的要素，如果这四个要素是稳定的，那么最终生产出来的产品也是恒定的。作业条件的目的是规范本现场安全生产的变更管理，减少由于变更而引起的潜在事故隐患，但这只是一个理想的状态。在实际生产中，人员、机器、材料、方法经常在变化，最终结果也随之变化，4M变更管理就是通过控制这些变化，使结果在允许的范围内变动。

（2）4M变更管理的目的

1）预防不良品的发生。为保证生产现场不制造出不良产品，就要维持管理工程的良好状态。但是，生产现场往往每天都会有很多变化发生，这样要继续保持生产"零"不良品，就必须采取切实可行的管理防患于未然。

2）防止不良品的再发。多数的品质问题都是在设备或工装、工具等不良，交替作业人员、更换生产产品等日常作业变化时发生。因此，在日常生产管理方面，发生了改善或其他的变化的情况时，需要特别注意事前与事后的确认，快速采取处置措施，防止品质问题再次发生。

（3）4M变更管理的类型

4M原本指"人、机、料、法"四个因素，而4M变更管理更加入了环境相关的内容，变更类型的示例见表5-10。

表5-10　4M变更类型的示例

4M	4M变更类型的示例
人的变更	换人、替岗、顶岗、辞职等
机的变更	设备、布局、参数、工装、工具等
物料变更	换供应商、物料的重大4M变更等
方法变更	工艺、步骤、技巧、标准等
工作环境变更	温度、湿度、照度等

（4）4M变更管理的实施步骤

1）制作变化点管理一览表：①规定进行管理的变化点的定义。应首先从4M的方面提出各个工序的变化点，在变化点规范的过程中要吸取过去经验、听取现场人员的意见。②决定所要采取的措施内容，根据以往发生的问题及设想的不良及问题，决定针对每个变化点采取措施的内容、频率、实施者。③决定采取措施的预定计划，并设置上述措施情况与确认者确认的项目栏。④决定确认者，关键是确定能够负责的管理者。

2）规定变化点管理运行规则：①明确变化点联系流程。为能将情报信息切实地传递到变化点管理实施决定者处，须明确其流程，流程图如图5-5所示。②变化点管理工具设定。班组长每天上班后根据交接表或者设备、模具维修记录及当日出勤状况确认是否发生4M变更，需使用变化点传达记录表。针对变化点，员工或班/组长填写4M变更联络单。

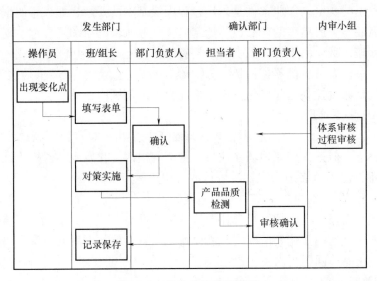

图5-5　变化点联系流程图

3）准备共享变化点管理情报的手段工具：①绘制生产线配置图。明确人员配置、变化点位置等。②明确变化点的内容及所采取的措施。③张贴变化点管理看板。明确当日的变化点和措施、变化点的定义和措施、当日的人员配置、技能评价审核表等。

【实战32】作业管理之某班组4M变化点管理

1. 实施目的

1）将变化点目视化。当现场人、机、料、法发生变化时，班组长随时将变化的内容写在4M变化点管理板上，所有现场监督人员（班长、车间主任等）都可以随时对执行情况进行检查和监督。

2）提高生产效率。便于加快日常交接时信息传递到位，在开线前，班组长在4M变化点前将信息有针对性地传递到相关操作人员，提高生产效率。

3）产品在市场上的问题在线追溯。将市场上发生的问题及时追溯到现场对应的工序，有针对性地进行控制和监督，改善产品质量。

4）使4M变化内容信息贯彻到各个末端。如具体工位、具体操作人、具体零部件、具体时间等。

2. 实施方法

（1）人员配置一览表

人员配置一览表内分工序、工位、操作工、辅助人员、班组长、关键工序，分别使用不同颜色进行目视化管理，班组长每天根据人员的出勤情况，对相应缺勤人员进行计划性的工位替补更换；同时对相应挂靠技术员必须每天关注，进行技术培训。通过各班组人员的目视发现人员的变化，便于所有管理人员掌握现在的作业人员配置情况，可以随时检查和询问。

（2）班组平面布置图

班组平面布置图中设备、工装器具、零部件、专用器具分别使用不同的颜色进行目视化管理，同时由车间工艺管理人员和班组长负责，当发现现场工装、设备配置等现场布置发生变化（增减）时及时进行更换；通过对照班组平面布置图可以随时看出现场的所有设备所处的位置、工装的摆放哪些是不正确的，哪些是多余的，尤其是对班组长以外的管理人员更有用。

（3）班组成员考勤表

班组成员考勤表中的磁珠颜色不同，分别代表不同的异常变化情况，其中深蓝色磁珠代表新到职工；黄色磁珠代表援助人员；红色代表旷工、请假、轮休及培训；粉红色代表班组长等，班组长负责每个班次上班前进行落实并在板面上体现，即根据当班变化情况，将对应的磁珠移到"变化点标记栏"内。如请假人员当日请假，援助人员顶替其工作，那使用红色磁珠代表请假人员和黄色磁珠代表援助人员同时摆到"变化点标记栏"内并进行实际工作安排；通过班组成员考勤表的使用，将当班的人员变化情况随时予以目视化，便于管理人员掌握现状，发现异常进行管理。

（4）4M变化管理看板

当4M（人、机、料、法）发生变化时要随时在4M变化管理看板上体现；主要变化异常有：人员（人员培训、轮岗、出勤情况、新增员工、管理监督等）、设备（设备的故障维修及注意事项、更换设备状态及注意事项等）、物料（物料状态的变化、工位布局的调整、零部件不合格的检查、异常原因的断点车号、零部件体现新状态、换模等）、方法（作业顺序的变更、车型的变化、工艺变化、质量通知等）。

以上异常原因的记录由每一位管理人员体现，如部长、主任、班组长、技术员、调度员、TPS推进员等，当哪一项目出现问题时便可及时记录，同时必须要求每一位员工随时随地关注此板。通过使用4M变化管理看板，随时在板面上标明，班组长以上的管理在巡查时可以看出各班当班4M发生变化的地方，并可以有针对性地进行指导、检查和处理；当双班交换时交换4M的变更信息，有利于保证产品质量，确保流水线顺畅。4M变化点管理看板见表5-11。

表 5-11　4M 变化点管理看板

××车间××班组 4M 变化点管理看板				××月××日××班
人员配置一览表	班组成员考勤表	4M 变化对策提示表		班组事务公告栏
		人员	物料	
说明：主要将本班组人员的配置情况予以目视化，说明各个工位的人员配置情况	将本班组人员当班的出勤情况予以目视化，便于监督人员检查，内容包括：出勤、请假、轮休、旷工等项目	例如人员发生变化时：李××，请在 7：30 对张××进行作业指导；班长王××上、下午各检查张××一次	例如零部件发生变化时：王××从现在起 000-10 车（车号）起要使用×××货架第三层（从上数）第××× 个零部件（从右数）/××车型××零部件××日开始体现新状态。新-旧状态（工位）注意，班长检查	
班组平面布置图		设备	方法	
说明：车间平面布置图，包括各工位、货架、主要的设备		例如：（1）××自动加注设备失效，正在修理，临时采用人工加注，人工加注应注意××事项；（2）××工具由原来人工操作变为设备自动操作，××人员注意有无异常问题出现，班长检查	例如：焊机电流值需要调整，扭力要求发生变化，使用工具发生变化等	

（5）班组事物公告栏

将本班组内的通知、通报进行张贴，同时可将临时性的信息记录在内以随时提醒、传达到每一位员工，通过张贴、传达做到信息的流通。

5.4　班组精益品质管理

在生产过程中，如果对质量不加以控制或控制不当，将会产生多种浪费，如返工、换料、等待、重复生产、重复搬运等。如果做成成品送到客户手中再发现质量问题，损失将会更大甚至会引起投诉、返工返修、打折、索赔，更严重的是企业信誉下降、订单减少等，这是每家企业都不愿意看到的。质量是制造出来的，不是检验出来的，这是大家的共识，要保证制造出好品质的产品，就必须抓好班组现场品质管理。

5.4.1　精益品质管理的基本内容

1. 精益品质管理的概述

精益品质管理是对作业系统质量、效率、成本综合改善的方法，是在精益生产与六西格玛关于作业系统相关理论方法基础上，吸取其他关于作业系统综合改善的相关理论和方法形成的管理模式。精益品质管理中"精益"的研究重点是作业系统，重点是效率改善，其核心工具是 JIT；"品质"的研究重点是作业工序，重点是品质改善，其核心工具是 CPK。

2. 精益品质管理的重点

精益品质管理研究目的是质量、效率、成本的综合改善，基于制造企业质量、效率、成本影响因素的分析得出相应的管理重点。作业工序是基本生产单元，是形成产品的基本过程，对产品质量有着关键影响。作业工序除显著影响质量外，对生产效率、生产成本均有直接影响，作业工序是精益品质管理的基础关键点，其管理的重点是质量。作业系统由作业工序组成，作业系统的结构和布局对生产效率有着关键影响，进而对生产成本有着直接影响，也影响了产品质量。作业系统也是精益品质管理的关键点，其管理的重点是效率。

针对作业工序的品质改善是精益品质管理的重点之一，是推行精益品质管理的切入点，也是精益品质管理推行成功的前提条件。一般来说品质是效率的基础，品质也是成本的基础。通过作业工序品质的改善，实现精益品质的基础保障之后，过渡到作业系统精益的改善，总体实现作业系统和作业工序品质、效率、成本的改善。由于作业系统和作业工序与外围管理的互动关系，通过对作业系统及作业工序的精益品质管理，可进一步实现外围管理系统改善。

5.4.2　精益品质管理的八项原则

精益品质管理的原则是一种广泛而基本的规则或信念，用以支配及运作一个组织，旨在致力于满足所有组织的受益者需求的同时，以客户为中心长期持续改进绩效。

（1）以客户为中心的组织

由于组织对客户的依存性，组织应当以客户为中心，理解客户当前及未来的需求，在尽量满足的基础上，努力地超过客户的预期。

（2）领导作用

领导为组织建立统一的目的及方向。应积极建立和维护内部环境，使所有员工充分投入到组织目标的达成中去。

（3）全员参与

人在任何层上都是一个组织的根本，只有所有人都充分参与，才能发挥大家的才干为组织创造效益。

（4）过程方法

将相关的资源和行动作为一个过程管理会更有效地达成期望的结果。

（5）系统管理方法

针对预定的目标去识别、理解和管理相互联系的过程构成的系统，将改善组织的效率和效果。

（6）持续改进

没有什么管理是一蹴而就的，应尽量保证管理方法的持续改进。

（7）基于事实的决策方法

每当需要决策的时候，应当先对数据和资料进行分析，有效的决策基于事实之上。

（8）互助互益的供需关系

一个组织与其供方之间的关系是相互依存、互惠互利的关系，这种关系可提高双方创造价值的能力。

5.4.3　精益品质管理的方法

1. 作业系统的 JIT

JIT 是指将准确数量的准确的产品按准确的时间生产出来或运送到达。根据作业系统的构成，JIT 可逐层分解形成各个作业子系统的 JIT 直到各作业工序的 JIT。JIT 的特征是要求各作业子系统间的协作，要求各子系统中各作业工序间的协作。JIT 内含着产品质量、产品数量、交付时间的三方面要求，向企业生产系统提出了很高的挑战，企业生产系统中质量保证、效率保证、数量保证是 JIT 应用的基础。实施 JIT 指令必然需要企业对生产作业系统进行评估和优化。即要在准确分析各工序的生产能力、工序能力、资源耗用及价值创造等的基础上，优化组合形成保证JIT 实现的作业流程。

2. 作业工序的 CPK

CPK 是指工序能力评价指数，是衡量作业工序加工精确度和加工准确度的综合指标。根据作业系统的构成，CPK 指标在作业工序 CPK 指标基础上，根据作业业体系构成，形成各作业子系统 CPK 指标和作业系统的 CPK 指标。CPK 指标可作为品质的要求，也可反映实际品质状况。CPK 指标是保证 JIT 实现的重要条件。

JIT 在产品质量、产品数量、交付时间的三方面要求均可借鉴六西格玛管理中西格玛水平度量方法进行评价，CPK 指标也可用西格玛水平来近似评价。总体来看，精益品质管理针对效率和质量分别提出了 JIT 要求和 CPK 指标，并可总体用西格玛水平来度量。管理改进的重要基础就是度量，精益品质管理通过对作业系统和作业工序的定量化度量促进管理改善。

5.4.4　精益品质管理的注意事项

如何避免出现失误的情况是品质管理所需要特别关注的，以下介绍五种避免失误的方法，可以有效提高产品质量。

1. 取消作业

一旦遇到难度过大或是不容易掌握的作业，如果能够取消就尽量取消；若是因为特殊原因无法取消，则应采用其他更简便的方法替代。

2. 以机器换人

由于人很容易被自己的思想、情绪所左右，因此很难在工作上一直保持稳定的状态，而机器则不会，所以生产过程中应该尽量自动化，避免人为的影响。也就是说，在能用机器设备控制的时候，最大限度地减少人数，这样能降低很多的偏差，更能保证生产的质量。

3. 使作业简易化

将复杂的作业简易化，可以通过分解、合并、删除等方法简化作业。简单的工作便于员工作业，从而容易保证产品的质量。

4. 加强检查

当采取很多对策都无法杜绝问题的发生时，只有通过检查才能防止不良品流入下一工序。检查点的设置是检查的关键，要特别注意有无遗漏。

5. 降低影响

在无法根治不良状况的时候，也要努力地降低不良所造成的影响。如机器的噪声干扰，绝对没有影响是不存在的，但是可以控制到可以接受的范围，并进一步朝静音方向去改善。

判断现场的品质控制水平，一般分四个等级，三级品质管理的判断基准见表 5-12。

表 5-12　三级品质管理的判断基准

级　别	判 定 标 准
1 级水准	不制造和不生产不良
2 级水准	不流出不良
3 级水准	检验出不良

【实战 33】品质管理之 QC 小组活动

1. QC 小组的概念

QC 小组也叫质量管理小组，是企业开展群众性质量管理活动的一种良好形式。QC 小组是围绕现场存在的问题，以改进质量、降低消耗、提高效益和提高员工素养为目标，由班组（或科室）员工自愿组织，运用质量管理的理论和方法，主动开展质量管理活动的小组。QC 小组活动是调动基层管理人员和操作者参与企业管理的积极性和主动性的有效手段。

2. QC 小组的特点

明显的自主性、广泛的群众性、高度的民主性、严密的科学性。QC 小组以员工自愿参加为基础，实行自主管理。小组的人员数量一般以 3~7 人为宜，最多不要超过 10 人，最少不低于 3 人。小组长由小组成员民主选举产生。质量管理小组的组成可以是本班组内的，也可以是跨班组、跨部门的，还可以是围绕某一关键质量问题建立的专题性的临时小组。QC 小组活动严格遵循 PDCA 工作程序，运用全面质量管理的理论和方法开展活动，采用科学的方法分析问题、解决问题。

3. QC 小组的活动形式

QC 小组按其人员的组成和活动的目的，主要有以下几种形式，见表 5-13。

表 5-13　QC 小组的形式

小　　组	说　　明
现场型	以现场员工为主体，以稳定和提高产品质量，降低消耗为目的建立的小组
攻关型	以行政管理人员、工程技术人员和现场员工相结合的组织形式，以攻克技术关键为目的，围绕生产过程的质量关键问题或薄弱环节建立的小组
管理型	以职能科室的管理人员为主，以提高质量为目的建立的小组
服务型	以企业后勤部门的人员为主体，以提高服务质量为目的建立的小组

除此以外，各行业和各企业在不同的形式上又有所创造，出现了一些新的形式，例如联合 QC 小组，在大的联合小组里又包括小的 QC 小组等。

4. QC 小组的活动程序

QC 小组的活动程序见表 5-14。

表 5-14　QC 小组活动程序

程　　序	活 动 内 容
制订计划	根据选题和问题，制订季、月的活动计划，对每次活动的时间、内容、目标、分工、进度等做出规定。每月活动应不少于两项
选择课题	选题是小组的决策。选题时要量力而行，先易后难，宜小勿大，可短期见效，以提高大家的兴趣，增强信心。对关键问题，也可以由上级直接给 QC 小组下达课题
确定目标	要根据用户需要和小组的实力来确定目标
分析原因	要充分发挥 QC 小组各成员的聪明才智，深入分析造成问题的主要原因
制订对策	分析造成问题的主要原因，制订出具有针对性的对策，具体落实
实施计划	全体组员必须坚持开好每月班前会，每周讲评会，每月分析会和事故分析会，保质按量按期完成各项措施

（续）

程　序	活　动　内　容
检查结果	要检查实际效果和督促检查执行人员是否履行责任
制订标准	为了保证 QC 小组活动成果不致流失，扎扎实实地提高企业素质，充分体现 QC 小组活动的科学性，必须把实施过程中行之有效的东西加以标准化
总结经验	巩固、总结、提高 QC 小组成果必须经三个月以上的巩固阶段，才能参加成果发表，最后认真总结经验，表扬好人好事，可以鼓舞士气以利再战

【实战 34】品质管理之"质量门"

1. 项目背景

某公司包头总装生产线承载着包头生产基地整车装配的重要工作，线体全长约 650m，成 U 形布置，共 49 个工位，两段线之间采用空中机械化输送设备实现车架翻转和转线。如何发挥其先进的生产装配水平，满足多品种、小批量、快节奏的生产模式，实现"多交车、快交车、交好车"的目标，是公司管理提升的重要课题，其中强化装配过程的质量控制，通过装配线全流程实施重点环节质量监控，把问题锁死在每一道门关，达到道道工序处于受控状态的质量管理方法是保证这一目标实现的重要条件。

2. 改善问题分析

1）生产过程质量控制能力差，过程问题不能得到及时有效的反馈和控制。

2）专检人员控制的重点问题不突出，内容不明确，针对工作量大小衡量的可操作性差。

3）问题重复出现，不能得到有效控制，整车交检合格率低。

4）数据采集、分析工作没有形成日常化，对质量改进、提升不能提供有效支持。

5）没有形成目视化管理看板。

3. 实施步骤

（1）系统学习，掌握应用"质量门"工具的意义和作用

1）"质量门"将质量计划、质量标准、质量要素、质量控制方法、流程管理融为一体，通过单个质量门的打开和所有质量门的贯通，实现生产装配过程中的质量控制目标。质量门看板如图 5-6 所示。

图 5-6　质量门看板

2）"质量门"好比是设置在全线 49 个工位上的一道道关卡，在每个关卡上设置了若干条检查通过的条件，只有各项质量控制工作满足了关卡内的设置条件时，"质量门"才能打开并通过这道关卡。若干条件是上一道质量门通往下一道质量门过程控制的检查项。

3）以"质量门"作为生产过程控制手段，目的是为了能够尽早发现问题，及时评估风险，同步采取措施，持续改进质量。

（2）具体实施步骤

1）结合车间生产布局，根据质量控制内容、范围、人员初步规划"质量门"的数量、位置、参与人员等。现场工设置 6 道质量门，每道质量门明确组织结构、设置服务领导，如图 5-7 ~ 图 5-12 所示。

2）编制每个"质量门"的控制内容，设计目视化看板的版面。

图 5-7　日问题记录统计表

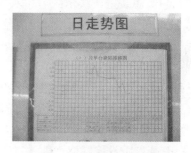

图 5-8　单台缺陷推移图

图 5-9　4M 变化点控制表

图 5-10　问题分析及改善措施

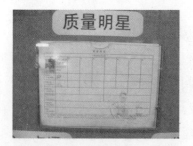

图 5-11　质量明星介绍

图 5-12　关重控制点记录

3）组织培训"质量门"成员，按照设定看板内容组织监控过程，并完成看板内容的记录。

4）生产当日下午 17：00 组织"质量门"成员在现场"质量门"对前一日生产检查问题的整改情况进行落实，对当日产过程中突出的装配质量问题、零部件质量问题进行分析并制订整改措施，如图 5-13 所示。

5）对下线车辆故障进行统计分析，对过程控制效果差的问题落实"质量门"成员后续进行控制，对新出现的问题完善到"质量门"看板的表单中予以控制。

图 5-13 质量现场会

4. 实施效果

1）通过"质量门"展板内容填写，能够有效检查和监督过程检验的执行情况，明确了工序专检人员的工作内容和工作量，使专检人员的责任落实更加明确，便于问题的追溯。

2）对现场生产过程中的问题及时进行控制和统计，为生产过程质量控制分析提供基础数据。

3）"质量门"检验模式实现了质量控制的目视化管理，管理及操作人员随时可以了解生产过程中出现的质量问题，便于质量信息的收集及后续改善工作推进。

4）通过生产当天的现场会，对当日生产过程中的质量问题进行分析和落实，并指定具体负责人，限期整改，将生产过程问题的检查、分析、落实整改形成闭环。

5）对下线车辆进行故障统计分类，制订下线合格率的计算方法，对下线车辆的现状进行分析，并制订后期的改善目标。

6）通过"质量门"工具的运用，2013 年包头总装公司整车一次交检合格率比照 2012 年有 5.4% 的提高。

5.5 班组精益成本管理

精益成本管理是企业生产经营过程中各项成本计划、成本核算、成本分析、成本决策和成本控制等一系列科学管理行为的总称。其目的是充分动员和组织企业全体人员，在保证产品质量的前提下，对企业生产经营过程的各个环节进行科学合理的管理，力求在不违反法律法规、不影响顾客满意、不侵害员工利益、不影响技术进步、不影响产品质量的前提下，以最少经营耗费取得最大的经营成果。

5.5.1　精益成本管理的基本内容

1. 控制成本支出

生产过程中成本预算是最直接的、最具体的支出，包括人工费、材料费、机械设备消耗。班组的人工费包括班组成员的工资、奖金、福利等。

2. 精准控制消耗

各种资源消耗都是成本费用。因此班组在任务开工前，要根据生产任务计算出工作量，精准编制任务的资源消耗预算。并对生产班组实行生产任务单和限额领料单，重在强调生产班组工艺流程改善，尽可能减少实际消耗人工和消耗材料。

3. 细分生产任务

生产任务是一个大目标，要实现这个目标就要把这个目标细分。通常设备的使用、原材料的投入是固定不变的，可以变化的只有劳动力的成本。通过细分任务，优化人员组合和工序组合，最大限度地实现少人化，从而降低人工成本。

4. 重视成本分析

班组全体员工应高度重视成本费用的支出，尽可能地开展"节能、节约、挖掘"等改善成本的活动。建立资源消耗台账，把成本与生产进度时时联系在一起，如果成本与进度有偏差，就要认真地分析，找出问题所在，及时更正，把成本控制在预算的范围内。

5.5.2　精益成本管理的四项原则

1. 成本管理制度化

成本管理制度化是指班组建立明确的成本管理制度，对在经营活动中所产生的各类材料消耗均要建立明确的标准，将成本管理的责任落实到个人。

2. 管理措施现实化

管理措施现实化是指成本管理的措施要符合班组的生产实际，针对班组生产经营活动中的具体问题具体分析，采取相应的具体措施，合理地控制班组的各项费用支出。

3. 权利相结合

权利相结合是指将班组的成本管理与班组成员的切身利益相结合，使成员们不仅在思想上认识到成本管理的重要性，更重要的是要求每位成员共同参与成本管理及管理措施的实施。

4. 点面相结合

点面相结合是指在成本管理中将重点管理与全面管理相结合，全面管理中要突出重点，重点管理要体现在全面管理之内。重点管理是指在成本管理中抓住核心部分和关键环节。全面管理是指在成本管理中要充分考虑到影响企业成本的各个环节，不留成本管理的死角与漏洞。

5.5.3　精益成本管理的方法

班组成本的降低是由所有员工实施的各式各样活动所衍生的成果。然而，许多班组长在削减成本方面存在问题，比如试图通过裁员、重组或降低供应商产品价格来削减成本。这样的成本削减可能会损害产品或服务的质量，并导致客户流失。作为班组长在现场降低成本的最佳方法，是主要实施以下七项管理方法剔除过度的各种资源耗用：

1. 改进班组质量

从表面上看提高质量似乎与降低成本没有多大关系。班组质量是指产品质量和工作质量，在现场改进质量，其结果会使生产过程更加顺畅。由此，产品的合格率将会提升，设备的维修率会下降，而交货时间也相应会缩短，进而降低资源的耗用，这样这会降低营运成本。

2. 提高班组生产效率

提高班组的生产效率有利于降低成本。由于生产效率的提高，在不影响生产的正常进行，保证产品质量和数量的基础上，生产线上的人数就会减少，成本就会降低。

3. 减少现场库存

减少现场库存也是降低成本的有效方法。由于现场库存增多，延长了生产周期，增加了运输成本，占用了运营资金，将大幅增加成本。因此，班组长应协助相关人员寻找减少现场库存和满足交付需求的方法。

4. 缩短生产线

在生产时，越长的生产线就意味着越多的作业员、越多的半成品以及越长的生产交付期，这些都会增加生产的成本。同时，生产线越长，发生错误的概率越大，间接成本也会增加。

5. 减少设备停机时间

当机器停机时，生产将被中断，就会增加生产成本。另外由于机器不可靠，经常出现故障，大量生产为了缓冲停机损失，造成生产的半成品增多，库存增加，运行成本增加，而且也不能保证产品的质量。

6. 减少现场空间

班组长一般不重视空间的浪费，但是空间也会带来成本的增加。例如，空间宽阔，物流距离增加，运输成本就会增加，为消除空间过大的弊端，尽量使用输送带生产线或缩短生产线，将分离的工序尽可能并入主生产线，以提高空间利用率，降低生产成本。

7. 优化作业流程

作业流程中存在很多改善的契机，只要班组长善于组织改进作业方式和设备布局，就可以使流程缩短，从而不断提高作业生产效率，降低生产成本。

5.5.4　精益成本管理的注意事项

在精益成本管理中，班组长最应该注意交货期的管理，交货期的管理是精益成本管理不可缺少的一环。

交货期是指从采购订货日开始至供应商送货日之间的时间。交货期将对产品的总成本产生直接或间接的影响。缩短交期的好处是：缩短交货期可以提高资金周转率，更灵活地满足客户的需求。缩短交货期的措施有很多，如改进客户订单处理系统、加快反馈，协调供应商减少原材料和辅料库存，流水线操作和提高现场操作的灵活性等。交货期的管理要求企业在履行交货期承诺的同时，在质量和数量上满足客户的需求，并在合理范围内控制成本，这无疑是对班组长及管理层的一大挑战。

【实战35】某班组成本管理分析案例

1. 班组月度成本指标完成情况

某班组九月份指标完成情况见表5-15。

表5-15　九月份指标完成情况

序号	指标名称	单位	考核值	实际值
1	生产材料费	万	3	2.71
2	劳保费	万	0.5	0.43
3	消缺率	%	主设备100%	100%
		%	辅助设备95%	100%
4	非停次数	次/2台	0	0
5	设备保护正确动作率	%	100%	100%
6	自动装置投入率	%	100%	100%
7	发电机、重要的高压电动机、主变压器、断路器、互感器设备完好率	%	100%	100%
8	仪表正确率	%	100%	100%
9	仪表完好率	%	100%	100%
10	实验仪器合格率	%	100%	100%
11	仪器设备送检率	%	100%	100%
12	违章次数	次/月	0	0
13	安全活动次数	次/月	4	4
14	工作票合格率	%	100%	100%

2. 班组本月费用完成情况分析

（1）材料费分析

本月生产材料费为2.71万元。本月任务量是本季度的最高值，但材料费实际消耗属于本季度平均水平。

本月劳保费为 0.43 万元，总体在本季度较均衡。

本月上报材料成本合理化建议 5 项，评审后全部通过，已实施完毕 4 项，节约产品材料费 5 万元。

（2）设备消缺、治理情况及治理后的效果

本月共计消除缺陷 20 条，保证设备安全稳定运行。主要消缺工作为输煤暖通除尘泵电动机轴承温度高，更换电动机，更换费用为 3547.01 元；空调发生的缺陷，已更换部分压缩机，目前发票未到，预计产生费用为 1 万元。本月整改项目主要有绝缘技术监督变电站双接地整改，产生材料费为 2564.10 元。

（3）修旧利废情况

无。

（4）更新改造情况

无。

（5）节约资金情况

5.36 万元，其中材料费节约 0.29 万元，劳保费节约 0.07 万元，合理化项目节约 5 万元。

（6）其他

本月有 2010 年部门打印机维修费用 3487.18 元。

3. 班组本月工作中存在的问题及整改措施

针对本月工作中存在的问题和不足提出以下改进的措施和要求，并落实整改时间和责任人，限期整改。

1）做好定期工作，加大设备的维护保养。

2）加强巡检力度，避免现场设备的缺陷扩大化。

3）加大创优力度，对现场设备进行清扫，保持设备见本色。

4）修旧利废，利用空余时间，将废品进行组长调试，加强废品的再利用。

4. 班组下月计划费用

1）日常物资费用约为 2.5 万元。

2）设备检修费用约为 5 万元。

5.6 班组精益安全管理

企业绝大多数职工在班组，绝大多数机械、设备归班组使用和维护，班组是有效控制事故的前沿阵地。因此，抓安全管理，必须从班组抓起。抓好班组安全管理，扎扎实实地打好安全工作，预防事故的基础，就抓住了企业安全管理的大头。只有抓好班组安全管理，使"安全第一、预防为主"的方针和企业的各项安全工作真正落实到班组，企业安全生产的基础才会牢固。

5.6.1 精益安全管理的基本内容

1. 建立健全班组安全生产责任制度

班组安全生产责任是企业安全生产责任制的重要组成部分。其基本要求是班组安全生产责任制内容要和企业安全生产责任制、目标管理内容衔接一致，并完善班组成员安全生产责任体系。

1）构建班组安全生产责任体系的基本原则是"管生产，必须管安全""谁主管，谁负责"。

2）构建班组安全生产责任体系的基本要求是"人人有责，监督考核"。

3）企业安全生产责任体系是事故责任追究，承担法律责任的基本依据。

2. 建立基本六项本质安全管理制度

1）安全教育制度。

2）工伤、事故管理制度。

3）安全文明生产检查制度。

4）安全生产奖惩制度。

5）危险作业管理制度。

6）班组安全活动制度。

3. 严格遵守班组六个安全管理规程

1）严格进行交接班。

2）严格进行巡回检查。

3）严格控制工艺指标。

4）严格执行操作票。

5）严格遵守劳动纪律。

6）严格执行有关安全规定。

4. 实施五项班组安全教育

1）安全思想和意识教育。

2）安全生产的危害辨识、隐患排查知识教育。

3）安全技能教育与训练。

4）安全生产经验教育。

5）事故案例教育。

5. 班组安全风险管理

针对安全风险开展日常组织班组进行危险源辨识、隐患排查的工作，如图 5-14 所示。

实施安全风险的"三时""三

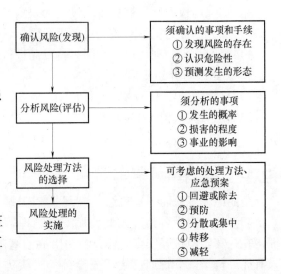

图 5-14　风险管理步骤

点"控制，是班组安全风险管理的重要关注点。

1）"三时"即交接班时、节假日时、劳忙季节时。

2）"三点"即危险点、危害点、事故高发点。

6. 实施班组危险预知训练

在进行作业之前，班组长应安排进行危险预知的训练，如图5-15所示。

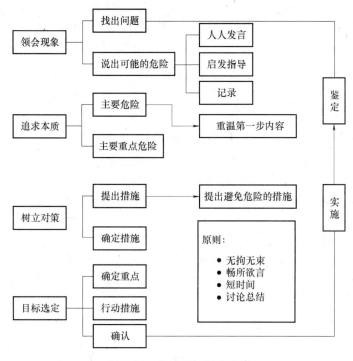

图5-15 危险预知训练步骤

7. 坚持开展班前会和班后会的安全教育

（1）班前会

班前会是班组长根据当天的工作任务，联系本班组的人员、物力和现场条件、工作环境等，在工作前召开的班组会。在班前会上要突出"三交""三查"，并根据当天生产任务的特点、设备运行状况、作业环境等，有针对性地提出安全注意事项。

1）"三交"即交任务、交安全、交措施。

2）"三查"即查健康状态、查工作着装、查个人安全用具。

（2）班后会

班后会是一天工作结束或告一段落后，在下班前由班组长主持召开的一次班会，在总结、检查生产任务的同时，总结、检查安全工作，并提出整改意见。

班后会上班组长小结完成当天任务和执行安全规程的情况，既要肯定好的一方面，又要找出存在的问题和不足；同时还要激励班组成员安全工作的积极性，增强自我保护意识，克服消极情绪，以达到安全生产的共同目的。

8. 实施班前、班中、班后安全检查

1）班前检查：包括查现场隐患，查员工身体健康状况，查员工是否正确佩戴、使用各种劳动保护用品和查遗留问题，指定专人整改。班前确认的隐患整改情况是否完成，没有整改完成的要查找原因，制订对策，协助解决问题。

2）班中排查：对各个工作点进行巡回排查，重点排查在岗职工精神状况及有无违章作业，及时制止、纠正、处理各种违章行为。生产过程中设备设施是否存在动态隐患，一旦发现，及时排除。

3）班后复查：当班结束后，对安排的工作进行详细复查，重点复查工程质量和隐患整改情况，发现问题及时处理，处理不了的现场交接清楚，并及时汇报。

9. 建立健全班组安全台账

安全台账是班组安全管理的依据和开展安全工作的实绩记录，查看安全台账记录可以了解、检查班组安全工作的情况。安全台账的主要内容包括安全生产计划、总结，月度安全情况小结，安全日活动记录，安全教育培训与考核记录，现场设备、安全设施巡查记录、违章记录，安全工器具登记表，检查、检测记录与特种安全设施管理档案等。

10. 制订班组事故应急处置方案

班组应根据本班组存在的危险危害因素，制订应急处置方案。现场应急计划的首要任务是控制和遏制事故。防止事故扩大，减少人员伤亡和财产损失。因此，班组处置方案要求简明扼要，一看就懂，可操作性强。

班组内处置方案的优先原则有以下三个：

1）员工和应急救援人员的安全优先。

2）防止事故扩展优先。

3）保护环境优先。

11. 现场事故处理流程

1）一旦发生事故，班组长首先要指挥人员抢救伤员，对其进行正确、及时的现场救护，并采取措施防止事故的进一步扩大，同时立即报告车间。

2）其次班组长要组织人员保护好事故现场，以便根据现场情况对事故发生的原因做深入的调查分析。

3）凡本班组发生事故或一般伤害、异常等，班组长作为安全第一负责人，要对有关人员进行教育，并按厂规进行考核，做好记录。

12. 事故发生后采取紧急措施

（1）事故现场的紧急处理

1）保护现场，紧急抢救伤病员。抢救人员、防止事故扩大以及疏通交通等。

2）需要移动事故现场物件的，应当做出标志，绘制现场简图并做出书面记录。

3）妥善保存现场重要痕迹、物证。

（2）人员的紧急疏散、撤离

1）进行场内人员的疏散、防护。

2）进行场外受影响范围的人员的疏散。

3）进行场内外的联络与协调。

（3）危险区的控制及各类应急工具的使用

1）进行危险区的设定，进行隔离区的划分、隔离。

2）进行危险区的检测、监护及事后恢复。

（4）熟悉工具

需要熟悉消防、个人防护、通信、应急电力等应急工具。

（5）现场救护和医院救治

1）进行现场救护、伤员处置和转移。

2）确定医院、采取转移中的救治措施。

3）进行医院的适时准备（人员、器械、药品）与救治。

5.6.2 精益安全管理的三项原则

1. 以身作则，做好表率

班组长能否以身作则，做好表率，直接影响班组长安全职责的实现。班组长以身作则，就是要求别人做到的事，自己首先做到，要求别人不能干的事，自己首先不干。

2. 班组安全管理要"严"字当头

"严是爱，松是害，出了事故害几代"。班组要有严格的制度、严明的纪律、严肃的工作态度。只有"严"字当头，职工的安全意识才能逐步树立起来，违章现象才有可能消除，事故才有可能杜绝。

3. 要奖惩兑现

奖励和处罚都是一种引导的办法。奖励是正面引导，处罚是告诫人们自觉地反对和制止不安全行为。在抓安全生产时，做到嘴勤，耳勤，眼勤，手勤，腿勤，尽职尽责，热心为本组工人的安全健康服务。

5.6.3 精益安全管理的方法

1. "三必谈"身心安全调适法

"三必谈"即发现情绪不正常的人必谈、对受到批评的人必谈、每月必须召开一次谈心会。

1）发现情绪不正常的人必谈：注重观察员工在工作中的思想情绪，发现情绪不正常、急躁、精力不集中或神情恍惚等问题的，及时谈心交流，弄清原因，帮助解决困难和思想问题，消除急躁和消极情绪，使其保持良好心态投入工作，提高安全生产的注意力。

2）对受到批评的人必谈：对受到批评或处罚的人，单独与其谈心，讲明批评或处罚的原因，消除其抵触情绪，避免现场作业时注意力不集中。

3）坚持每月至少召开一次谈心会：班组成员聚在一起，畅所欲言，共享安全工作经验，反思存在的问题和不足，相互学习、相互促进、取长补短、共同提高。

2. 班组长"三快三勤"安全管理法

"三快"即嘴快、腿快、手快。

1）嘴快：安排工作说到，说详，说细，说清，说明，发现工作不到位或哪里容易出现问题就及时提醒。

2）腿快：认真落实"三不少"制度，对班组所管的范围，不厌其烦地巡回检查，每个环节、每台设备都及时检查到位。

3）手快：无论到哪个地方，发现隐患和问题，现场能处理的当即处理，处理不了的及时汇报。

"三勤"即勤动脑、勤汇报、勤沟通。

1）勤动脑：结合生产现场实际，对遇到的困难和问题，勤动脑，勤思考，并灵活运用各种方法，迅速组织处理。

2）勤汇报：对发现的隐患和问题，尤其是有可能影响下一班安全生产和工程进度的隐患和问题，及时向上级汇报，使上级在第一时间能掌握生产一线的工作动态，合理分工，科学调度，统筹安排。

3）勤沟通：经常与班组员工沟通，了解班组里的措施要求，与上一班和下一班人员沟通，了解生产工过程中存在的问题，掌握员工现场作业情况。

5.6.4　精益安全管理的注意事项

1. 班组长在生产过程中应严格执行下列"五不准"

1）危险作业未经审批，不准作业。

2）设备安全防护装置不全、不灵，不准使用。

3）新工人未经三级安全教育，不准上岗。

4）特种作业人员未经安全培训、取证，不准作业。

5）劳动组织、人员调配、作业方式不符合安全要求，不准违章指挥。

2. 员工下班离岗前应做到下列"10要"

1）电闸要拉下断开。

2）门窗要关严锁牢。

3）热源处不要堆放易燃易爆物品。

4）怕光晒的物品要遮盖好。

5）液流开关要关闭。

6）各种用具要清点后收齐放好。

7）易燃易爆物品要注意通风良好，不得超量存放。

8）夏冬防雷防雨设施要保证完好，沟渠保持畅通。

9）冬季取暖设备的泄水阀要保持正常。

10）火种要妥善处理好。

3. 精益安全管理强调要点

安全工作要以作业现场为中心，以人的行为控制为重点，以流程优化为手段，以绩效改进为目的，突出的是追根究底和精细化。精益安全与传统安全管理的主要区别在于其思维方式和工作的切入点、着眼点的不同。

【实战36】安全管理之"安全专念活动"

安全专念活动是以车间为单位进行的，每周一次，每次 15～20min，由车间主任、班组长和班组主要成员对各班组作业区共同进行专项安全点检。通过对人员和设备的作业观察，必要时进行亲身作业体验，来识别是否有更安全、更舒适的作业方法或作业条件来改进现有的生产状况。对识别出的问题点制订整改措施并予以实施，同时班组长对班组安全工作进行检讨。通过点检不断发现安全隐患，落实整改，逐步消除不安全因素和降低安全风险。

1. 制订活动实施规范

规范中要明确活动实施的人员、职责分工、活动目标、活动流程、活动实施的作业范围以及奖惩规则等内容，并且组织人员要将规范内容向全体参加人员进行宣讲培训。

2. 制订活动实施计划

实施计划应该包含以下要点：

1）观察地点：具体到班组某个作业区或作业单元。

2）参加人员：车间主任、班组长、班组安全管理员及作业区操作成员。

3）实施时间：频次、日期、时间段。

4）计划编制人：车间技安员。

5）覆盖率：一段周期内应覆盖所辖范围内各区域。

安全专念活动计划见表5-16。

表 5-16　安全专念活动计划

观察区域	参加人员	组织者	专念时间
总装作业区	主任、班组长、安全管理员、操作者	一班组长	7月1日 14：30-15：00
上装焊接作业区	同上	二班组长	7月8日 14：30-15：00
下料折弯作业区	同上	三班组长	7月15日 14：30-15：00
机加工作业区	同上	四班组长	7月22日 14：30-15：00

3. 实施活动

按照计划要求，活动参加人员对指定作业区域进行点检和观察，通过与员工交流或亲身体验来发掘改善的空间和改善思路，让员工操作更安全、更轻松、更舒适。安全专念活动实施示例如图5-16、图5-17所示。

图5-16　现场作业观察

图5-17　与员工交流改善思路

4. 讨论形成专念发现

每个人轮流对发现的问题点阐述自己的观点，各抒己见，组织者同时记录。所有改善的着眼点都要从不花钱或少花钱的改善做起，同时改善一定要避免新的安全隐患产生。

5. 改进落实

通过集体讨论，确认对现场问题点的改善方法，并制订出安全专念反馈与改善跟进表。如果是本部门可实施的改进项，明确落实责任人和改善时限要求。如果是需要跨部门实施的改进项目，及时反馈到改善组，通过多部门协调来共同实施改善。

安全专念反馈与改善跟进表要放在班组管理板上进行公示，改进落实人需及时将改进情况填写到表单中，由车间或部门负责人对班组改进完成情况进行验证，并在管理板上留下验证痕迹。班组长要跟员工经常交流改善的效果，检查是否还需要进一步改善，将好的改善方法固化，并在其他适宜区域推广实施。

第 6 章

精益班组园地管理规范与技巧

6.1 精益班组园地建设要素

建设精益班组园地，应明确推进建设要素的关键指标，并以所确定的目标为导向，建立完整的班组组织架构和良好的沟通渠道。通过常态化的员工培训，逐步建立起班组园地运作的流程和机制，并在不断评估和完善中充分发挥班组园地的有效作用。

6.1.1 要素推进关键绩效指标

要素推进关键绩效指标分为安全（Safety）、质量（Quality）、交付（Delivery）、成本（Cost）、士气（Morale）和环境（Environment），取各自的英文首字母即SQDCME。

1. 安全

安全类的指标项有虚惊事件、微小伤害和事故，见表6-1。

表6-1　安全类指标项的内容

指标项	定　义	目的和作用
虚惊事件	未发生健康损害、人身伤亡、重大财产损失与环境破坏的事故	预防事故发生
微小伤害	指人员伤害较轻，不构成轻伤的生产安全事故	班组通过对虚惊事件和微小伤害的管理，从而消除班组安全隐患，杜绝轻伤等安全事件的发生
事故	一般是指造成死亡、疾病、伤害、损坏或者其他损失的意外情况。包括死亡事故、重伤事故、重大燃爆事故、轻伤事故	

2. 质量

质量类的指标项有批量质量问题、重大质量问题、标准化作业符合度和过程质量指标（工废率、综合良品率、返工返修率等），见表6-2。

表6-2　质量类指标项的内容

指标项	定　义	目的和作用
批量质量问题	因设计、制造、物流、工艺等方面的原因，造成某批次或某时间段内连续出现5件（含5件）或超出规定检查周期数量以上的产品质量问题	强化班组过程质量控制
重大质量问题	因设计、制造、物流、工艺等方面的原因，造成某批次或某时间段内连续生产的产品在生产过程中导致停线、翻库等重大影响的质量问题	
标准化作业符合度	操作员实际作业内容与作业指导书规定内容的一致性程度	衡量操作员是否按照既定的标准完成作业
过程质量指标（工废率、综合良品率、返工返修率等）	工废率：机加责任废品数/机加产量×100% 综合良品率：合格数/生产数×100% 返工返修率：返工返修数/生产数×100%	通过关注质量趋势，强化班组过程质量控制

3. 交付

交付类的指标项有设备运行管理、生产计划及准时交付率、停线（机）时间和单件人工时，见表6-3。

表6-3　交付类指标项的内容

指标项	定　义	目的和作用
设备运行管理（开动率、故障率、OEE）	开动率：各设备实际总运行时间/各设备总计划运行时间	查找影响设备运行的原因，并通过实施TPM等措施，提升设备综合效率，降低设备使用成本
生产计划与准时交付率	开动率：各设备实际总运行时间/各设备总计划运行时间 故障率：设备故障时间/设备运行时间 OEE整体设备效率：设备时间效率×设备性能效率×良品率	暴露生产过程中不稳定因素，分析处理影响交付的问题，确保稳定化生产
停线（机）时间	因质量、物流、能源、设备故障等原因，导致的生产停线（机）时间	分析、解决产品质量、物料、能源、设备、安全生产等在生产过程中出现的问题
单件人工时	（直接生产员工工时 + 间接生产员工工时）/入库数	提升班组生产效率，降低生产成本

4. 成本

成本类的指标项有单件（台）工具工装、单件（台）辅料消耗和废品损失（元/台），见表6-4。

表6-4　成本类指标项的内容

指标项	定　义	目的和作用
单件（台）工具工装	工具工装费用/产量	关注生产成本，提升班组成本管理意识，降低生产成本
单件（台）辅料消耗	辅料费用/产量	
废品损失/（元/台）	废品损失总金额/产量	

5. 士气

士气类的指标项有班组改善、员工违纪率、员工出勤率和员工培训，见表6-5。

表6-5　士气类指标项的内容

指标项	定　义	目的和作用
班组改善（人均合理化建议数、人均合理化建议实施数）	合理化建议数/人数与合理化建议实施数/人数	促进员工运用精益工具，持续改进
员工违纪率	员工违纪次数/人数	规范员工行为
员工出勤率	实到岗人数/应到岗人数	规范班组员工出勤管理
员工培训（人均员工培训学时、计划培训完成率）	人均培训学时：培训时间数/人数	促使班组员工和班组长具备有效完成其工作任务的知识及技能
	培训计划完成率：实际完成的培训数/计划培训	

6. 环境

环境类的指标项是5S评比得分，见表6-6。

表6-6　环境类指标项的内容

指标项	定　义	目的和作用
5S评比得分	根据5S检查表进行评分	改善班组现场环境

6.1.2　精益班组组织架构

精益班组组织架构的要素包括班组的组成及职责和功能性小组（见表6-7）。班组的组成及职责要素在于要求企业明确班组的组成架构并建立合理有效的班组运作流程，明确班组成员的职能分工并确定相应人员。功能性小组要素用于检查功能性小组建立到何种程度。

表 6-7　精益班组组织架构的要素

要　素	内　容	关键任务	交付物
班组的组成及职责	要求企业明确班组的组成架构并建立了合理有效的班组运作流程	确定班组构成与职责"两长"，明确两长三大员（班长、工会班长、安全管理员、质量管理员、现场管理员）	班组组织架构、班组运作管理程序等
	要求企业明确班组成员的职能分工并确定了相应人员	班组成员按照职能分工推进班组管理工作，执行班组任务卡；及时更新维护看板表格	看板表格、班组标准记录本、班组任务卡、班组日常管理工作指南等
功能性小组	检查功能性小组建立到何种程度	制订跨功能团队办法，拟订工作计划，按照工作计划开展工作，如质量管理（QC）活动小组、质量变差（VRT）活动、设备功能小组、质量早市、刀具午市等	工作计划、活动成果、输出记录等

6.1.3　沟通与支持

　　沟通的要素包括信息的传递、班组的方针展开和班次之间的沟通（见表 6-8）。支持的要素包括管理层面的支持、企业领导的支持和功能性小组得到的管理支持，另外还有班组民主管理及文化建设和星级精益班组建设（见表 6-9）。

表 6-8　沟通的要素

要　素	内　容	关键任务	交付物
信息的传递	要求对企业的 SQDCME 目标与距离目标的现状定期与班组沟通；班组的绩效指标及时地反馈给班组；企业的现行目标与班组获得的目标信息一致	逐级将指标下发至班组，班组每月填写指标完成情况，各层级指标应具有关联性	各层级生产单位、班组 SQDCME 记分卡
班组的方针展开	要求班组的目标通过管理指标分解并与所属企业的目标一致	班组在周（月）例会或其他相关会议上，对班组指标趋势进行分析和通报	班组标准记录本、班组会议记录等
班次之间的沟通	检查是否存在一种渠道确保跨班次的沟通是有效的，并使每个作业人员都知道当前主要的质量、设备问题等；检查班次沟通是否建立了统一的信息平台	班组统一配置电脑，建立信息化沟通平台，便于相关职能部门查阅班组信息	信息化沟通平台

表6-9　支持的要素

要　素	内　容	关键任务	交付物
管理层面的支持	要求车间、企业领导参与并支持班组活动	领导参加班组会议、改善活动发布会等，对班组活动给予指导，并予以资源支持（如人、财、物等）	班组标准记录本、活动记录
企业领导的支持	要求企业充分利用流程，系统性地评估和改进对班组的组织性支持	企业工作计划、人员职责及领导支持活动围绕班组的需求开展，并通过员工问卷调查等方式，评估支持工作有效性	企业组织的问卷调查、制订的推进行动计划
功能性小组得到的管理支持	要求功能性小组长或其他提供支持的程序能适时地确保生产线班组得到以下支持 1. ISPC支持，包括过程控制看板信号或其他需求信号的响应（供有条件企业选择使用） 2. 通过验证作业指导书来确保生产过程的安全性和过程标准化（作业指导书内安全项、使用过程控制看板等要求） 3. 对重大质量问题解决的支持和跟踪（如反应计划、控制计划的运用程度）	制订功能性小组工作计划，按计划实施，各相关部门充分配合功能性小组的活动	支持程序，功能性小组活动计划、会议纪要、案例
班组民主管理及文化建设	要求企业制订了定期的员工对话会制度	1. 定期组织员工对话，收集员工建议和意见；班组定期召开民主生活会，对不能解决的问题及时上报 2. 定期组织企业文化认知度调查 3. 对问题解决状态及时跟踪回顾	班组季度民主生活会记录、班组标准记录本
星级精益班组建设	要求企业建立星级精益班组管理运行制度，企业内部是否全面开展星级精益班组评比	制订星级精益班组管理制度，生产单位持续开展精益班组评比活动	

6.1.4 精益班组的运作

精益班组的运作要素包括班组看板、班组会议制度、班组问题的解决方式、班组开展活动的精益工具运用、班组的合理化建议和班组持续改进（见表6-10），班组问题的解决方式又有问题处理流程和问题处理频次两个要素。

表6-10 精益班组的运作要素

要　　素		内　　容	关 键 任 务	交 付 物
班组看板		班组看板是否有共同的格式且保持最新的看板内容	制订统一的看板模板，及时更新看板表格内容	看板格式及表格
		各班组成员是否能够清楚了解看板内容并有效利用看板上的信息	开展看板内容培训，验证培训效果，利用看板信息分析问题，制订改进措施	会议记录、班组问题对策一览表、班组指标、活动案例
班组会议制度		企业是否建立了班组会议制度	建立周例会、班前会、民主生活会的会议制度，规范班组会议的流程与内容，形成沟通机制	班组运作管理程序
		所有班组都按规定定期召开了班组会议并有会议记录	按照班组会议制度要求召开会议，并做好会议记录	班组标准记录本、班组会议记录
		有证据显示班组会议得到领导支持	领导参与班组会议，及时传达公司（工厂）各项要求，推进班组工作的开展	班组标准记录本、班组会议记录、照片形式等
班组问题的解决方式	问题处理流程	企业内是否建立了问题处理流程，班组是否严格按照流程要求解决或上报问题、企业和车间使用会议和现场办公沟通问题的情况	按照公司要求，结合单位自身特点和问题类型制订相应的问题处理流程，明确问题受理单位；各班组在出现问题时，及时填写班组问题及对策一览表，对问题的处理情况进行跟踪；分层次召开员工交流会议，对员工反应的问题进行及时处理	班组问题处理流程、班组问题对策一览表和会议记录
	问题处理频次	企业的"问题处理流程"中是否界定了企业、车间、班组内部问题的处理频次，是否有证据显示企业能按照"问题处理流程"中的频次要求进行问题处理	明确问题处理频次，及时解决班组问题	工作小组问题处理流程、班组问题对策一览表

（续）

要　素		内　容	关键任务	交付物
班组问题的解决方式	问题处理频次	对突发事件/事故的处理，各企业/部门是否遵照牵头单位责任制执行，班组是否获得反应计划和控制计划，如安全健康、环境、质量、能源设备、物资等方面	制订问题处理方案，及时反馈给班组	会议纪要、方案计划、控制计划
班组开展活动的精益工具运用		班组能否灵活、适当地运用精益管理方法解决问题	班组进行精益工具的培训，运用相关工具分析解决问题	班组问题及对策一览表、班组活动案例
班组的合理化建议		班组成员是否积极参与合理化建议活动	推进班组合理化建议工作	合理化建议系统、员工参与数与员工数的对比
班组持续改进		检查班组成员在日常生产活动中是否坚持运用 PDCA 循环工作程序对本小组进行持续改进	积极开展班组精益改善活动	培训计划和记录、培训效果认证、改善案例

6.1.5　培训

精益班组需要自主培训，还需要对培训计划进行实施评估和效果验证。培训要素见表6-11。

表 6-11　培训要素

要　素	内　容	关键任务	交付物
班组自主培训	要求班组长都接受过针对班组长的培训以确保他们能尽其班组长的角色和职责	制订员工入职培训课程体系，制订培训计划并执行	班组培训计划表、一专多能培训表
	要求班组成员必要的核心技能培训课程（包括劳务工和正式员工）按照企业计划实施完成		培训效果认证表
培训计划实施评估	要求班组制订完整的培训计划（含生产性和非生产性班组），并得到了双向确认	班组针对员工制订完整的培训计划，并纳入到单位培训计划中	班组按培训需求制订班培训计划，培训计划得到受训员工确认，并填写班组培训计划记录表

（续）

要　素	内　容	关键任务	交付物
培训效果验证	企业制订培训验证流程和验证清单	制订培训效果评估程序	评估表、试卷、总结
	班组培训后进行验证	员工在接受工厂、车间统一安排的培训，并在评价合格后上岗操作	一专多能表

6.1.6　班组评估

班组评估包括有效性和业绩评估两大要素（见表6-12、表6-13），有效性要素又分为班组有效性、班组会议有效性和班组安全有效性。

表 6-12　有效性的要素

要　素	内　容	关键任务	交付物
班组有效性	要求企业制订有效性评估工具或流程来评估班组的有效性	制订班组有效性评估办法，其中包含班组有效性评估标准	班组有效性评估表、班组有效性评估报告
班组会议有效性	要求班组会议在允许有效双向沟通的环境中进行；要求班组依照标准议程开会，并着重持续改进班组关键指标；要求班组有会议纪要；要求班组会议依照组员的角色和职责进行；检查组员在需要时是否将得到支持；检查组员对于班组流程感到满意	通过会议或问卷形式了解员工对班组会议的有效性	班组会议记录或问卷调查表
班组安全有效性	要求班组参与安全、环境方面的持续改善，并且使用虚惊事件报告	对入职员工开展三级安全培训、班组安全管理和改善	培训记录、改善案例

表 6-13　业绩评估的要素

要　素	内　容	关键任务	交付物
业绩评估	要求班组实施持续改进活动，使其主要业务衡量指标得到有效改善	通过有效的班组运作，达成班组 SQDCME 指标并持续改进	班组月度 SQDCME 积分卡、对未完成项的原因分析和整改措施

6.2 精益班组管理看板

6.2.1 精益班组管理看板的定义

精益班组管理看板是指班组采用各种可视化、标准化的显示技术和装置，将生产管理中的各种信息及时、准确地展示给员工和管理者，达到警示提醒、指导工作、持续改进的目的。

6.2.2 精益班组管理看板的意义

通过建立统一的可视化精益班组管理看板，将生产过程所涉及的人、机、料、法、环、测等各个因素和生产经营指标进行统一制订和显示，保证班组建设推进效果和便于检查落实，形成统一的评估标准。

精益班组管理看板能够提醒人们遵循有关标准，关注并察觉异常变化，具备简单实用、推广性强的特点，单位一线员工经过培训后，能够利用相应的可视化工具和资料，迅速判断生产过程的正常与否、产品质量优良与否等情况；且判断结果不会因人而异，判断精度高。

6.2.3 精益班组管理看板的展示内容

1）与单位经营目标、生产任务质量、成本控制、安全环境的控制状况及持续改进员工士气的完成情况等有关的信息；

2）与"人、机、料、法、环、测"有关的现场管理信息（包括正常状态和异常现象）均应以看板的方式展现。

3）与5S和定置管理相结合的看板展示。

4）规章、制度、工作标准、规范、定额等均以可视化的方式公布于众，包括岗位职责责任制度、操作程序图、作业指导书、工艺卡片检验程序等。

5）对存在问题及其整改措施和实施效果的展示。

6）合理化建议的公开化和可视化。

7）奖惩结果的可视化公布。

8）模范人物及其事迹的可视化展现。

6.2.4 精益班组管理看板的形式规范

1. 规范范围

精益班组管理看板包括集团公司所有的分公司、子公司、职能部门的生产现场和办公现场的精益班组管理看板，公司所有人员，不同岗位、职责的人员均应遵照执行。

2. 规格统一

精益班组管理看板需做到统一标记、统一色彩、统一形式，形成整体效果。

3. 标示简约

精益班组管理看板的标示需做到一目了然、易看、易懂、可操作性强。

4. 定置合理

精益班组管理看板需做到清晰、醒目、位置适宜，充分考虑工厂的工作环境和生产布局，既不影响员工工作，又能起到可视化的提醒、警示、宣传和强化理念的效果。

5. 经济实用

建立精益班组管理看板要结合实际，节省成本，在标示统一的前提下做到简单实用。

6. 内容更新

精益班组管理看板的内容要适时更新才能充分发挥可视化管理的作用。

6.2.5　精益班组管理看板的内容规范

1. 精益班组管理看板

精益班组管理看板的主要作用是显示班组的各类与精益生产管理有关的信息，通常以展板或公告栏的形式存在，如图6-1所示。

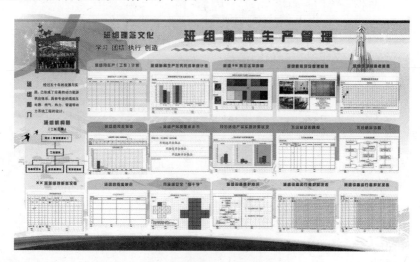

图6-1　精益班组管理看板

精益班组管理看板的责任主体为各班组，主要显示与班组管理相关的信息。班组具体执行涉及安全、环境、质量、产品交付、成本、人员士气、生产信息、设备、5S日清（以上为规定项目）等多个方面的控制，并选择合适的指标与工具统计显示。看板内容包含两个方面：

1）针对看板 SQDCME 环节内容提出相应的规定指标或统计评价图表等信息（如安全健康、5S 评价、质量指标、实物质量跟踪、作业指导书观测记录表、停线时间统计、班组问题对策表、班组生产进度表、班组合理化建议统计等内容）。

2）班组个性化内容（如班组公布栏、班组职责分工、班组到岗情况统计、月度员工评比、文体活动、荣誉等）。

2. 精益班组管理宣传信息看板

为了使精益生产的理念、思路、行动计划与措施让员工充分理解，需要进行大力宣传，应在车间、班组的适当地方设置宣传看板、悬挂宣传条幅，内容涉及精益班组管理的成果展示、十大工具运用方法、考核评价的要素/模块，但应充分考虑场地，因地制宜，不影响正常生产。宣传看板的抬头应有公司的标志，色彩运用实现标准化和规范化，如图 6-2 所示。

图 6-2　精益班组管理宣传信息看板

3. 生产信息的实时显示看板

生产信息的实时显示看板的作用是进行生产与物流控制，它是实现准时化生产的主要工具，对生产信息如生产日期、生产线的名称/编号、产品型号、计划产量、当前实际产量、生产线状态、成品/半成品的数量、合格/不合格产品数量等，均可应用电子信息显示屏与公告栏、信息栏等工具进行显示，结合可视化信号系统，控制生产节奏，指导员工作业，实现均衡化和标准化的生产，如图 6-3 所示。

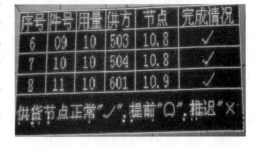

图 6-3　现场常用的目视化生产看板

4. 生产过程的管理看板

在生产及设备管理过程中，应综

合利用设备信号灯、蜂鸣器、可视化信号系统、产品展示台等可视化手段，包括岗位职责、责任制度、操作程序图、作业指导书、工艺卡片、检验程序、TPM 管理等可视化建设。目的在于生产线上每一位员工对每一个工位、每一个工序简单明了，熟悉了解，培养多能工，加快团队建设。TPM 管理看板如图 6-4 所示。

图 6-4　TPM 管理看板

5. 区域定置及安全设备的管理看板

区域定置主要包括作业区、物流通道、休息区、临时库房、工装夹具存放区等区域的展示看板；安全设备看板包括危险区域标识、禁入区域的可视化警示牌、安全注意事项的可视化提醒、消防器材的可视化指示、紧急情况下的逃生路线指示牌等。两者如图 6-5 所示。

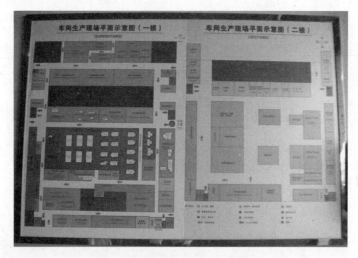

图 6-5　车间生产现场平面示意图

6.3　精益班组园地管理规范与技巧

规范班组园地的意义一是规范班组管理的标准化，二是规范班组园地的维护和更新的有效性和及时性，三是提高班组园地的利用率和可视化。其目的是帮助达成班组管理的标准化、可视化、透明化和民主化，即"四化"。班组园地如图6-6所示。

图6-6 班组园地

6.3.1 班组介绍

1. 目的

建立班组介绍栏的目的是向外介绍班组，包括所在车间，承担工作内容以及班组性质。

2. 填写方式

工会小组长将本班组的班组名称、所处的车间、承担的工作内容和班组的性质进行归纳，利用简洁明了的语言介绍本班组。班组介绍栏由班组进行管理，当班组的工作内容和性质等发生变化时，协调工会小组长进行更改。

3. 应用

通过班组介绍栏，班组长可以使班组以外的人员快速了解本班组。

班组介绍栏如图6-7所示。

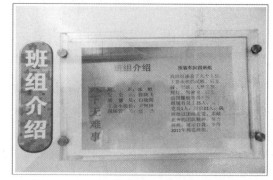

图6-7 班组介绍栏

6.3.2 班组成员

1. 目的

建立班组成员栏的目的是介绍本班组成员及组织架构，表明班组的每一个成员与班组的关联。

2. 填写方式

工会小组长将本班组成员的姓名及照片按照本班组的组织架构体系罗列出来，并张贴到班组成员栏。班组成员栏由班长进行管理，当班组人员发生变化时，协调工会小组长进行及时更改。

3. 应用

通过班组成员栏，班长可以明确班组"两长三员"并张贴照片，方便班组间或部门间沟通与协调。

班组成员栏如图6-8所示。

图6-8　班组成员栏

6.3.3　班组文化

1. 目的

建立班组文化栏的目的是通过文字、图片、漫画等形式宣传相关知识，使员工及时接触到新的事物和理念，提高员工思想水平，形成良好的学习氛围。

2. 填写方式

工会小组长及时学习公司新的事物和精神，利用员工感兴趣的方式进行排版，填写到班组文化栏。

3. 应用

通过班组文化栏，工会小组长可以介绍班组的文化理念、口号、目标、精神等，还可以展现员工的事迹、员工的风采，班组的团队精神。这不但可以传播班组文化的理念部分，还可以传递员工的价值和荣誉，使班组成为员工的精神家园，营造良好的文化氛围和环境。

班组文化栏如图6-9所示。

图 6-9　班组文化栏

6.3.4　安全日历

1. 目的

建立安全日历栏的目的是管控班组成员安全生产过程，确保员工无违章操作，避免安全事故。

2. 填写方式

班组安全员在每天的工作后，记录本班组当日安全情况。用不同颜色的记号笔涂满"安全绿十字"相应日期的表格。

3. 应用

通过安全检查，发现当日员工出现的违章操作和工作现场存在的安全隐患，制订改善措施。记录到安全日历当中，使员工时刻保持警惕。

安全日历栏如图 6-10 所示。

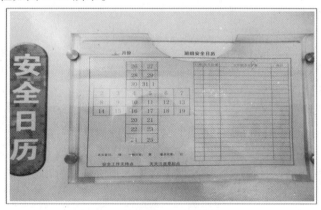

图 6-10　安全日历栏

6.3.5 考勤记录

1. 目的

建立考勤记录栏的目的是督促员工遵守劳动纪律；明确员工出勤情况，方便工作安排、工时核算等。

2. 填写方式

班长按时检查员工出勤情况，在一日工作结束后，将班组成员迟到、早退、请假、旷工等情况按照表格填写方式填到相应日期的表格内。

3. 应用

通过考勤记录栏，班长可按照人员出勤的情况制订奖励和处罚制度，激励员工出勤率增加；在月底工时核算时，此表可作为人员出勤记录的依据。

考勤记录栏如图 6-11 所示。

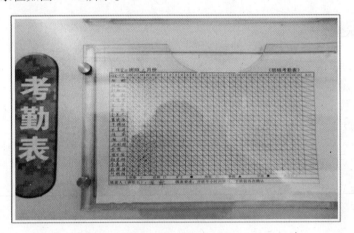

图 6-11 考勤记录栏

6.3.6 质量推移图

1. 目的

建立质量推移图的目的是通过每日记录缺陷项次和生产台数，计算单台缺陷率推移图，管控班组质量。

2. 填写方式

车间质量员记录本班组每日出现的缺陷项数和生产台数，以缺项项数/生产台数计算得出当日的单台缺陷率，在推移图日期与数值的交叉位置涂点，并将每日缺陷率用直线依次连接。

3. 应用

通过绘制质量推移图，可以确定班组质量管控水平的上升与下降，是否到达目标管理值。当单台缺陷率上升或现状没有达到目标时，班长要分析原因，针对存在问题制订改进措施并实施，确保班组产品的质量稳定。

质量推移图如图 6-12 所示。

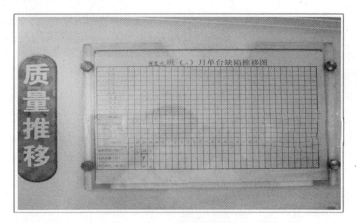

图 6-12　质量推移图

6.3.7　质量情报

1. 目的

建立质量情报栏的目的是明确班组各工位重点控制内容及易发生的问题。

2. 填写方式

车间质量员将班组各工位质量重点控制的内容和易发生的问题罗列出来，填到"不良问题点"对应的表格内。班长每日记录本班组发生这些不良的次数，填到对应日期的表格内。

3. 应用

通过记录质量情报栏，可以确定本班组出现不良的具体问题和次数。针对频发的问题分析原因，制订改善措施并实施，保证班组产品的质量稳定。

质量情报栏如图 6-13 所示。

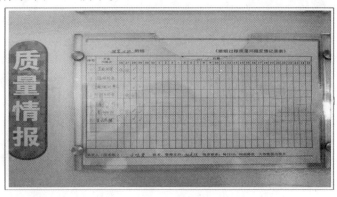

图 6-13　质量情报栏

6.3.8 员工培养

1. 目的

建立员工培养栏的目的是体现员工技能掌握现状，班长时刻把握多能工培养进度，完成多能工培养计划。

2. 填写方式

班长将员工需掌握的技能填到表格上方内容一栏，员工姓名填到左边姓名一栏。把员工掌握的技能分为4个档次，依次为：经过理论培训且合格，在指导下能完成作业，按标准要求能独立完成作业，能指导他人、发现异常能维修。根据员工掌握的实际情况，涂黑对应的4个表格。

3. 应用

班长通过多能工登记表，明确班组成员技能掌握情况。针对技能掌握较差的员工，制订培养计划，促使员工达到多能工的要求，确保车间顺利地组织、安排生产。

员工培养栏如图6-14所示。

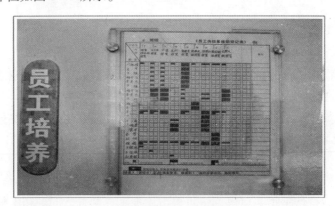

图6-14 员工培养栏

6.3.9 设备检查

1. 目的

建立设备检查栏的目的是对设备进行检修、清洁、上油等，防止设备劣化，延长设备的使用寿命。每一台机器设备确保在完好的状况下工作，使事故率为零，故障率为零，确保班组生产任务及时完成。

2. 填写方式

班长在上岗前，按设备自主保养指导书指导员工自主保养，检查设备完好性，将检查的结果填写到表格对应日期的表格内。

3. 应用

通过设备检查栏，班组长对所在班组的机器设备运行情况了如指掌，可以指导员工进行机器设备的保养维护和做好安全防护。出现异常时，可以及时联络设备维修人员。

设备检查栏如图6-15所示。

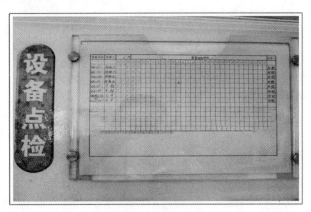

图6-15　设备检查栏

6.3.10　5S检查

1. 目的

建立5S检查栏的目的是通过每日检查、定期评比的方式，激励员工做好现场5S工作，养成日清日结的工作习惯，从而带来良好的工作环境，减少工作中"寻找"的浪费，提高生产效率。

2. 填写方式

现场管理员制订现场5S的标准，员工自主点检，按期完成的用"√"表示。无"√"视为无效操作。

3. 应用

现场管理员对应记录表检查现场，确认记录填写无误后，通过记录表对班组5S进行评比、激励。

5S检查栏如图6-16所示。

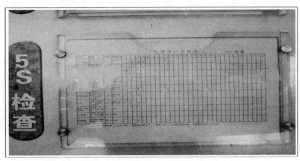

图6-16　5S检查栏

6.3.11 培训计划

1. 目的

建立培训计划栏的目的是使班长时刻把握员工技能状况，制订相应的多能工培养计划并确保计划能够按时完成。

2. 填写方式

班长明确班组成员多能工培养的方向后，将班组成员的姓名、所需掌握的技能填写到相应表格内，用"→"表明完成计划的日期。

3. 应用

通过多能工培养计划和实际情况的对比，班组长可以找出计划未完成项，分析原因，制订改善措施。确保计划按时完成。

培训计划栏如图 6-17 所示。

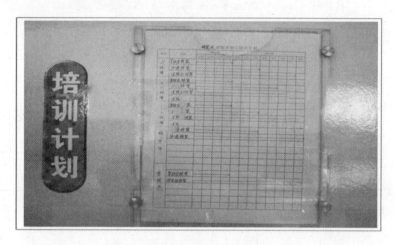

图 6-17　培训计划栏

6.3.12 人员顶岗

1. 目的

建立人员顶岗栏的目的是使人员变化得到关注，确保生产质量可靠、稳定。

2. 填写方式

当班组人员发生变动，需要其他人员顶岗时。班长将顶岗情况记录到表单上。

3. 应用

通过顶岗记录，班长把握本班组 4M 中"人"的变化情况，关注变化岗位的产品质量，保证质量稳定、可靠，同时，本表可作为月底工时核算的依据。

人员顶岗栏如图 6-18 所示。

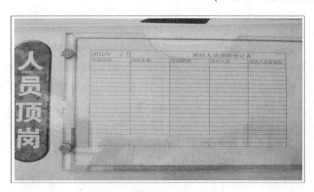

图6-18 人员顶岗栏

6.3.13 生产计划

1. 目的

建立生产计划栏的目的是使员工掌握公司排产顺序计划及技术状态。

2. 填写方式

班长将上线顺序打印，插到展板中。

3. 应用

通过生产计划让员工了解班组一天/一周的适时生产任务，便于班长合理安排生产，并且及时了解生产任务完成情况。

生产计划栏如图6-19所示。

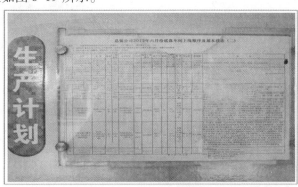

图6-19 生产计划栏

6.3.14 停线记录

1. 目的

建立停线记录栏的目的是暴露现场存在的问题。

2. 填写方式

班长将本班组当日发生停线的时间、频次及原因填写到相应表格内。

3. 应用

通过停线记录栏，可以明确造成停线的时间和频次。针对频次较多、时间较长的问题分析其发生的原因，采取对策进行改善，以此提高班组管理水平。

停线记录栏如图 6-20 所示。

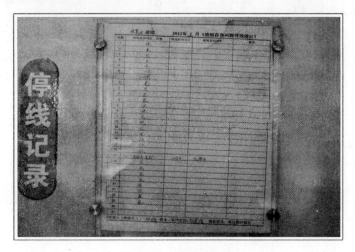

图 6-20　停线记录栏

6.3.15　通知

1. 目的

建立通知栏的目的是将公司或车间的精神和要求以及注意事项准确无误地告知员工。

2. 填写方式

班长将公司或车间的通知打印后及时地插入展板。

3. 应用

通过通知栏，员工可以了解到生产现场的整体实时情况。

6.4　班组指标管理规范与技巧

规范班组指标管理的意义一是能不断对班组管理工作提出完善与改进的要求，二是能调动员工围绕指标体系尽心尽责地开展工作，三是使班组和员工明确完成工作的界限与相应的奖惩。其目的是确定班组运营是否有效，是否具有竞争力及贡献的大小。

6.4.1　指标管理卡

1. 目的

建立指标管理卡的目的是确立班组在一定时期内组织活动的期望成果，是组织使命在一定时期内的具体化，是衡量组织活动有效性的标准。

2. 填写方式

1）安全：确定本班组允许出现的安全事故数量要求为零，填写到目标一栏中，将每月实际发生的安全事故数量填到对应日期的表格中。

2）质量：质量管理员确定单台缺陷率月度目标值，填写到目标一栏中，将每月单台缺陷率的平均值填写到对应日期的表格中。

3）交付：设定班组每月允许停线时间，填写到目标一栏中，将每月实际停线时间填到对应日期的表格中。

4）成本：设定月度生产效率目标值，填写到目标一栏中，将每月实际生产效率填到对应日期的表格中。

5）现场：设定班组月度5S检查允许出现的不合格次数，填写到目标一栏中，将本班组实际不合格次数填到对应日期的表格中。

6）士气：设定月度员工合理化建议和改善提案条数，填写到目标一栏中，将每月实际合理化建议和改善提案条数填到对应日期的表格中。

3. 应用

通过各项指标的填写，使各项指标的达成情况一目了然，车间可用作各班组评比的依据。班长根据本班组实际情况，对未完成的指标进行原因分析，制订改善措施。

指标管理卡如图6-21所示。

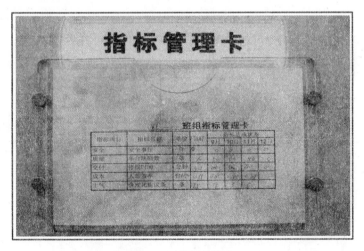

图6-21 指标管理卡

6.4.2 措施计划表

1. 目的

建立措施计划表的目的是明确各项指标过程管控方式，保证班组各项指标顺利完成。

2. 填写方式

为了保证各项指标顺利完成，班长制订过程管控计划，将计划名称、完成时间、负责人、配合人以及注意事项填到相应表单内。

3. 应用

班长利用措施计划表，时刻把握实施动态，对班组指标未完成项及时采取对策，保证班组各项指标顺利完成。

措施计划表如图6-22所示。

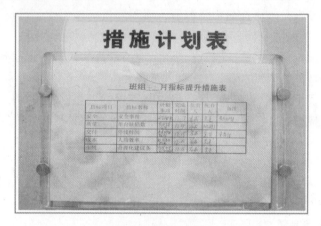

图6-22　措施计划表

【实战37】某总装公司班组园地管理考核办法

某总装公司班组园地如图6-23所示，并制订了如下管理考核办法。

图6-23　精益班组园地

总装公司为更好地开展班组建设工作和合理化建议工作特制订本办法。

一、管理原则

按照谁使用、谁管理、谁负责的基本原则进行管理。

二、检查制度

本办法执行后由综合管理处负责检查执行情况。

三、班组展板内容填写管理人

四、具体管理细则

1. 班组园地所有设施的擦拭清洁工作由保洁公司完成。每日检查一次，每发现一块展板当日未清理的，将考核保洁公司100元。

2. 班组园地所有展板内容填写由各班组班长、质量员、安全员、现场管理员、工会小组长按照指定填写内容填写，每月填写完的表格班组必须留存两年。展板内容每日检查一次，每发现一次未及时填写或胡乱填写的，考核填写人20元。每月28日检查一次表格留存情况，检查人在检查记录上签名，若表格未留存的缺一项，考核班长50元，车间所有主任连带100元。

3. 班组园地内设施展板、阅览桌、机场椅、铁皮柜、暖壶由本班组人员负责管理，若有丢失或非正常损坏的由班组照价赔偿。

4. 水杯一律放在班组园地内，班组人员不得使用其他水杯，一经发现立即没收。水杯由个人保管，若有丢失，需照价购买。若发现有偷盗水杯人员，处以所有丢失水杯数量价值总和的两倍罚款并立即开除。此款项将双倍返还所有丢失水杯人员的水杯购买款。请丢失水杯人员及时上报。

5. 各班组人员只能到本班组园地内休息，如有本班组以外的一切人员（外来返修人员、保洁、保安、公司检查人员、公司领导等）来此休息，班组人员有权勒令其离开。

6. 若非本班组人员休息后，发现设施损坏、物品杂乱、定置桌椅移位，即视为休息人员所为。一切扣款由本人和所在单位照价赔偿。此条款由班长一人认可即视为扣款生效。

7. 班组园地内报纸、学习资料、班组建设记录本必须按指定位置摆放。每日检查一次，若发现一项物品未按要求摆放，考核班长50元，车间所有主任连带100元。

8. 班组园地所有设施按定制区域摆放。人员坐椅子时可将其向前挪动，人员离开时将椅子恢复到定置区域。每日检查一次，若发现一项不符合要求，考核班长50元，车间所有主任连带100元。

9. 机场椅要坐在椅子中间，不得坐在边缘，不得横卧，每日检查一次，发现一次考核100元，若椅子有损坏照价赔偿，无法查到个人的考核班组。

10. 不得在桌面乱写乱画。每日检查一次，若发现一次，考核100元，无法查到个人的将考核到班组。

总装公司

201×年10月××日

第 7 章

体系化班组精益管理经验分享

7.1 经验一：某公司创导"三种精神"建设一流班组

　　某调度控制中心配网抢修指挥班是一个充满活力的年轻班组，由 10 名青年员工组成，主要负责全市 1.58 万平方公里、410 万电力客户的配电网抢修指挥工作。自 2014 年 1 月成立以来，该班组以凝练"三种精神"为载体，以"青年创新工作室"为牵引，通过班组管理创新、技术创新、质量创新活动的深入开展，提高了班组生产和管理水平，成为一支勇于创新、善打硬仗的一流班组，先后获得"省公司优秀创新工作室""省优秀质量管理小组""全国优秀质量管理小组"等荣誉。

1. 努力超越，勇攀高峰的学习精神

　　该班组的努力方向是把班组打造成一个学习型组织。班组提出愿景："打造一流的高素质团队，让人人成为创新能手"，并成立了公司第一个以"青"字号命名的工作室，名为"万强青年创新工作室"。在班长带领下，该班组积极开展"三个三"人才培养模式，即：三个贴近、三个适应、三个延伸。三个贴近即：贴近本职、贴近专业、贴近工作。三个适应即：与配电网的发展相适应、与专业理论相适应、与承担的任务相适应。三个延伸即：向完成抢修任务延伸、向相关知识延伸、向未来配电网发展方向延伸。该班还实施"一人一课题、一师带一徒、一岗一轮换、一周一主题"的四个"一对一"学习法，极大地激发了全班组学技术、练技能、搞创新的积极性。该班组成员在很短的时间内就全面掌握了《配网异常及事故处理管理执行文件》《配网检修工作票管理规定》等相关配网专业技术知识，为各项工作开展打下良好基础。

　　同时，该班组始终坚持培养青年职工，让他们在实践中得到锻炼。每逢公司开展技术攻关，该班组都选派青年职工参与。攻关课题结束时，该班组要求参加人员必须撰写论文或技术报告，参加论文评比。自觉、自发、自主学习已成为该班组集体和个人生活中的重要部分，仅 2014 年该班组就有 17 人完成 QC 成果 12 项，11篇技术论文参加公司的论文交流。该班组的班组长不仅具有高超的配电网抢修指挥

控制技能，而且还主动向年轻职工传授技艺。他编写的《缩短配网故障停电时间》《缩短配网临时操作票出票时间》两本 QC 成果册，成为配网抢修过程中解决难题的"金钥匙"。

2. 追求卓越，打造精品的创新精神

该班组结合实际，鼓励班组成员立足岗位，持续创新，大力弘扬"追求卓越，勇攀技术高峰，打造精品"的精神。通过开展"集体研讨、相互学习、举一反三"活动，形成了追求卓越，努力打造精品的浓厚氛围。比如，该班组最主要的工作就是在配网发生故障时，对故障点柱上的开关快速进行定位分析。公司定下了每次故障定位时间不高于 60min 的质量目标，但通过对 2014 年 1 月至 6 月的故障点柱上开关定位情况进行调查分析，发现定位的平均耗时达到了 79min/次，没有达到标准，班组的生产质量存在着隐患。面对困难，该班组深入分析查找原因，并倡导"经验交流传帮带、一专多能促成才"活动，深入公司相关部门、班组进行调研，获取了交叉配合专业的实际数据，进行统计、分析与标准对照，最终确认了产生问题的 3 个主要原因。

为彻底解决这一难题，该班组多次召开"你说我听大家谈"主题班会，集思广益，制订措施。该班组综合运用 TPM 等手段，及时掌握线路联接关系，缩短审核故障点柱上开关线路图时间，同时引入 5S 现场管理办法，优化抢修指挥流程，缩短确认非低压用户故障时间。通过对 2014 年 7 月至 12 月的 213 次故障点柱上开关定位时间进行效果检查，发现平均定位时间达到了 52min/次。2014 年，经过公司制度的推广和成果转化，故障点柱上开关定位时间进一步稳定在 50min/次，有力地提升了配网故障处理的效率，减少了每次事故的停电时间，年均创造经济效益 100 余万元。这一成果也获得了 2014 年"中电联（第五届）全国电力行业职工创新成果二等奖"，并在全国进行推广。

3. 凝聚人心，和谐奋进的团队精神

该班组是一个和谐奋进的团队，大家共同学习，共同进步，共同发展。深入推行内部事务公开和民主管理制度，充分尊重员工，关爱员工，凝聚人心，促进了班组与企业、班组与员工的和谐。该班组充分认识到班会的作用，通过班会进行有效沟通，促进班组工作顺利开展。该班组明文规定班组长必须每日召开班前班后会，每月初召开工作布置会，月中召开检查工作会，月末召开总结工作会及每月一次的全体员工会议。凡是班组内建设、技术改造或涉员工切身利益的问题，都提前向每个员工征求意见，并在全体员工会上通过员工讨论形成一致的意见，严格按照计划、开始、扩展、回收、结论、追踪六步执行程序进行落实，确保收到良好的效果。班组长在适当时候对工作进行总结，表扬先进，鼓励后进。这一套有效的沟通机制，如同班组工作的黏合剂、润滑剂，激发了全体成员做好本职工作的积极性。

该班组也有不少参加工作 1 年、2 年的青年员工，有人认为他们的专业技术素质和职业心理素质都不成熟，对于工作还难以胜任，一些年轻的员工为此背负了沉

重的心理压力。为提升青年职工综合心理素质，班组专门创建了"阳光访谈室"（心理舒缓中心），了解青年员工思想工作生活情况，有针对性地开展思想政治工作解决实际困难，使青年职工感受到集体的温暖，大家的心贴得更紧了，心更齐了，都能自觉地服从班组的整体利益，主动加班开展技术攻关成了常态。

7.2 经验二：某世界一流电子集团全体系化的班组管理实践

某国外电子集团是一家跨国公司，拥有 16 万职工，在世界 500 家强中名列第 16 位。其为世界所公认的最重要的管理优势之一就是全体系化班组管理实践。

1. 时刻突出班组管理核心使命

该公司班组管理树立的核心使命是"营造生动活泼氛围，突出民主性，注重实效性，发挥人的自觉性、主动性与创造性"。班组开展的各种管理活动，都要与企业的政策、目标及重点工作有关，充分体现"人人爱岗位，人人爱企业"的精神。班组开展的各项管理活动形式既要多样又要灵活，力求给班组成员带来浓厚的、真切的、充满生机和活力的主人翁感受。

2. 始终关注班组管理目标达成

班组的目标管理是以方针管理形式展开的。首先，紧紧围绕公司经营指标，将班组目标分解落实，既要考虑可行性，又要具有挑战性，一般确立在历史最好的水平上。每天班组长要进行自查，每月进行综合评定。如果在某天或某月达到目标后，班组及时地将所实现的目标值填入目标管理图内，并指出班组达到此目标所做的重点工作；如未完成就要分析原因，制订改善措施，直到达成或超额完成为止，然后继续设定更高目标，持续改善。

其次，要求企业管理者按规定定期在该目标表格内签上自己的名字，并写上几句勉励的话。这样，班组在取得成绩后，能及时得到领导的鼓励，从而激励班组向更高的目标奋斗。另外，企业管理者每天都要到班组中走一趟，加深了管理者深入基层的工作作风，更重要的是拉近了干群关系，帮助和指导班组目标尽快达成。

3. 特别注重全员降本改善

动员公司所有班组开展"降低成本改善活动"。在生产现场张贴由班组绘制的成本控制图。在这个图中，有控制成本费用的主要项目，有每个人的具体目标值。同时，班组开展的这项活动在组与组、员工与员工之间也都是公开的，这样做使奔跑的人、走路的人、坐着的人都要相互尊重，并给予鼓励，最后使所有的人都成为奔跑的人。

4. 长期实行全员设备管理

在班组内开展的全员设备管理得到了员工的极大响应，也是该公司班组管理的主要内容之一。其详细制订了完整的设备维护保养制度，并对设备实行重点管理。

重点管理就是对容易影响产品质量的设备或容易出现故障的设备实行重点监控，使设备在大批量生产中处于良好运行状态。凡重点设备都有非常明显的提示牌，以提示员工对设备监管的频度和内容。班组的全员设备管理充分体现了全员参与的意识，在班组内随时可以看到员工对设备提出的改进意见、改进方案图示和设备改进前后的对比分析示意图。

5. 积极推行星级教师制

在所有班组内都有专职教师，该专职教师负责对所有员工在操作技能上的指导、帮助、学习和提高，主要责任就是培养出更多的具有"师资"水平的员工。班组推行的星级教师制分为"四星"，也就是说，当班组员工取得四星级时，就证明他具有了专职教师的资格，可以对三星、二星、一星的员工进行操作指导和帮助。这项活动的开展，极大地调动了全体员工的学习和向四星级奋斗的热情。

6. 让创新深入人心

"创新"是班组管理极力提倡的工作精神，并作为厂训深深根植于员工的心中。通过班组合理化建议的开展，极大地激发了员工的创造精神。班组合理化建议有个人提出的，也有组成"合理化建议小组"后提出的，把合理化建议贴在墙上，并将建议的内容拍成照片，配上文字，附有改进前后的可行性分析，非常生动。

此外，凡是合理化建议被采纳，就给予奖励。该公司每个员工一个月平均4次提出合理化建议，员工对企业热爱的程度和参与改善的热情高涨。

7. 营造生动活泼氛围

班组在完成生产任务后，也利用空余时间参加社会公益活动。其内容有植树、值勤、到敬老院做好事及与社会有关的其他活动。从中增强对社会的责任感并展示员工的人性美和道德观。班组定期组织集体活动，有旅游、聚会、联欢、体育比赛等内容，而且将每次活动的内容拍成照片，贴在"班组园地"里，让大家共享那美好、难忘的集体生活。班组的管理活动内容还很多，比如综合评定员工的"累计分考核制"、全面质量管理以及提倡环境舒畅和气氛融洽的民主管理等，都在班组管理中发挥着重要作用，使班组这个企业最小的生产组织单位在企业管理中变成了最积极、最活跃、最富创造力的群体。

由于集体活动的丰富性，锻炼了班组的团队精神，培养了人和人之间友善和谐的关系，创造了轻松和谐的班组氛围，就是这些集体活动培养了对集体的责任感。企业也为员工们建造了很多现代化的文体中心，为他们提供了培养多种兴趣的条件，从而不断提高班组员工无形的集体荣誉感和成就感。

7.3 经验三："PDCA＋鱼骨图分析法"创新方法在质量改善中的应用

某公司是一家以装配涡轮增压器为主的企业，装配生产线以半自动化为主。

2012 年 9 月，一固定客户购置了该公司一批某型号涡轮增压器，在校车线进行校检时发现 2 台增压器出现异响，拆检后查明原因，发现是由于增压器中间体未安装浮动轴承，转轴转动不平衡摩擦轴承体内壁导致。2012 年 12 月同样的质量问题又被另一家客户反映。2012 年该公司陆续收到漏装反馈事故近 3 起，共计经济损失 15.6 万元。

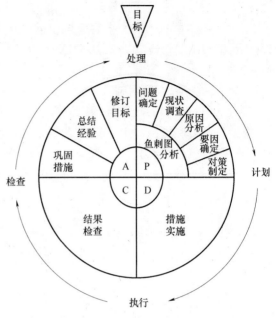

图 7-1 "PDCA + 鱼刺图分析"思路图

为了维护公司质量信誉，达到将该类型质量事故控制在 0 起的目标，该公司在案例分析过程中创新性地将戴明环与增加了"设计"与"检测"两大分析因素的鱼骨图分析法相结合进行分析，圆满解决了该质量问题，如图 7-1 所示。

1. 制订实施计划

针对该质量事故，及时成立浮动轴承漏装质量改善小组，认真全面地对问题进行讨论和分析，将 PDCA 循环贯穿在整个改善过程中，制订具体改善计划，如图 7-2 所示。

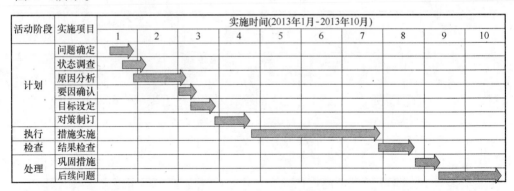

图 7-2 活动计划安排

2. 鱼骨图绘制

完成了问题确认和现场调查后，改善小组利用改进的鱼骨图分析法查找真因和主因。把漏装浮动轴承事故标出在鱼头位置，将"设计"与"检测"两大分析因素增加到人、机、料、法、环中形成 7 个分支绘制成鱼骨图，通过充分讨论、分析和归类造成质量问题的主要因素，最终确定主次真因，如图 7-3 所示。

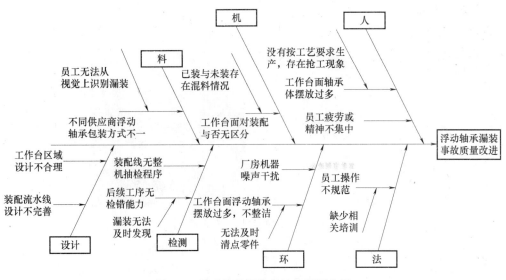

图 7-3　浮动轴承漏装事故鱼骨图分析

3. 要因确认和改善对策

对改进的鱼骨图分析法得到的因素进行整理，并现场确认主要原因。

4. 对策实施

制订对策后按要求在工厂实施，并设置专人检查和监督措施的实施情况，每个对策都有具体的实施方法。

5. 改善效果

采用了改进后的鱼骨图分析法和 PDCA 循环管理方法，截至 2013 年 12 月 30 日，该公司未发生过一起浮动轴承漏装质量事故，实现了预期的质量控制目标，也再没有接到客户漏装零件的投诉，直接节约了事故成本，也为销售额的增长提供了保障，恢复了公司的产品质量形象。

7.4　经验四：某重汽集团体系化的班组目视化管理实践

某重汽集团拥有多个分子公司，一直坚持在班组中开展目视化管理，经过全体班组的不懈努力和持续改善，力求打造出一目了然、标准统一、可迅速判断的具有实用性、经济性、直观性、方便性的精益现场。已经在现场、设备、质量、安全等目视化管理方面，形成了具有体系化且独具特色的管理手段与创新做法，受到同行乃至制造业的广泛认同。

1. 实施要点

（1）现场目视化管理方面

1）《现场目视化管理手册》的编制，标志着现场标准的"法律"出台。

各单位依据现场布局与管理特色，编制了符合自己特色的《现场目视化管理手册》，目的是对生产现场、目视化管理的各类标准进行归类输出，成为现场目视化管理的一本"法"，依法执行、依法改善、依法追究。现场目视化管理手册如图7-4所示。

图7-4　现场目视化管理手册

2）现场定置与目视化管理相结合，彻底改善现场作业环境。

各单位年初通过制订现场定置改善计划，按照计划对区域进行重新划分、补线，各类安全类、警示类、设备类、地面通道类的标志进行更新贴示，对厂房内的墙面及立柱等都进行了粉刷，改善现场环境。如图7-5所示，员工正采用"油漆战"对区域进行重新划分。

图7-5　员工正在重新划分区域

3）利用模具定置目视化看板，快速换模得到广泛应用。

利用模具定置目视化看板的形式，清晰地展示各类产品的模具状态和位置，很好地改善了传统寻找模具时间和模具管理方法，直接促进冲压生产线在B线与C线的快速换模，大大缩短了单项零件的生产时间和节约了设备运行能耗。模具定置目视化管理看板如图7-6所示。

图7-6　模具定置目视化管理看板

（2）设备目视化管理方面

设备目视化管理从班组设备的日常点检为抓手，制作《设备TPM自主维护标准书》，员工按照标准开展日常自主点检，提高设备自主维护意识，降低设备故障率。主动推进TPM设备保全活动。利用活动看板推进OPL教育，提高操作人员和管理人员的设备业务知识，提升设备管理水平。目视化点检看板与TPM活动看板如图7-7所示。

图7-7　目视化点检看板与TPM活动看板

（3）质量目视化管理方面

1）细化到车间班组的4M变化点管理看板。

细化到车间班组4M变化点管理看板采用人员姓名、设备、材料、工艺方法四种图样磁扣，通过磁扣的移动在看板左侧工序工位定置图中将各类变化点目视化，并在右侧设有"4M管理流程""4M管理项目""人/机/料/法变化记录表"。在这过程中车间主任、班组长、质量管理相关人员对产生变化点进行实时监控。让变化点异常第一时间清楚、明确地体现出来，进一步加强生产各环节的质量控制与改进，确保产品质量的稳定与提高。班组4M变化点管理看板如图7-8所示。

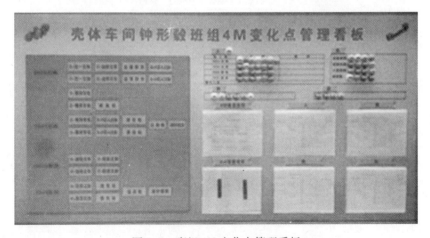

图7-8　班组4M变化点管理看板

2）通过班组"质量门"管理看板确保过程质量受控。

现场"质量门"目视看板便于系统检查和监督过程检验的执行情况，明确了工序专检人员的工作内容、工作量和责任落实，便于问题的预防和追溯；实现了质量控制的目视化管理，管理及操作人员均可随时了解生产过程中出现的产品质量问题，便于质量信息的收集及后续质量改进工作。班组"质量门"管理看板如图7-9所示。

"质量门" II：DY-1~D-9		
序号	检验项目	检验标准
1	气管电缆布设	没有扭曲、打折、与车架锐角边干涉现象，严格按标记进行铺设
2		固定卡带符合工艺要求，无少打或打不紧现象
3		没有破损或被挤压现象
4	过梁护套安装	过梁胶套无漏装，安装位置正确
5	喇叭固定	喇叭及支架状态正确固定，螺栓紧固可靠
6		电缆接线连接可靠
7	手打泵安装	状态正确，螺栓紧固牢靠，规格符合要求
8	分动箱安装	型号、编号抄记正确清晰
9		各螺栓紧固牢靠，规格符合要求
10	平衡悬挂安装	平衡悬挂状态正确，螺栓紧固牢靠，力矩650N·m±50N·m
11		平衡拉臂状态正确，螺栓紧固力矩577.5N·m±17.5N·m军车力矩495N·m

图7-9 班组"质量门"管理看板

3）量具的行迹管理与多功能目视三角台的应用。

根据现场5S定置理念，通过对现场作业顺序、物流、环境等因素进行分析总结，以量、夹、辅具为突破口，采取"投影之形状绘图"和"嵌入凹模"方法，体现出减少寻找工具时间，易于拿取和归位，提醒工具丢失异常等优点；并自行制作了多功能目视三角台，将各类目视标准与工位须知等归类目视，节省空间又易于查看。多功能目视三角台和量具行迹管理如图7-10所示。

图7-10 多功能目视三角台和量具行迹管理

（4）安全目视化管理方面

1）"岗位作业安全目视化"让员工上标准岗干标准活。

以危险致害因素的识别作为着力点全面筛查安全隐患，重点从人的标准作业状态、物的安全状态、工艺及设备操作规程的安全性评价等多方面、多维度进行调查、研究、分析，编制了整套适用于生产单位的《岗位安全生产标准化作业手册》。通过标准的实施结合现场看板的展示，班组员工的安全意识明显提升、员工自觉按标准作业的习惯已经逐步形成、安全事故明显减少，预期型安全管理初见成效。标准化作业手册与标准化作业目视化看板如图7-11所示。

图7-11 标准化作业手册与标准化作业目视化看板

2）危险致害因素的防范措施管理效果。

经过认真分析、总结，对机械加工作业、装配作业及喷漆作业等方面从"可能发生的危害""产生的原因"这两发面进行排查，制订出事故预防及防范措施，制作成看板在现场得到目视化，并通过班组及特殊岗位进行反复培训，用看板的宣传进一步加强安全管理力度及警示作用。事故防范措施公告与安全管理目视化看板如图7-12所示。

图7-12 事故防范措施公告与安全管理目视化看板

2. 实施效果

（1）目视化管理手册成为精益改善中不可缺少的"宝贵财富"

公司以体系化方式从生产制造全周期梳理固化的目视化管理的亮点、重点、知识点等编著一些目视化管理手册，如《××重汽精益生产管理模式》《班组建设精益推进手册》《TPM 标杆班组第一阶段成果手册》《合理化建议成果手册》《班组建设精益推进手册》等。手册内容丰富、语言简练易懂，各类手册不仅是作业及管理的标准，更是公司企业文化建设留存下的宝贵财富。各类目视化管理手册如图 7-13 所示。

图 7-13　各类目视化管理手册

（2）目视化管理看板成为精益管理的不可缺少的"管理神器"

走进任何一个生产车间现场，无处不见各类的管理看板展示，大到系统性体系类看板，其中涵盖了质量控制（纠错）、安全管理、TPM 活动、KPI（运营）指标、变化点管理等看板，小到零件上的状态标识卡、机床按钮的颜色标识贴，还有一些项目及职工改善的成果展示看板。各类看板彰示目视化管理的精细化与动态性。现场中的各类目视化管理看板如图 7-14 所示。

图 7-14　各类目视化管理看板

（3）目视化管理标准成为精益管理的不可缺少的"指挥棒"

目视化作业标准是每个作业者进行作业的基本行动准则。围绕现场作业需求和人机交互原理，从质量、安全、工装、工艺、设备等多方面编制出了各种作业指导书、作业要领书、操作规程指导书、换产要领指导书、标准作业指导书、设备操作规程使用书、安全操作指导书等，丰富了作业标准工作领域，指导员工执行标准作业的有效落地。各类目视化作业标准如图7-15所示。

图7-15 各类目视化作业标准

7.5 经验五：某班组生产线快速换模推广实践

某班组通过实施冲压C线的快速换模后，不仅提高了换模效率，同时对于拉动相关基础管理，如生产管理、模具管理、设备工具管理、工艺质量管理以及现场管理都取得了一些有益的经验。该班组经过认真讨论，准备逐步推广到冲压A线和B线，再次提升整个冲压生产线的综合生产能力。

1. 改善前准备

（1）生产计划方面

保证生产计划执行的系统性和协调性。在安排生产时，需要按生产线统一安排一项零件的集中排产，以保证整条生产线的生产；同时，协调有关单位如下料、生产准备、技术准备等做好配合准备工作，保证原材料准备充分、模具和设备完好、工艺规程编制无疏漏。

（2）生产准备方面

保证设备和工模具随时处于完好状态，模具的安装要件符合快速换模要求，具备快速换模定位装置等。

（3）技术准备方面

要充分提前分析影响快速换模的不利因素，设计和编制各种技术准备条件，从人员操作和工艺执行上尽量消灭无用动作，减少必要动作时间和步行时间，使换模时间不断缩短。

（4）生产线分析方面

分析A线、B线的设备特点，根据实际情况提出改善措施。A线是机械压力机生产线，合计6台，大部分是中型模具，少部分是大型模具；工作台一个，是侧开出式。B线是液压机生产线，合计4台，少部分是中型模具，大部分是大型模具；工作台两个，是双面侧开出式，具备提前准备在预备工作台上安装模具的条件。

2. 改善措施

（1）生产管理

提前做好物料管理，原辅料、模具由专人准备到位，生产现场管理要求工具箱统一定制，生产现场及时清理整洁。

（2）设备管理

设备和模具处于完好状态，模具放置按便于查找、就近使用的原则做好定置管理。

（3）工艺管理

针对快速换模用时较长的气垫杆安装，编制《气垫杆安装卡片》，并做好快速定位标记，采用快速定位法使模具安装准确快速。

（4）人员管理

根据换模时人机原理，缩短人员与机器配合的等待时间，制订《快速换模作业指导书》，从员工作业动作上规范标准化。

3. 改善后效果

（1）科学开展冲压生产线快速换模

为提高换模效率，特制订了《冲压生产线工序作业指导书》如图7-16所示。明确了快速定位方法，标记出模具中心和机床中心。图中快速定位的方法是：安装两个气垫杆，模具上设置两个卡槽，当模具由天车移动置工作平台上时，使卡槽紧靠在快速定位所示的两个气垫杆上，实现模具安装的快速定位。

（2）生产组织和现场管理整洁有序

对生产现场进行清扫，并在生产前做好相关工具的准备，减少准备工具和模具的时间，提高生产工作的效率，实现快速换模。清扫后的现场如图7-17所示。在工作台上提前准备好待安装的模具如图7-18所示。

（3）设备和模具管理合理清晰

按季、度、周做好三级设备保养。同时，为便于模具的定置管理，设置模具的定置目视图，方便操作者寻找。模具定置存放区如图7-19所示。模具定置目视图及状态面板如图7-20所示。

（4）作业人员的分工责任明确

按照所有换模工作的内容，把工作分为内部工作和外部工作，根据工作时间长短，合理分配工作任务。两人专门负责内部工作，另外两人负责外部工作，在局部外部工作完成的间隙，辅助进行内部工作。在某项具体的工作中，也可分为主要工作人员和辅助工作人员，提高工作效率，尽量消除等待时间。

有限公司		冲压工艺工序作业指导书	产品型号	零件号	零件名称	工序号	10
车身公司	冲压车间		V3(L)	S18 657 06 09	长驾低顶顶盖中面板	工序名称	拉延

工序图

顶出高度 ST=170
顶出力=260ton
成型力=1400ton
快速定位
模具中心线
机床中心线
300
600
150
75
600
7×300

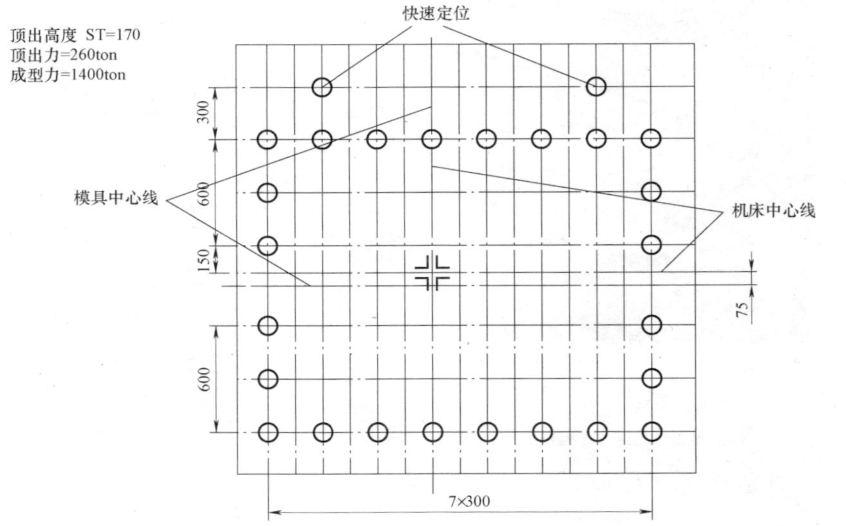

设备	XP2FCBM-2000C
布置号	
机床参数	
模具	BZ-MB5-D314
样板	
工位器具	
通用工具	

辅料消耗

材料名称	规格代号	单位	数量

工序质量检验规范	序号	检测项目	测量工具名称、规格	自检频次	专检频次	控制手段	序号	检测项目	测量工具名称、规格	自检频次	专检频次	控制手段
	1						4					
	2						5					
	3						6					

															编制	李	2011 8 12				版本	a
															校对	周	2011 8 12				共2页	总9页
标记	数量	文件号	签字	日期	标记	数量	文件号	签字	日期	标记	数量	文件号	签字	日期	审核	李	2011 8 12				第1页	第5页

图 7-16 冲压生产线工序作业指导书

图 7-17　清扫后的现场

图 7-18　提前在工作台上
准备好待安装的模具

图 7-19　模具定置存放区

图 7-20　模具定置目视图及状态面板

（5）换模时间显著缩短

通过以上措施，A 线整线换模时间由原用时 1h38min 降低到 1h10min，整线换模时间缩短 29%。B 线换模时间由原用时 1h50min 降低到 1h18min，整线换模时间缩短 29%。

7.6　经验六：某公司精益班组培训方案

某公司为持续有效地推进精益管理工作，立足班组作为实现精益改善的最基础着力点，培养具有改善能力的一线班组长为核心，力求实现从精益管理推"事"到推"人"的转变和有机结合，确保精益管理的可持续改善。为此，决定实施精益班组长培训计划。

1. 培训原则

（1）分层推进

培训分高级班和普及班两个层次推进。

（2）分期实施

培训按照一定周期和参训人数分期实施。

（3）分班组织

培训结合参训单位及人员定编分班组织。

（4）持续培训

此项培训作为一项常态化的持续培训计划，高级班和普及班培训内容将分别作为班组长岗位任职和新进公司人员的必修课。

2. 课程设计

高级班课程设计原则：对现场生产线班长等人员开展精益管理全面培训，详细讲解基础知识、改善方法和操作技能。对班组长以上人员，开展岗位必备精益知识培训，学习公司内部制造单元各模块运行的精益管理流程及具体实施方法。

普及班课程设计原则：对班组所有人员均要开展精益知识和日常工作要求等普及性培训，实现精益概念和意识的全覆盖。

3. 高级班培训方案

（1）组织方式

高级班采取分期、分班，每班定编定员的方式开展培训。

（2）考评内容及标准

考评内容包括管理技能、改善技能和操作技能。其中，管理技能主要考察团队建设方面的能力，改善技能采取参培人员每人开展一个课题的方式进行考核，操作技能采取现场实操的方式进行考核。管理技能和改善技能占总成绩的70%（其中10%为考勤和态度，20%为试卷得分，40%为课题答辩得分），剩余的30%为实操得分。

（3）培训课程

高级班课程内容主要为精益知识及工具，具体见表7-1。

表7-1　精益培训班课程设计

序号	课程内容	课时/h	内培师名单
1	班组在企业中的作用	1.5	黄、王、颜、唐、冉、何、钟、汪
2	精益概论	1.5	王、陈、孙、冉、何、唐、钟、邓、汪
3	基层管理者角色认知与沟通（一）	1.5	赵、蔡、王、黄、莫、杨、孙
4	基层管理者角色认知与沟通（二）	1.5	赵、蔡、王、黄、莫、杨、孙
5	七大浪费	2	胥、廖、王、赵、姚、左、林、赵、袁
6	作业测时	1.5	赵、柯、周、赖、柯、丁
7	标准作业和作业标准（一）	1.5	胥、廖、彭、姬、周、陈、
8	标准作业和作业标准（二）	1.5	胥、廖、姚、于、胡、余、王
9	品质管理（QC7工具等）（一）	1.5	张、汪、邓、刘、成、赵、钱
10	品质管理（QC7工具等）（二）	1.5	张、汪、邓、刘、成、赵、岳、钱
11	QCC活动	2	赖、胡、韩、黄、邹、刘、任

（续）

序号	课 程 内 容	课时/h	内培师名单
12	设备管理（一）	1.5	赵、黄、张、柯、王、赖
13	设备管理（二）	1.5	赵、黄、钱、邹、姚、赖
14	安全管理	2	易、张、章、龙、冯、林
15	工作教导方法	1	孙、蔡、庄、刘、李
16	改善提案	1	赵、柯、周、赖、柯、丁
17	现场目视化及日常管理实务	2	黄、张、林、余、王
18	现场及5S	1.5	杨、邓、赵、柯、周、黎、许
19	课题指导	1.5	姚、于、胡、余、王、胥、廖

（4）培训日程

每期一个月，每期两个班，原则上首期人员为各单位行政主要领导、各单位分管班组领导、推进办人员及各单位骨干组长（含职能处室）。

（5）培训人数

高级班的人数规定为20人/班。

（6）培训对象

制造部所有中干、一般管理类和工程技术类人员、车间主任、班长、后备班组长和班组推进办人员。

（7）编班原则

高级班编班原则：①每班定员20人，原则上由处室和车间人员混编组成；②每班选一名班长，负责培训过程中日常事务的处理。

（8）培训师安排

首期两个班的咨询公司课程讲师原则上由外聘老师担当，其余各班次由首期培训结业后优秀学员担当。

（9）培训效果测评

高级班测评方式及规定：①培训内容的测评采取学一科测一科的方式；②试卷测试采取全闭卷方式，70分及格；③首次测试不合格的学员有一次补测机会，补测不合格者跟随下期课程重修，并将所有考试结果挂网公布。

（10）培训结果运用

对参与并通过班测试的学员，建议颁发公司认可的班组长任职资格证书，并作为班组长任职的条件之一，同时建议公司将此次学习的结果按学分计入继续教育学分。

（11）培训日常管理工作

由相关行政和人事部门对参训学员进行编号，并按公司相关要求建立培训档案或学籍卡，由精益办和班组推进办分工负责培训的考勤及日常事务协调处理。

4. 普及班方案

（1）组织方式

各车间、处室以室组为单位组织，以推进办指导的方式进行。

（2）培训日程

各单位根据实际情况分批组织，自行安排时间，培训时限为3个月。

（3）培训人数

普及班的人数规定为30人/班。

（4）培训对象

各单位除高级班以外的所有人员。

（5）培训课程

普及班课程内容主要为精益理论知识，具体见表7-2。

表7-2 普及班课程内容及培训师情况

序 号	课程内容	课时/h	内培师名单
1	精益概论	1.5	黄、王、颜、唐、冉、何、钟、汪
2	七大浪费	2	胥、廖、王、赵、姚、左、林、岳
3	标准作业	2	胥、廖、彭、姬、周、陈、姚、于
4	5S	2	杨、邓、赵、柯、周、黎、许
5	设备的TPM	2	张、叶、黄、丁、赖、柯、周、王
6	成本管理	2	黄、张、林、余、王
7	小团队活动	1.5	赵、柯、周、赖、柯、丁

（6）培训师安排

公司内培训师，原则上在高级班培训师里面挑选，并逐步培养自己的培训师。

（7）培训效果测评

普及班测评方式及规定：①测评内容为培训课程内容，测评方式与高级班相同，但难度要适当放宽，注重意识教育；②课题开展采取学以致用、结合实际的方式进行，即每人需要结合自身工作实际查找七大浪费并自我改善，或提出改善对策。

（8）培训结果运用

对参与并通过普及班测试的优秀学员，建议公司给予荣誉奖励，将培训成绩作为学员岗位或薪酬变更的依据之一。

（9）培训日常管理工作

由各单位按期组织，将培训计划上报推进办，由推进办组织巡查监督工作。

5. 培训要求

1）整个培训过程要求参训人员处理好工作与学习的关系，做到工作学习两不误。

2）培训过程学员以班为单位，不允许学员自行调换班次，实行班长负责制。班长要认真负责考勤、纪律，考勤结果记入最终成绩。

3）学员要严格遵守学习时间和纪律，不迟到、不早退，要认真听课并记笔记。

4）培训期间学员无特殊情况不允许请假，请假必须以书面形式经过所在单位领导签字批准（中干由制造部领导批准），并提前交到推进办，否则一律按旷课处理。学员无故旷课一次，即取消其学员资格，并视情况予以通报批评。

7.7　经验七：某公司班组长测评管理实践

为进一步深入推进班组建设，掌控班组长工作情况，进而培养和选树优秀班组长，某公司大力开展对班组长的测评，并结合车间班组的实际情况，建立完善公司班组长检查、考评、评比、奖罚、表彰机制，制订并实践了《班组长测评管理办法》。

1. 领导小组

由班组长测评管理委员会和班组建设办公室组成，负责班组长测评和考核制度的制订、执行和监督。

2. 测评方法

（1）班组成员对班组长的民主评议

1）制订定期测评计划：每月抽测 2~4 个班组，每季度抽测 8~10 个班组，确保每半年所有班组测评一遍。

2）设计专门的测评问卷：根据目的要求，针对各班组实际，设计有针对性、实效性的测评问卷，确保能公平公正、客观真实地反映班组长实际工作情况。

3）采用突击抽测的方式：在不提前通知车间领导和班组长的情况下突击抽测，确保测评结果的真实性。

4）参与测评人数确定：不足 20 人的班组全部参加，超过 20 人的班组随机抽取 60%。

（2）车间主任对班组长的业绩考评

每季度由车间主任对本车间所有班组长进行业绩考评，按照"车间主任占 60% + 车间副主任占 40%"计算成绩。

（3）本车间所有班组长互评

每半年由本车间所有班组长进行互评。

（4）相关处室对班组长的工作评议

每半年由相关处室对班组长进行工作评议。

3. 测评标准及结果处理

1）每月被抽测班组长的测评结果汇总排名报公司领导和本车间主任。

2）每季度车间主任对本车间所有班组长的业绩考评汇总排名报公司领导。

3）每半年按照"班组员工民主评议占30% + 车间主任业绩考评占30% + 班组长互评占20% + 相关处室工作评议占20%"进行汇分排名，上报公司领导和人事部门。

4. 表彰奖惩

班组长测评作为分公司班组建设的重要工作，以此对公司所有班组进行综合评定，评定结果直接决定班组建设奖惩及班组长选拔任免。同时，也要对考评班组长的测评人员进行考评，保证表彰奖惩制度的公平。

（1）班组长考评规定

1）对班组长测评结果优秀且班组建设考评排名前茅的班组长进行表彰奖励，并作为公司选拔人才、任用干部的首选对象。

2）班组长测评结果差且班组建设考评排名靠后的班组长，建议予以调岗。

（2）班组长测评考评人员考评规定

1）每季度最后一周，由四个车间主管班组建设的领导、全体班组长及班组建设办公室针对班组长测评考评人员就本季度班组长测评工作情况进行综合评定。

2）考评成绩按照"四个车间主任占30% + 16个班组长占60% + 班组建设办公室占10%"计算。

3）班组长测评考评人员分为两区进行表彰奖惩。其中第一区为：生产、安全、现场、质量、技术、设备、能源。第二区为：工装工具、物资管控、技术创新、成本费用、劳动纪律、综合治理、信息管理、精神文明。

（3）季度奖罚细则

每季度评定一次，班组长测评考评人员考评表彰奖罚同班组建设考评表彰奖罚一并刊发在《公司专讯（班组建设专刊）》上张榜公布。本项奖罚金从班组建设专项资金中列支，奖金由班组建设办公室按季度及时兑现，罚款直接由部门落实到个人，通过人力资源管理处扣除。季度奖罚细则见表7-3。

表7-3 季度奖罚细则

第一区				第二区			
奖级	人数	奖罚金		奖级	人数	奖罚金	
		考评人员	班组长			考评人员	班组长
一等奖	第1名	奖1000元	奖500元	一等奖	第1名	奖800元	奖300元
二等奖	第2、3名	奖800元	奖300元	二等奖	第2、3名	奖500元	奖200元
三等奖	第4、5、6名	奖500元	奖100元	三等奖	第4、5、6名	奖300元	奖100元
处罚	第7名	罚500元	罚400元	处罚	第7名	罚300元	罚200元

5. 测评结果展示

以质量管理考评为例，该公司在实施该测评方法后，测评结果见表7-4。

表7-4　班组长测评质量管理检查考核表

序号	部门	班组	班长	工位	考核得分	扣分原因
1	底盘车间	底盘一班	王	D-1，D-2，D-3，D-4	8.8	电缆插壳被大梁挤压，造成破损
2		底盘二班	蔡	D-5，D-6，D-7，D-8，D-9	8.7	发现1台车下拉臂力矩超差
3		底盘三班	杨	D-10，D-11，D-12	8.6	转向机支座螺栓力矩发现2台超差
4		底盘四班	迟	D-13，D-14，D-15，D-16，D-17，D-18	9	左侧挡泥板处螺栓未打紧
5		底盘五班	韩	D-19，D-20，D-21，D-22，D-23	8.6	轮胎力矩超差（频发）
6		返修班	陈	返修	8.5	返修过程存在野蛮操作，导致气管卡带松动
7	预装车间	内饰一班	袁	N-1，N-2，N-3，N-4，N-5，N-6，N-7，N-8，N-9	8.8	胶堵安装不到位，脱落
8		内饰二班	林	N-10，N-11，N-12，N-13，N-14，N-15，N-16，N-17，N-Y1，N-Y2	8.6	胀钉未打紧
9		内饰三班	赵	N-18，N-19，N-20，N-21，N-22，N-23，N-24，N-25，N-26	8.6	左车门下角划伤 N-15电缆插壳落地
10		内饰四班	苗	N-27，N-28，N-29，N-30，N-31，N-Y3	8.8	遮阳板左侧螺栓未打紧
11		预装一班	柳	DY-1，DY-2，DY-3，DY-4，DY-5，DY-9	8.7	四瓶连接干燥器气管漏连
12		预装二班	姜	DY-6，DY-7，DY-8，DY-11，DY-12	9.3	中冷器卡箍未打紧
13	组焊车间	部件班	张	前围、后围、固定点、底板	8.7	前围焊点半焊、焊点数不足；后围立柱处气保焊焊接不合格
14		总成班	宋	车门顶盖、总成、打磨	8.9	顶盖落地
15	涂装车间	喷漆班	王	喷漆、交车、推大梁	8.8	个别车门底部有喷漆流痕
16		表面处理班	张	前处理、PVC、打磨	8.7	暖风机内部PVC涂抹不均匀

7.8　经验八：某公司精益班组建设星级达标工作管理实践

某公司为有效推进精益生产和精益管理工作，打造集团公司班组共同愿景，精心培育团队意识和团队精神，形成开放包容有为有位的精益文化氛围，实施了"以全价值链体系化精益管理战略为统领，以提高班组自主管理水平为核心，以精益班组建设星级达标为抓手"，围绕班组建设相关业务重点工作内容的精益班组建设星级达标工作管理实践方案。

1. 精益班组建设星级达标的目的和意义

深入开展精益班组建设星级达标，是为了提高班组综合素质，提高班组长技术业务和管理能力，力争把班组员工培育成为爱学习、懂管理、会工具的优秀员工，令班组具有精、细、实的工作作风，全面树立精益班组标杆。

2. 精益班组建设星级达标考核及达标内容

每个单位结合本单位的实际特点，制订适合本单位班组星级达标考核体系，着力特色创建，及时总结经验，选树宣传典型，以点带面，激发广大职工的积极性、创造性。切实发挥"车间主任业务管理到位及专业服务指导到位"的作用，有效推进星级班组建设工作。精益班组星级达标工作具体实施内容包括 SQDCPMEI 八个方面，具体内容见表7-5。

表7-5　精益班组星级达标工作具体实施内容及要点

序　号	内　容	具　体　内　容
1	安全 （Safety）	日常安全管理
		危险因素辨识
2	质量 （Quality）	首件检查
		质量指标
		防错应用
3	交付 （Delivery）	准时交付
		标准作业
4	成本 （Cost）	成本费用管理制度
		材料领用制度
5	人员 （People）	人均培训学时
		多能工比例
		精神文明管理
		民主管理

(续)

序　号	内　容	具体内容
6	设备 (Machine)	设备自主保全
		TPM 活动
7	环境 (Environment)	现场管理
		环境因素排查
8	改善 (Improve)	合理化建议及持续改善

3. 精益班组建设星级达标组织机构和职责

（1）精益班组建设星级达标领导小组

由组长、副组长和成员组成，其中组长由总经理和党委副书记担任，副组长由总经理担任，成员由各部门部长和经理组成，职责如下：

1）贯彻落实集团公司精益班组建设星级达标工作的决策和部署。

2）审批集团公司精益班组建设星级达标工作方针、政策、制度、管理办法等。

3）审批集团公司精益班组建设工作星级达标考核、工作计划和专项预算。

（2）精益班组建设星级达标办公室

由主任、副主任和成员组成，其中主任由总经理助理担任，副主任由党群工作部部长、制造安全与精益管理部部长担任，成员由党群工作部及相关业务部门的业务人员组成，职责如下：

1）贯彻执行领导小组的决策和部署。

2）制订精益班组建设星级达标工作计划、相关制度、考核细则。

3）组织推进、验收、评比表彰等工作。

4）适时推进监督、考核评价等工作。

5）管理和使用集团公司精益班组建设星级达标工作专项经费。

6）组织与精益班组建设星级达标工作有关的技能竞赛、成果发布、总结表彰、宣传、学习培训、软件资料存档等活动。

（3）各业务系统职责

为了将集团公司的各项管理指标落地，构建各业务系统与班组建设工作的高度融合，互相协调、相互支撑，形成自上而下的管理统一体，各业务系统按照所承担精益管理检查内容履行推进职能职责，具体如下：

1）制订适合本业务系统精益班组建设星级达标工作的执行标准及考核细则，定期进行培训和督导落实。

2）按月对相关单位进行日常监督、检查，对其信息报送真实情况进行抽查。

3）根据精益思想的总体目标及要求，集团公司各业务系统要结合各单位业务系统做好精益班组及看板中的相关内容的设计，做到重点突出、内容翔实、切实可用，实现业务系统重点主抓工作与班组实际推进工作的高度融合。

（4）各单位职责

为了更好地完成班组建设星级达标工作及将集团公司的各项管理指标落地，各单位需按照所承担检查内容履行推进职能职责，具体如下：

1）建立完善行政具体抓、工会配合抓、专业部门对口抓、车间直接抓、班组自动自发主动抓的一岗双责、齐抓共管的管理体制。

2）根据生产经营性质，进一步整合班组架构，将班组人数控制在10人~20人，并制订班组长一日行为规范；20人以上的班组，原则上班组长脱产，使班组长的职责得到充分发挥，为班组的独立运行提供保障。

3）年初报本年度精益班组星级创建计划与目标，制订班组长及班组成员能力提升培养计划，向财务金融部报精益班组建设专项预算，3月底组织开展班组建设推进会，宣传精益班组建设星级达标的工作亮点并对工作中存在的不足做好总结。

4）每季度报送自查情况打分表，对未能达成目标的项目制订整改措施。

4. 精益班组星际达标考核办法

精益班组考评采用星级评价，共分五个星级。对星级班组验收采取班组自我申报、逐级验收评定的方法。最后，集团公司将根据年终综合考评结果，评选集团公司级精益先进单位。

（1）精益班组星级达标按百分制进行考核

五星级班组得分在96分~100分范围内，四星级班组得分在91分~95分范围内，三星级班组得分在86分~90分范围内，二星级班组得分在81分~85分范围内，一星级班组得分在71~80分范围内，70以下班组视为不达标精益班组。

1）集团公司精益班组日常评定工作中承担点检验收的考核部门及人员，按月对相关单位进行抽查，并将抽查记录于次月3日前（休息日顺延）报党群工作部工会办公室；按季度抽查覆盖全部班组。党群工作部对其上报的内容进行统一汇总，经公司主管领导审批后，进行月度通报与奖励。

2）各单位要制订本单位班组建设管理工作日常巡检计划，结合各单位实际情况分层级对班组工作进行日常巡检，对检查出的问题要做到有检查、有记录、有整改、有落实，最终实现班组建设工作闭环管理。

3）各单位要建立班组园地，通过精益看板的形式将本班组的SQDCPMEI进行展示，班组长要按月组织班组成员对班组各项指标完成情况进行分析并记录讨论结果。

4）班组验收有下列情况之一者，取消本年度创建评价资格：①有违反一票否决规定者（如安全、质量考核的否决项，发生盗窃、泄密、火警等治安综合事件）；②违反国家法律法规；③现场5S达不到验收标准；④班组无改善实施成果，无月度指标分析。

（2）生产班组评价项目及细则

1）评价项目。

生产班组评价项目见表7-6。

表7-6　生产班组评价项目

序　　号	考核项目	权重（%）
1	安全管理 S	15
2	质量管理 Q	15
3	生产管理 D	10
4	成本管理 C	15
5	人员管理 P	10
6	设备管理 M	10
7	现场管理 E	15
8	持续改进 I	10
	合计	100

2）生产班组评价细则。

① 安全管理 S 考核。

安全管理考核见表7-7。

表7-7　安全管理考核

序号	考核项目	考核内容	分数	考核办法
1	否决项	轻伤及以上工伤事故。员工有职业病发生	—	出现任何一项取消评比资格
		班组内未建立有安全、卫生、环保管理相关规章制度和岗位安全技术操作规程		
2	安全培训20分	特种作业人员要持证上岗	5	无证上岗1人次，扣1.5分
		做好新职工入厂三级教育、变换工种教育、复工教育、四新教育、全员教育等工作	5	未按规定组织安全教育的，1项扣2分；教育内容、课时不符合规定的1项扣1分；教育档案、记录档案和填写不规范的，1项扣2分
		开展事故案例教育，学习事故案例，吸取教训，防止同类事故发生，一年1次	5	未按要求组织开展的扣2分
		定期学习安全操作规程及有关安全生产专业知识，做到应知、应会	5	不定期组织学习的扣2分，检查抽考1人次不合格，扣2分

（续）

序号	考核项目	考核内容	分数	考核办法
3	班组安全活动与检查20分	班组坚持开展每日三查，日常工作中要做到班前讲安全、班中查安全、班后评安全	5	未按规定开班会的，1人次扣1.5分；领导未参加班前会的，1人次扣1.5分；不认真填写记录的，1次扣1分
		每周应总结班组安全生产情况，布置下周安全生产工作，并做好记录	5	不符合要求的，1次扣1.5分
		班组每月开展一次活动，传达安全生产会议精神，布置、检查、交流、总结安全生产工作；组织开展KYT（危险预知训练）活动	5	未按要求组织活动的，1次扣2分；活动没有内容或内容不符合要求的，1项扣1分
		积极开展岗位危险有害因素的辨识和安全隐患预测与预防工作，持续改进和补充危险有害因素，并制订有效安全对策	5	未进行岗位危险有害因素辨识的，扣1.5分；未指定安全对策措施的，扣2分
4	生产现场"三违"管控20分	按工艺、设备、安全规程操作，遵守劳动纪律，杜绝违章操作	10	发现违章操作的，1人次扣5分
		按规定穿戴劳动防护用品、用具	10	不正确使用劳动防护用具的，1人次扣3分
5	隐患整改与治理20分	设备安全防护装置齐全可靠，无带故障运行设备	10	现场发现安全隐患的，1项扣3分；发现重复隐患的，1项扣3分
		辨识设备和岗位危险有害因数，并制订切实可行防范措施；坚持日安全检查，及时发现和整改安全隐患，并认真填写记录	10	岗位致害因素辨识不全的，扣2分；隐患整改不及时的，1条项扣3分
6	作业环境与现场安全管理20分	作业现场无跑、冒、滴、漏现象，垃圾、油污、杂物清理及时	5	不符合要求的，1处扣2分
		安全通道畅通无阻，物流有序	5	道路不畅通、物流无序的，1处扣2分
		工位器具、零部件摆放整齐	5	工位器、零部件未定置摆放的，1处扣1.5分
		生产作业现场安全设施安装牢固可靠，设置醒目的安全标志	5	安全设施安装不牢固或安全标志不醒目的，1处扣1.5分
		总分	100	实得分：

② 质量管理 Q 考核。

质量管理考核见表7-8。

表7-8　质量管理考核

序号	考核项目	考核内容	分数	考核办法
1	否决项	全年无重大质量事故（以质量部通报为准）		出现取消评比资格
2	质量职责10分	按质量职责及质量体系要求开展工作，没有违反关键性程序的现象	10	每发生一项不符合扣1分
		有资料显示班组有关于质量责任的分工		无资料证明的，本项不得分
3	质量培训10分	有资料显示班组成员有参与单位或公司组织开展的质量培训、交流等相关工作	10	无资料证明的，本项不得分
4	质量目标20分	年初质量目标分解到班组，按计划组织实施，有资料显示班组成员与参与单位的质量目标相协调，并能够按照计划实施	20	未制订本班组质量目标的扣5分，目标没有按计划实现的扣2分
		能够按进度完成上级下达的各项质量考核指标		未完成扣2分/月（一项）
5	质量自查及验证30分	加工产品按有关规定进行自检、互检和专检（或编制、校核、审定）	30	未按照规定执行的，每发生一次扣1分
		产品一次交检不合格率不能超过规定指标		每超过一个百分点扣10分
		严格按工艺要求加工操作，熟练掌握加工技能，做到三按生产（按图纸生产、按工艺生产、按标准生产）		未做到三按生产的，一次扣2分
6	纠正预防措施10分	台账或管理看板中有质量信息的显示，并对质量问题进行分析，制订切实可行的预防措施，按措施实施	10	未分析并制订预防措施的，扣5分
7	质量意识10分	适时进行质量意识宣传活动	10	未进行的，扣4分
8	质量瓶颈分析10分	有合理的质量提高的建议并取得一定的效果	10	没有提出建议的，扣4分
	总分		100	实得分：

③ 生产管理 D 考核。

生产管理考核见表7-9。

表7-9　生产管理考核

序号	考核项目	考核内容	分数	考核办法
1	生产任务完成情况30分	日进度实现率95%	30	每降低1%扣10分
		月度计划完成率95%		
2	与其他班组的配合10分	除自身职责围外，与其他班组配合工作	10	发现一次不配合的，扣5分
3	当期生产完成情况及指标分析40分	生产原始记录清晰完整。每月对生产情况进行分析，包含完工统计、生产组织情况、生产过程出现的问题、原因分析、改进措施或建议等内容，并对外部制约生产因素进行总结分析，提出建议及解决措施	40	无分析的，扣10分；内容不全缺少的，一项扣3分
4	生产信息反馈20分	当月生产目标明确（有任务单）；对影响信息提前反馈，有任务完成情况统计	20	无任务表单的，扣5分/次；信息反馈不及时的，扣2分/次，两次不及时扣5分，三次扣10分
		合计	100	实得分：

④ 成本管理C考核。

成本管理考核见表7-10。

表7-10　成本管理考核

序号	考核项目	考核内容	分数	考核办法
1	成本费用管理制度20分	车间严格执行集团公司及分子公司的《成本费用管理办法》	10	不按制度执行不得分
		车间根据本单位《成本费用管理办法》制订本车间的相关物料消耗管理等相关办法来控制成本费用	10	未制订相关管理办法不得分
2	主、辅材料、工具统计分析80分	领料按规定手续审批办理，并在班组台账中体现	20	不按规定登记台账的，一次扣2分
		班组根据生产特点，重点对消耗较大的主辅材料进行统计，根据生产任务量计算单位消耗情况，并与单位消耗定额进行对比；对实际消耗指标与预算指标进行对比分析，对有数据差额的指标制订有针对性、可操作性措施，且跟踪落实不断改善	50	准确统计，记录真实，原始记录规范整齐，实际单位消耗定额与单位定额消耗对比，一项不符扣5分；有经济活动分析、有改进措施并有落实的，缺项扣8分
		班组有挖潜节约计划，并按计划实施后创造效益	10	有计划、有实施，有见证性资料，缺一项扣3分
		合计	100	实得分：

⑤ 人员管理 P 考核。

人员管理考核见表7-11。

表7-11　人员管理考核

序号	考核项目	考核内容	分数	考核办法
1	行为管理40分	依据车间绩效考核管理制度，建立切合本班组实际的员工绩效管理制度	10	未制订不得分
		班组成员基本了解公司和本单位相应行为规范要求，包括个人行为规范、安全作业行为规范、生产现场行为规范等	10	抽查员工，回答不知道的，扣2分/人
		班组无员工受到集团公司劳动纪律通报批评	10	如有，一人次扣5分
		班组建立班组长及员工日工作流程评价打分表	10	未建立不得分，评价打分内容不具体的，扣5分
2	培训管理40分	班组设定适合本班组培训计划并定期开展培训	10	未开展不得分
		班组结合自身实际，开展精益工具应用培训	10	未对精益工具使用培训不得分
		班组达到公司规定的培训指标，员工受训参与率为100%，有相应记录	20	每降低2%扣5分
3	精神文明管理10分	党团员发挥作用，不断提高政治理论素质，特别是党员要成为学习党章、遵守党章、贯彻党章、维护党章的模范	5	一名党团员违法、违纪，一票否决；一名党团员作用发挥不好扣1分；一次不交党团费扣0.5分
		企业文化建设：按公司相关文件执行且班组文化有特色	5	缺项或漏项的，扣0.5分/项（只涉及在班组中考核的内容）
4	民主管理10分	每月召开一次民管会，每半年召开一次民主生活会	10	每少召开一次会议扣2分；填写内容与要求不符的，扣1分；目的与意义不明确的，扣2分
		合计	100	实得分：

⑥ 设备管理 M 考核。

设备管理考核见表7-12。

表7-12 设备管理考核

序号	考核项目	考核内容	分数	考核办法
1	设备操作规程管理6分	严格按设备的操作规程操作，严禁违章操作	6	抽查班组成员1~2名职工，回答不全的扣1分；不会扣3分；发现一起违章操作本项不得分
2	持证上岗管理10分	普通和特种操作人员，须持证上岗，一人多机的操作者，操作证上需注明操作设备的规格、型号及设备资产编号	10	现场抽查操作证，发现一人无操作证的，扣8分；操作设备与证件不符的，扣8分，特种作业人员无证或证件过期的，扣10分
3	设备自主保全管理25分	按要求填写操作设备的自主保全记录（点检卡）	7	现场抽查，未按要求填写的，扣3分；超期点检的，扣2分；无相关人员签字的，扣1分；未能提供点检卡（视为没有）的，扣5分
		班组按要求进行设备"三级"保养，认真填写保养卡片	3	现场抽查，无记录的，扣3分；记录不全的，扣1分
		设备外观应保持清洁无油污	5	外观油污严重有锈蚀的，每台扣2分；滑动表面有较大面积研伤，运转声音异常的，每台扣2分
		设备处于完好状态	5	设备上的手轮、手柄、手球有缺少、破损的，每台扣2分
		设备液压、冷却、气动装置完好	5	设备液压、冷却、气动装置有缺少、破损的，每台扣3分；有跑、冒、滴、漏的，每台扣1~3分；未定期更换润滑油导致变质的，每台扣2分
4	交接班记录管理5分	凡实行倒班制的操作者，按要求填写交接班记录本。要求字迹工整、清楚，操作者需签署全名，接班者要有接班意见	5	现场抽查，未按要求填写当日交接班记录的，每台扣2分；字迹不工整、不清晰的，每台扣0.5分；未填写接班意见的，每台扣2分；未签署全名的，每人/次扣0.5分

（续）

序号	考核项目	考核内容	分数	考核办法
5	应知应会管理 14分	操作者应理解掌握"三好、四会""四项要求""五项纪律""润滑五定"的基本内容	8	现场抽查，回答不出的人/次扣2分；一项不会的人/次扣0.5分
		操作者应理解掌握"班前三件事""班中五注意""班后三件事"基本内容，并能正常运用	6	现场抽查，回答不出的人/次扣2分；一项不会的人/次扣0.5分
6	设备本质安全管理10分	设备安全限位、联锁装置应灵活可靠	10	现场抽查，设备安全限位、联锁装置不合格或缺少、损坏的，每台扣5分；有擅自捆绑、拆除的，每台扣10分
7	设备TPM自主保全管理30分	定期开展TPM自主保全活动，TPM小组活动记录完整，按要求填写，自制工具有照片。无查出的不合理问题在现场出现，不合理问题形成闭环管理	10	未定期开展活动的，扣10分，活动记录不完整的，扣8分，查出的不合理问题在现场出现的，扣5分，不合理问题形成闭环管理的，扣5分
		使用TPM设备管理信息系统上报故障，及时对主要生产设备运转台时（班次）进行记录，TPM设备管理信息系统有效运行	10	不使用TPM设备管理信息系统上报故障的，扣10分；不对主要生产设备运转台时（班次）进行记录的，扣10分
		设备动态运行指标管理监控好，故障率小于3%，MTBF大于144h，MTTR小于240min	10	故障率大于3%的，扣10分，MTBF小于144h的，扣10分，MTTR大于240min的，扣10分
		合计	100	实得分：

⑦ 现场管理E考核。

现场管理考核见表7-13。

表7-13 现场管理考核

序号	考核项目	考核内容	分数	考核办法
1	定置管理60分	工夹量具及工具箱定置	15	工具箱表面无灰尘，内部物品的摆放要与定制表一致，每处不符扣2分
				工装、量具要按时送检，每发现一起超期2分；发现一件黑量具扣5分
				工装存放处清洁，无灰尘，检定标识清晰，每处不符扣1分

（续）

序号	考核项目	考核内容	分数	考核办法
1	定置管理60分	区域定置管理	15	现场各类区域要按照《现场目视化管理手册》划分清晰，区域标志清楚、正确；区域内实物与标牌相一致
				零部件摆放整齐规范、不超高、不占道、不混放
				零部件的标识信息与现场实物相一致
			20	生产现场的零部件盛放要使用工位器具，实现零部件的不落地转移；精密零部件必须配置专用的工位器具
				转下一道工序的零部件无铁屑、焊渣、棉纱、冷却液、油污和水
		现场日清管理	10	现场坚持日清日洁，责任到人，按时填写班组日清检查表
				生产现场及休息室干净整齐，无多余物和烟头。地面做到无积水、无杂物
2	现场管理40分	生产过程中不存在跑冒滴漏现象	10	每发现一处扣1分
		工作结束及时清理工作垃圾，无乱排乱放现象	10	每发现一处扣1分
		本班组职工了解清洁生产基本知识	10	抽一人询问不知道扣2分
		操作者使用的工具、夹具、量具按规定放置	10	操作者使用的工具、夹具、量具未按规定放置的，每台扣3分；工作台、导轨上放物品的，每台扣3分；未按规定及时清除铁屑、杂物的，每台扣2分
		合计	100	实得分：

⑧ 持续改进管理Ⅰ考核。

持续改进管理考核见表7-14。

表 7-14 持续改进管理考核

序号	考核项目	考核内容	分数	考核办法
1	基础知识及工作 40 分	班组年度结合实际至少开展一次持续改善活动,如现场"寻宝"、点题征集、疑难诊断等	10	需提供见证性资料、照片,未开展不得分
		班组职工 90% 以上了解集团公司开展合理化建议工作的目标任务和了解本单位合理化建议提案流程	15	抽查员工,每发现一人不了解,扣 1 分
		掌握了解合理化建议提案的"三性"	15	抽查职工,不了解不得分,回答缺一项扣 1 分
2	指标分解 20 分	班组必须参与集团公司、分子公司精益立项工作	10	有见证性资料,无记录扣 2 分
		班组至少要按季度将合理化建议工作指标进行分解落实,确保全年任务的完成	10	需提供见证性资料,未分解不得分
3	考核指标 40 分	参与率达到 100%	10	参与率每降低 1% 扣 1 分;参与情况与人员不符或虚报,每发现一人(项)扣 1 分
		采纳率达到 85%,并符合"三性""五要素"	10	采纳率每降低 1% 扣 1 分;对不符合"三性""五要素"的,每发现一项扣 2 分
		实施率达到 85%,提供见证性资料	10	实施率每降低 1% 扣 1 分;实施项目中存在夸报或无见证性资料的,每发现一次扣 2 分
		人均贡献率(有形价值)达 2000 元/人	10	人均贡献率达 2000 元以上/人,得 10 分;人均贡献率在 1000~2000 元/人范围内,得 5 分;人均贡献率在 1000 元/人以下,得 3 分;在价值确认过程中如出现计算不合理、把关不严谨、相关部门责任不到位、奖励未落实等现象,每发现一项扣 1 分
		合计	100	实得分:

5. 精益班组星际达标奖惩考核办法

（1）个人奖励

班长、工会组长原则上可得星级班组人均奖励平均值的120%。

（2）班组奖励与惩罚

1）五星级班组由各单位申报，年度内由集团公司进行验收、奖励。评定为集团公司五星级班组荣誉称号的在岗成员，每人平均奖励标准为500元，由集团公司统一授牌、表彰、奖励。

2）四星级和三星级班组由各单位自行评定。班组在岗人员，每人平均奖励标准为260元、140元。其奖励费用由各单位按年度一次性兑现。

3）集团公司工人先锋号班组，原则上在年度集团公司评选出的五星级班组中产生。

4）荣获年度内集团公司级五星级班组，集团公司将不定时进行复查，如发现在评选过程中存在弄虚作假或其他不宜事项，将收回物质奖励和奖牌并进行通报批评。

（3）车间（科室）

车间（科室）内所有班组均达到三星级（含）以上标准，方可参评集团公司先进车间（科室），主任（科长）可参评先进生产工作者。

（4）单位奖励与惩罚

1）集团公司按季度对各单位考核，以百分制打分考评，年终综合考评结果以季度得分加和的平均值计算。根据考评结果择优评选集团公司班组建设工作先进单位和优秀组织单位，并给予表彰奖励。

2）对抓班组建设工作没有达到公司考核评价90分（含）以上要求的单位，将不同程度降低单位评先选优的级别。

3）按季度将考核评价结果纳入公司精益管理和绩效考核进行双项考核，结果将与各单位领导班子的绩效薪酬挂钩。

7.9 经验九：某公司体系化推进班组现场5S精益管理实践

某公司结合自身实际情况，以班组现场5S为切入点，运用系统管理的原则和方法，通过业内外学习调研和对标管理，将互相关联、相互作用的标准要素进行识别和细化，制订标准化的班组5S管理改善流程，系统推进，提高班组现场改善能力，降低生产成本，强化核心竞争力。

1. 分析现状、确定现场改善思路

该公司经过认真分析生产经营现状，在深刻理解精益现场管理本质和内涵的基础上，明确了"坚持一个战略、抓住两条主线、提升三级管理、夯实四个基础、改善五个重点"的改善思路，将现场改善与经营管理二者高度融合，以指标的设立、统计、分析、达成、改善、提升为统领，积极创新独具特色的班组现场 5S 精益管理体系，形成自主、自觉地体系化推进班组现场管理工作模式。

2. 完善组织、创建"多功能小组"

该公司成立了以经理为组长，各车间、科室和班组长为组员的精益改善"多功能小组"，明确了小组成员的职责和任务，制订了实施计划。首先由"多功能小组"选定试点班组，指导试点班组开展现场 5S 工作的同时从工艺布局、物料定置、物流配送、目视化管理等各个维度进行问题汇总，对梳理出的问题进行整改。将试点班组打造成标杆班组后，在公司层面召开成果发布会，宣布取得的经验、形成的成果。其后在各班组进行全面拓展，活动中涉及各业务的问题由"多功能小组"牵头进行协调、跟踪、改善，并且在拓展过程中要求各班组逐一召开成果发布会，在分享、固化改善成果的同时，搭建起班组间互相交流的平台。

3. 建立示范、树立标杆榜样

（1）制订现场 5S 实施方案

该公司针从最基础又最重要的现场 5S 抓起，制订了 5S 工作实施计划和阶段性目标。"多功能小组"讨论现场 5S 实施方案如图 7-21 所示。

（2）选定试点班组全面培训

"多功能小组"选定焊装前围班组作为现场 5S 工作的试点班组。从培训、座谈入手，将 5S 活动的目的和意义与班组成员达成共识，激发员工参与 5S 改善的积极性，并告知班组员工准备如何推进试点工位 5S 工作。全体试点班组员工 5S 培训如图 7-22 所示。

图 7-21　"多功能小组" 讨论现场 5S 实施方案　　图 7-22　全体试点班组员工 5S 培训

（3）建立试点班组改善流程并实施

"多功能小组"共同讨论建立了试点班组 5S 管理改善流程，旨在实现改善流程标准化，逐渐将固化成果全面推广。试点班组 5S 管理改善流程如图 7-23 所示。

1）问题查找。

试点班组根据实际情况制订"现场 5S 管理"标准，比如对什么是必需品、什么是非必需品等内容进行初期定义，方便员工整理过程中"有理可据、有法可依"。并组织班组员工梳理生产现场，输出必需品、非必需品清单，并将长期不用的设备、物料目视化，最终形成一个《5S管理问题清单》。同时将员工提出的改善意见纳入合理化建议提案，参与合理化建议活动评比与奖励，激发员工主动参与性和积极性。班组长与员工共同现场查找问题如图7-24所示。

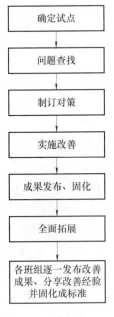

图7-23 试点班组5S
管理改善流程

图7-24 班组长与员工共同现场查找问题

2）制订对策。

"多功能小组"组织生产、设备、质量、技术等部门针对《5S管理问题清单》中的项目逐一核对、判定，将确实不使用的项目坚决清理出现场，员工判别存在问题，仍需使用的项目逐一与提出项目的职工讲解、答疑。完成判定后制订清理多余物品的实施计划，明确各项目责任人和完成时间，并确定每周五下午由"多功能小组"对本周工作的开展情况进行现场点检。"多功能小组"现场5S管理点检如图7-25所示。

图7-25 "多功能小组"现场5S管理点检

3）实施改善。

结合现场深度定置工作，开展了现场"红牌作战"专项活动。共征集红牌问题217条，全员参与率达到100%。同时通过归纳整理，对63项重点问题进行统一部署，逐一整改落实。截至5月底共计悬挂红牌170张，整改摘牌135张，其余35项已制订专项整改计划，明确了整改方案、时间节点和责任人。

4）成果发布。

"多功能小组"邀请各管理部门亲临现场指导、点评，并组织所有班组长召开了试点班组5S改善成果发布会，如图7-26所示，推广试点班组5S推进经验和分享推进成果。由试点班组长亲自讲解改善过程和实施后的改善效果，如图7-27所示。继续提升试点班组改善热情，更重要的是激发其他班组向示范班组学习，争做标杆。

图7-26　试点班组5S改善成果发布会

图7-27　试点班组长分享改善成果

4. 固化成果、形成标准持续改善

如何持续推进5S管理，完善制度和标准，将持续改善的理念制度化、长效化，并取得实际效果尤为重要。"多功能小组"结合实际情况及工作中遇见的问题，对相关管理制度进行修订和完善，编制《班组现场5S精益管理手册》《班组现场目视化管理标准》及《班组现场物料配送标准》，通过标准化的管理方式提升现场管理的执行力。同时深入5S改善专项合理化建议征集工作，激发和指导职工进行自主改善。建立了日常征集、周评选、月评价、次月召开发布会兑现奖励的制度，逐步形成了现场5S持续改善的管理机制。

7.10　经验十：某班组"精益道场"培训园地的建立和运行

班组"精益道场"又称精益知识培训园地，其建设理念源于"日本道场"的开放式班组培训，它是主要开展入厂培训、岗位培训、技能培训、质量改善培训等精益管理培训的重要场所，也是一个集理论学习与实践操作于一体，能够全面依据班组生产流程与管理流程，面向全员进行多层次、立体化、多功能综合培训的基地。

1. 班组"精益道场"整体介绍

该班组"精益道场"培训园地占地面积300m²，可同时容纳150人集中授课，建设本着"小成本、大作用"的原则，现已具备理论教学、实际操作、道具展示、视频演示、现场观摩五大功能。其中，实际操作、道具展示、现场观摩三大功能采取与生产现场相结合模式，充分运用现场资源优势进行教学，学员身临其境，培训更具特色，效果更佳。

2. 班组"精益道场"布局

（1）现场物品情况和布置概貌

1）1组培训展板。

2）3组培训桌椅。

3）1个标准件识别展示台。

4）3套实训台，分别为螺母拧紧实训台、螺栓拧紧顺序实训台、紧固连接方式展示台。

5）1台电视机、1个教具柜、4个铁皮柜。

园地现场布置概貌如图7-28所示。

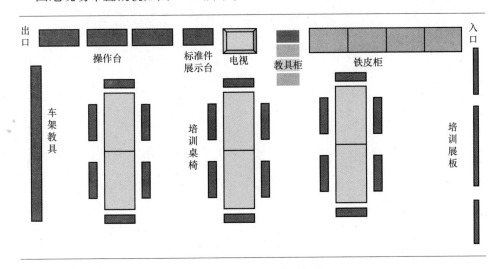

图7-28 园地现场布置概貌

（2）展板内容

培训展板为两块小展板和一块连体大展板（每块展布宽约120cm、长约175cm）。其中两块小展板分别为展示现场5S基础知识和设备TPM基础知识；而连体大展板用于基础知识普及，一般分为公司精益知识培训园地介绍和精益基础知识介绍。同时，展板内容可以根据培训进度和培训重点形成动态更新的制度。

1）精益知识培训园地：介绍精益生产的理念、精益生产的模式和精益生产的核心思想。目的是让员工了解精益生产，对他们的行为产生约束和影响，并使员工形成自身的行为规范，以树立良好的班组形象。

2）精益基础知识：介绍其他精益生产的工具（TQM、看板、持续改善、单元化生产、均衡生产和快速生产等）和八大浪费等精益基础知识。目的是让员工了解精益工具和精益理念，形成改善的意识，明白为什么工作、为谁工作、怎么工作，提高员工的工作积极性。

（3）园地的培训收到的效果

园地共计组织大型公司各级培训 16 次，合理化建议成果发布会 6 次。利用园地操作道具开展 TPM 标杆小组现场活动 8 次。开展班组标准作业培训 2 次，包括标准件操作要领、紧固件装配操作规程等内容的培训。开展新员工上岗前的精益知识培训 20 次，出现质量问题员工离岗培训 10 次等。每年累计园地培训次数至少在 60 次以上，培训人数达 1000 人以上，为员工精益知识理论和改善方法工具学习创造了良好的培训平台。